南京体育学院学术著作出版资助计划支持

江苏高校哲学社会科学研究一般项目：
体育院校高水平运动队思想政治教育实践研究（2023SJYB0374）

新发展阶段我国高校高水平运动队建设与管理研究
——兼论高校竞技体育人才培养体系的构建

叶雷雷　著

辽宁大学出版社　沈阳
Liaoning University Press

图书在版编目（CIP）数据

新发展阶段我国高校高水平运动队建设与管理研究：兼论高校竞技体育人才培养体系的构建/叶雷雷著. -- 沈阳：辽宁大学出版社，2023.12
ISBN 978-7-5698-1502-3

Ⅰ.①新… Ⅱ.①叶… Ⅲ.①高等学校－运动队－研究－中国②高等学校－竞技体育－人才培养－研究－中国 Ⅳ.①G812

中国国家版本馆 CIP 数据核字（2023）第 246719 号

新发展阶段我国高校高水平运动队建设与管理研究：兼论高校竞技体育人才培养体系的构建
XIN FAZHAN JIEDUAN WOGUO GAOXIAO GAO SHUIPING YUNDONGDUI JIANSHE YU GUANLI YANJIU: JIANLUN GAOXIAO JINGJI TIYU RENCAI PEIYANG TIXI DE GOUJIAN

出 版 者：	辽宁大学出版社有限责任公司
	（地址：沈阳市皇姑区崇山中路 66 号　邮政编码：110036）
印 刷 者：	河北万卷印刷有限公司
发 行 者：	辽宁大学出版社有限责任公司
幅面尺寸：	170mm×240mm
印　　张：	18.25
字　　数：	253 千字
出版时间：	2023 年 12 月第 1 版
印刷时间：	2023 年 12 月第 1 次印刷
责任编辑：	张宛初
封面设计：	徐澄玥
责任校对：	任　伟

书　　号：	ISBN 978-7-5698-1502-3
定　　价：	98.00 元

联系电话：024-86864613
邮购热线：024-86830665
网　　址：http://press.lnu.edu.cn

前言

随着我国竞技体育的迅猛发展，我国体育的国际地位得到迅速提升。和中小学相比，我国高校的体育软硬件设施水平均比较高，不仅有着更先进的体育设备，而且科研水平比较高，综合来看更适合培养竞技体育人才。在高校中开展竞技体育是一件双赢的事：一方面，高校兼具体育和科研的优势，能够提高在校大学生的身体素质和科研素养；另一方面，竞技体育人才可以接受到高等教育，得到综合发展。在新发展阶段，现代体育要想得到进一步发展，就必须在高校中积极发展竞技体育，培养相关人才。高校高水平运动队建设是我国高等教育的重要组成部分，也是我国竞技体育高质量、可持续发展的重要途径，对我国体育后备人才的培养和国际一流大学的创建具有重要意义。新发展阶段对高校高水平运动队建设和竞技体育人才培养提出了新的要求，要求竞技运动员在具有高水平竞技能力的同时，人文素养、社交能力等也能得到全面发展。除此之外，还鼓励社会各界参与竞技运动员的培养，构建科学训练的新体系。

全书共分六章，其中第一章对体育发展的相关时代背景进行了概述；第二章是关于我国竞技体育发展的阐释；第三章对高校高水平运动队基础进行了分析；第四章深入分析了高校竞技体育与我国竞技体育的发展；第五章对高校高水平运动队建设管理及发展策略进行了阐释和分析；第六章论述了高校竞技体育人才培养体系的构建策略等相关问题。全书集系统性、科学性、新颖性于一体，知识性、趣味性较强，语言描述准确，章节划分得体，结构体系完整，能够为高校高水平运动队建设及竞技体育人才培养提供合理建议和科学指导。

笔者在撰写本书的过程中参考了一些专家学者的研究成果，在此表示衷心的感谢。由于时间仓促，水平有限，书中难免存在不足之处，恳切希望广大读者、专家批评指正。

目 录

第一章 体育发展的相关时代背景 001
- 第一节 新发展阶段的内涵 003
- 第二节 新发展阶段的时代背景及意义 006
- 第三节 新发展阶段下中国教育的战略思考 009
- 第四节 新发展阶段下的体育发展观 013

第二章 我国竞技体育的发展 027
- 第一节 竞技体育简述 029
- 第二节 我国竞技体育的演变发展 041
- 第三节 竞技体育的特点和功能体现 053
- 第四节 竞技体育高质量发展的目标 063

第三章 高校高水平运动队基础分析 071
- 第一节 高校高水平运动队内涵及建设意义 073
- 第二节 我国高校高水平运动队建设的任务 080
- 第三节 我国高校高水平运动队发展现状与思考 086

第四章 高校竞技体育与我国竞技体育的发展 107
- 第一节 高校竞技体育的理论基础 109
- 第二节 高校竞技体育的发展趋势 116

第三节　高校竞技体育赛事的创新发展 ················· 137
　　第四节　新发展阶段下我国竞技体育的发展 ················· 143

第五章　高校高水平运动队建设管理及发展策略 ················ 159
　　第一节　高校竞技体育的品牌建设 ················· 161
　　第二节　高校高水平运动队发展建议与对策 ················· 189
　　第三节　构建高校高水平运动队管理协同模式 ················· 193
　　第四节　构建高校高水平运动队网络化管理平台 ················· 208
　　第五节　高校高水平运动队教练员素养
　　　　　　及对运动员感情的培养 ················· 229

第六章　高校竞技体育人才培养体系的构建策略 ················ 239
　　第一节　高校竞技体育人才培养中教体关系模式的演进 ········ 241
　　第二节　高校竞技体育人才培养的管理体制和运行机制 ········ 248
　　第三节　高校竞技体育人才培养模式分析 ················· 256
　　第四节　新发展阶段竞技体育人才培养的方向 ················· 272

参考文献 ················ 281

第一章
体育发展的相关时代背景

第一节　新发展阶段的内涵

正确认识党和人民事业所处的历史方位和发展阶段,是党明确阶段性中心任务、制定路线方针政策的根本依据,也是党领导革命、建设、改革不断取得胜利的重要经验。

一、新发展阶段蕴含中国特色社会主义道路、理论、制度、文化的不断发展

从理论特征看,新发展阶段蕴含了中国特色社会主义道路、理论、制度、文化的不断发展,昭示着科学社会主义在21世纪的中国焕发出前所未有的生机与活力。党的十八大以来,中国特色社会主义进入新时代,标注了党和国家发展的新的历史方位,而新发展阶段既是我国推进改革开放事业和全面建成小康社会取得各项成就在量的方面的持续积累,更是社会主义现代化国家建设在质的方面的新的跃升。特别是党的十九届五中全会通过的《中共中央关于制定国民经济和社会发展第十四个五年规划和二〇三五年远景目标的建议》明确指出,要统筹推进经济建设、政治建设、文化建设、社会建设、生态文明建设的总体布局,协调推进全面建设社会主义现代化国家、全面深化改革、全面依法治国、全面从严治党的战略布局,坚定不移贯彻创新、协调、绿色、开放、共享的新发展理念,坚持稳中求进工作总基调,以推动高质量发展为主题,以满足人民日益增长的美好生活需要为根本目的,加快构建以国内大循环为主体、国内国际双循环相互促进的新发展格局,推进国家治理体系和治理能力现代化。这些新战略、新部署赋予了新发展阶段丰富的

理论内涵，必将为开启全面建设社会主义现代化国家新征程提供科学指引和根本遵循。

二、新发展阶段是社会主义初级阶段站到了新的起点上的阶段

从实践基础看，新发展阶段是社会主义初级阶段中的一个阶段，同时是经过几十年积累、站到了新的起点上的一个阶段。回首新发展阶段的实践来源，一个经济文化相对落后的东方大国经过70多年艰苦卓绝的努力，特别是改革开放40多年的不懈奋斗，从一穷二白到成功解决世界上最大的发展中国家人民的温饱问题、成为世界第二大经济体，全面建成小康社会取得决定性成就；从铁钉、火柴都要进口到建立起全世界最完整的现代工业体系、成为"世界工厂"，并创造了世所罕见的经济快速发展奇迹和社会长期稳定奇迹。特别是面对严峻复杂的国内外环境和新冠肺炎疫情的严重冲击，2020年我国国内生产总值（Gross Domestic Product，简称GDP）首次突破100万亿元大关，人均GDP连续两年超过10 000元，占世界经济的比重为17%左右[1]，推动我国经济实力、科技、综合国力跃上新的大台阶，中华民族伟大复兴向前迈出了新的一大步，社会主义中国实现了从"赶上时代"到"引领时代"的伟大跨越，这必将为开启全面建设社会主义现代化国家新征程奠定雄厚的物质基础。

三、新发展阶段将社会主义现代化和共同富裕作为贯穿始终的主题主线

从战略全局看，新发展阶段是我国社会主义从初级阶段向更高阶段迈进的必经阶段，是一个将强未强、由大变强的必然过程。这一阶段是在党的十九大对新时代中国特色社会主义发展作出战略安排的基础上，

---

[1] 国家统计局. 中华人民共和国2020年国民经济和社会发展统计公报[M]. 北京：中国统计出版社，2021：2.

集中精力开启全面建设社会主义现代化国家、实现第二个百年奋斗目标的历史阶段。具体又分为两个阶段：从2020年到2035年，基本实现社会主义现代化，人民生活更为宽裕，中等收入群体显著扩大，城乡区域发展差距和居民生活水平差距显著缩小，基本公共服务均等化基本实现，全体人民共同富裕迈出坚实步伐；从2035年到21世纪中叶，把我国建成富强民主文明和谐美丽的社会主义现代化强国，全体人民共同富裕基本实现，我国人民将享有更加幸福安康的生活。[①] 可以看出，新发展阶段将让人民生活更加美好的社会主义现代化和共同富裕作为贯穿始终的主题主线，具有很强的方向引领性和实际操作性，既体现了中国共产党百年奋斗初心的使命自觉，又顺应了中华民族伟大复兴战略全局的时代要求。

四、新发展阶段有助于丰富和拓展发展中国家走向现代化的途径

从世界意义看，新发展阶段必将充分证明我国的现代化建设道路不同于西方国家现代化的模式，有助于丰富和拓展发展中国家走向现代化的途径，给世界上那些既希望加快发展又希望保持自身独立性的国家和民族提供全新选择，为解决人类问题贡献中国智慧和中国方案。当今世界正经历百年未有之大变局，新冠肺炎疫情全球蔓延，世界经济深度衰退，全球性挑战层出不穷，国际经济、科技、文化、安全、政治等格局都在发生深刻调整。面对事关人类前途命运的重要关口、面临探索世界经济复苏道路的重要时刻，进入新发展阶段的中国向世界庄严承诺：坚定不移扩大对外开放，促进贸易和投资自由化便利化，维护全球产业链供应链顺畅稳定，持续打造市场化、法治化、国际化营商环境，探讨制定全球数字治理规则，落实应对气候变化的《巴黎协定》，落实联合国

---

① 中华人民共和国国民经济和社会发展第十四个五年规划和2035年远景目标纲要[M]. 北京：人民出版社，2021：1.

2030年可持续发展议程……① 这一系列开放、包容、普惠、平衡、共赢的经济全球化方案，既是中国分享给更多发展中国家在自身现代化发展中获得的有益成果和宝贵经验，又是破解全球发展难题、携手各国人民共建人类命运共同体的中国贡献。

第二节　新发展阶段的时代背景及意义

立足新发展阶段、贯彻新发展理念、构建新发展格局，是由我国经济社会发展的理论逻辑、历史逻辑、现实逻辑决定的。作出这样的战略判断，有着深刻的依据。中华人民共和国成立不久，党就提出全面建设社会主义现代化国家的目标，未来30年将是我国完成这个历史宏愿的重要阶段。新发展阶段是我国社会主义发展进程中的一个重要阶段。必须深刻认识到，社会主义初级阶段不是一个静态、一成不变、停滞不前的阶段，也不是一个自发、被动、不用费多大气力自然而然就可以跨过的阶段，而是一个动态、积极有为、始终洋溢着蓬勃生机活力的过程，是一个阶梯式递进、不断发展进步、日益接近质的飞跃的量的积累和发展变化的过程。全面建设社会主义现代化国家、基本实现社会主义现代化，既是社会主义初级阶段我国发展的要求，也是我国社会主义从初级阶段向更高阶段迈进的要求。新发展阶段的内涵需要从以下两个方面进行理解把握。②

---

① 侯波.准确把握新发展阶段的科学内涵[J].山东经济战略研究，2021（3）：32-33.
② 习近平：进入新发展阶段，是中华民族伟大复兴历史进程的大跨越[EB/OL].（2022-09-07）[2023-07-13].https://export.shobserver.com/baijiahao/html/525839.html.

一、从全局高度准确把握和积极推进构建新发展格局

构建新发展格局，是与时俱进提升我国经济发展水平的战略抉择，也是塑造我国国际经济合作和竞争新优势的战略抉择。

"十四五"时期，我国进入新发展阶段，这是全面建设社会主义现代化国家、向第二个百年奋斗目标进军的阶段，国内外环境的深刻变化带来一系列新机遇新挑战。以习近平同志为核心的党中央根据我国发展阶段、环境、条件变化，审时度势作出了加快构建新发展格局的重大决策。党的十九届五中全会描绘了我国未来发展的宏伟蓝图，对加快构建新发展格局作出重大工作部署。要看到，提出加快构建新发展格局，既是对我国发展新机遇新挑战的深刻认识，也是对我国客观发展规律和发展趋势的自觉把握，是对"十四五"和未来更长时期我国经济发展战略、路径作出的重大调整完善，是着眼于我国长远发展和长治久安作出的重大战略部署，对于我国实现更高质量、更有效率、更加公平、更可持续、更为安全的发展，对于促进世界经济繁荣，都会产生重要而深远的影响。还要看到，只有立足自身，把国内大循环畅通起来，才能任由国际风云变幻，始终充满朝气生存和发展下去。加快构建新发展格局，就是要在各种可以预见和难以预见的狂风暴雨、惊涛骇浪中，增强我国的生存力、竞争力、发展力、持续力。

加快构建新发展格局，就要在准确把握的基础上积极推进。构建新发展格局的关键在于经济循环的畅通无阻。必须坚持深化供给侧结构性改革这条主线，继续完成"三去一降一补"的重要任务，全面优化升级产业结构，提升创新能力、竞争力和综合实力，增强供给体系的韧性，形成更高效率和更高质量的投入产出关系，实现经济在高水平上的动态平衡。构建新发展格局最本质的特征是实现高水平的自立自强，必须更强调自主创新，全面加强对科技创新的部署，集合优势资源，有力有序推进创新攻关的"揭榜挂帅"体制机制，加强创新链和产业链对接。形

成强大国内市场是构建新发展格局的重要支撑，要建立起扩大内需的有效制度，释放内需潜力，加快培育完整内需体系，加强需求侧管理，扩大居民消费，提升消费层次，使建设超大规模的国内市场成为一个可持续的历史过程。构建新发展格局，实行高水平对外开放，必须具备强大的国内经济循环体系和稳固的基本盘。要塑造我国参与国际合作和竞争新优势，重视以国际循环提升国内大循环效率和水平，改善我国生产要素质量和配置水平，推动我国产业转型升级。

二、加强党对社会主义现代化建设的全面领导

党的十八大以来，党和国家事业取得历史性成就、发生历史性变革，根本在于以习近平同志为核心的党中央的坚强领导。在领导全党全国各族人民战胜史所罕见的风险挑战、奋力推进新时代中国特色社会主义事业中，以习近平同志为核心的党中央发挥了决定性作用。

中国特色社会主义制度是一个严密完整的科学制度体系，其中具有统领地位的是党的领导制度。要充分认识到，党的领导是中国特色社会主义最本质的特征，是中国特色社会主义制度的最大优势，党的领导制度是我国的根本领导制度。加强党对社会主义现代化建设的全面领导，必须坚决维护党中央权威，健全总揽全局、协调各方的党的领导制度体系，把党的领导落实到国家治理各领域各方面各环节，提高党科学执政、民主执政、依法执政水平。

加强党对社会主义现代化建设的全面领导，就要在深入学习、坚决贯彻党的十九届五中全会精神上下功夫。党的十九届五中全会站在党和国家事业发展全局高度，按照党的十九大对实现第二个百年奋斗目标作出的分两个阶段推进的战略安排，综合考虑未来一个时期国内外发展趋势和我国发展条件，对"十四五"时期我国发展作出系统谋划和战略部署，展现了"新成效""新步伐""新提高""新进步""新水平""新提升"的崭新画卷。各级领导干部特别是高级干部要原原本本学习、逐条逐段

领悟，在整体把握的前提下，突出领会好重点和创新点，发扬理论联系实际的优良学风，立足当前、着眼长远，增强工作积极性、主动性、创造性。

加强党对社会主义现代化建设的全面领导，就要增强政治意识，善于从讲政治的高度思考和推进经济社会发展工作。旗帜鲜明讲政治，既是党的鲜明特征，也是党一以贯之的政治优势。各级领导干部特别是高级干部必须立足中华民族伟大复兴战略全局和世界百年未有之大变局，心怀"国之大者"，不断提高政治判断力、政治领悟力、政治执行力，不断提高把握新发展阶段、贯彻新发展理念、构建新发展格局的政治能力、战略眼光、专业水平，敢于担当、善于作为，把党中央决策部署贯彻落实好。

第三节　新发展阶段下中国教育的战略思考

我国教育进入新发展阶段，这是中华民族实现教育强国百年梦想的新阶段，是我国教育实现高质量发展的新阶段，是我国教育从基本现代化到总体现代化的新阶段。[①] 立足新发展阶段、贯彻新发展理念、构建新发展格局，需要开创教育改革发展新境界，创造高质量发展资源配置新模式，推进中国教育实现高质量发展。

一、开创基础教育改革发展新境界

当今世界正经历百年未有之大变局，国际政治经济复杂性、挑战性日益增强，国际教育竞争日趋激烈。"十四五"期间，我国开启全面建设社会主义现代化国家新征程，迈向第二个百年奋斗目标，步入教育

---
① 高书国.新发展阶段中国基础教育的战略思考[J].人民教育，2021（6）：40-43.

"总体实现现代化"的新阶段。未来几年，我国将迈入高收入国家行列，经济高质量发展、社会文明进步、人民群众发展需求，对"十四五"期间的教育发展提出新要求、新目标和新期待。

构建高质量教育体系是我国教育的新使命和我国教育发展的新境界。高质量教育体系是我国教育进入新发展阶段的重要标志，是贯彻落实新发展理念的重要行动，是构建新发展格局的重要支撑。优化人口结构、拓展人口质量红利、提升人力资本水平和人的全面发展能力，将成为"十四五"乃至更长一个时期我国教育高质量发展的目标方位、战略起点和重要使命。更加先进的制度体系、更加完善的结构体系、更富质量的育人体系和更加现代的治理体系，是高质量教育体系的四大支柱，也是我国教育进入整体现代化阶段新的战略任务和历史命题。全面落实《中国教育现代化2035》，回答好教育如何同党和国家事业发展要求相适应，如何同人民群众期待相契合，如何同我国综合国力和国际地位相匹配的战略性问题。

"十四五"期间，要科学把握经济高质量发展和教育高质量发展大局，将新发展理念贯穿基础教育改革发展的全过程和各领域，构建高质量的教育体系，优化基础教育发展生态，转变教育发展方式，提升教育治理现代化水平，促进教育事业与经济社会协调发展和可持续发展。坚持以人民为中心，发展中国特色世界先进水平的优质教育，全面落实立德树人根本任务，进入世界前列，培养担当民族复兴大任的时代新人，实现从世界最大规模的基础教育向世界最好的基础教育的战略提升，步入我国基础教育改革发展新境界。

二、健全学校、家庭、社会协同育人新体系

家庭教育是指家庭成员之间相互的知识传授、情感交流和文化影响活动，原生性、时代性、发展性和终身性可称为现代家庭教育的四大特点。中国家庭教育和家校共育体系正在进入整体重构和快速发展期，需

要从整体论、系统论和协同论的观点出发，站在新时代中国教育未来发展的高度，重新审视和思考家庭教育指导服务体系建设的使命追求、体系功能和基本要素，做好顶层设计、体系构建、制度建设和条件保障，形成一套比较完整、科学促进家校协同育人、覆盖城乡的家庭教育指导服务体系。

为建设覆盖城乡的家庭教育指导服务体系，必须加快家庭教育法律建设、制度建设和队伍建设，持续优化教育资源供给，强化家庭教育供给侧改革。一方面，要将家庭教育纳入国家教育整体规划，设计构建适应新时代家庭教育要求的组织体系、决策机制和协同机制；另一方面，要重点研究家庭教育指导服务体系的构建目标、构建主体、构建方式、构建策略，进一步研究覆盖城乡的内涵、标准、手段和策略，探索建立国家和地方家庭教育经费列支制度。一是正确区分家庭正规教育与非正规教育，加大政府公共教育资源对居家学习、家庭教育指导服务的支持。通过多种形式，为家长提供公共性家庭教育指导服务。二是可以按照公共产品、准公共产品和私人产品的分类，通过政府、市场、第三方等不同供给主体，提供丰富、多元、标准和优质的家庭教育指导服务。

三、创造高质量发展资源配置新模式

建设基础教育强国，实现教育高质量发展，需要有与之相适应的体制机制、治理模式和资源配置方式。2019年，全国教育经费总投入已经从2000年的3849.08亿元增长到50 178.12亿元，其中国家财政性教育经费为40 046.55亿元。[①] 经过数十年的发展，我国教育财政能力持续提升，教育经费占世界教育经费比例明显提升，已经从一个教育投入弱国成为一个教育投入大国。未来10至15年，特别是"十四五"期间，

---

① 杨东平. 中国教育发展报告（2020）[M]. 北京：社会科学文献出版社，2020：5.

是我国建设教育强国、实现整体教育现代化的重要时期，要建设教育强国，就需要有与之相配套的资源配置和财政资源支持。

（一）要实现教育资源配置方式转变，调整和改善教育投入结构

提高教育质量是未来教育经费结构调整的核心方向。在国家层面，建议中小学教师工资占基础教育经费的比重超过60%，县区层面要占65%左右；建立乡村教师职务补贴机制，加大对乡村教师发展的投入力度，让乡村教师有尊严地工作、体面地生活；各级各类教育要将更多的经费投资于人，投资于教师发展，投资于学生发展。①

（二）要逐步扩大基本公共教育服务能力，补齐教育发展投入短板

重新研究和界定新发展阶段基本公共教育服务的领域和边界，根据国家和地方财力适度扩大基本公共教育服务范围，提升基本公共教育服务水平。以提高教育质量为核心，加大对课程改革、教学改革、教材建设等方面的投入力度；持续加大对中西部地区、边远农村地区的教育投入，促进城乡教育均衡发展；为适应居家学习需求，增加公共教育经费投入；为构建覆盖城乡的家庭教育指导服务体系，提供必要且稳定的公共财政经费，支持中小学和社区办好家长学校；中央和省级两级政府建设终身学习平台，支持老年教育，促进终身学习。

（三）要更加重视教育经费与项目评估，不断提升经费使用效益

坚持保基本、补短板、促公平、提质量，以优化教育经费支出结构

---

① 高书国. 新发展阶段中国基础教育的战略思考[J]. 人民教育, 2021（6）: 40-43.

为重点，以加强教育经费绩效管理为手段，建立全覆盖、全过程、全方位的教育经费监管体制，促进政府和学校教育经费管理使用科学化、规范化，提高经费使用效益，实现教育健康可持续发展。

总之，志存高远，需积步而至；锲而不舍，方金石可镂。高质量发展是我国教育适应未来社会发展变革的必然选择，是教育实现总体现代化的战略要求。我国教育正以前所未有的步伐构建现代化教育体系，迈向高质量发展，创造新发展阶段的新境界。

第四节　新发展阶段下的体育发展观

一、新发展阶段的时代特征

新发展阶段是继总体小康社会、全面建设小康社会、全面建成小康社会之后，全面建设社会主义现代化国家、实现中华民族伟大复兴的关键阶段，是在我国全面建成小康社会、实现第一个百年奋斗目标之后，向第二个百年奋斗目标进军的新阶段。

新发展阶段是全面应对世界大变局、统筹国内国际两个大局，机遇和挑战并存的新发展阶段。新发展阶段有新的发展环境，既要看到国家发展总体态势良好，也要看到风险挑战显著增多，我国发展面临前所未有的复杂发展环境。从国际来看，和平与发展依然是时代主题，人类命运共同体理念深入人心。但是，国际形势的不稳定、不确定因素明显增加，单边主义、保护主义对世界和平与发展构成威胁，国际环境日趋错综复杂。从国内来看，我国已转向高质量发展阶段，经济长期向好，物质基础雄厚，市场空间广阔，发展韧性强，继续发展具有多方面优势。

体育是提高人民健康水平的重要途径，是满足人民群众对美好生活向往、促进人的全面发展的重要手段，是促进经济社会发展的重要动力，是展示国家文化软实力的重要平台。体育事业是社会主义现代化建设的重要组成部分，体育强国建设是实现中华民族伟大复兴的标志性事业。由此，在新的发展阶段下，推动体育发展质量变革、效率变革、动力变革，是全面建设体育强国的必然要求。

二、新发展阶段体育事业发展方向

（一）注重解决发展动力问题

体育产业已成为经济发展的"新风口"，目前体育产业机构数量明显增加，消费市场日益繁荣。体育产业发展速度远高于经济增速，显示出巨大的市场潜力和强大的发展动力。因此，国家要加快体育休闲、体育培训、体育旅游、体育会展及"互联网+体育"等产业形态的融合，构建现代体育产业体系，提升基础设施建设水平，发掘金融、文化、环保、旅游等关联行业的发展潜力，促进全民健身目标的实现。体育事业可以通过引入科技、金融创新等手段，搭建公共服务云平台，利用金融创新工具和产品，拉动体育消费、完善健身激励机制。

（二）注重解决发展不平衡问题

竞技体育、社会体育、体育产业作为体育事业的重要抓手，是"三位一体"的关系，并对整体的体育发展起着非常重要的作用。但从我国现状看，体育事业中存在着竞技体育好于社会体育、社会体育好于学校体育、女子体育好于男子体育、重竞技项目好于社会体育项目、个人项目好于集体项目、非对抗性项目优于对抗性项目等问题，这需要通过相关部门及运动员的努力，逐渐解决这些问题，从而推进体育事业协调发展。

（三）注重解决可持续发展问题

可持续发展型体育发展方式以人本体育为发展目标，通过国家、企业、社会组织等多元主体的合作推动体育均衡发展，并能够根据内外环境的变化及时对体育发展进行调整，从而促进体育发展的可持续性。要解决可持续发展问题，需要动员各种发展体育的力量，由国家单一主体向国家、企业和社会组织的"三位一体"转变，发展合作体育；通过各种渠道吸纳资源，并合理配置和使用资源，鼓励社会俱乐部和协会举办体育赛事，发展社会体育；加强体育立法，以保证体育发展的公开、公正、公平，发展规范体育。最终通过全社会的努力，实现体育强国梦。

（四）注重解决发展内外联动问题

深入实施"引进来""走出去"战略，在引进体育项目的选择上，应该把眼光放在那些真正有发展潜力、能接地气、能稳妥落地的项目上。在项目的运营和管理上，把专业的事交给专业的人，让懂体育、爱体育的人真正体现出价值。对于体育人来说，体育发展不能闭门造车，适时地"走出去"，学习其他国家好的做法，也是推进体育发展的题中之义。

三、新发展阶段体育发展观的主要内容

（一）体育教育观

百年大计，教育为本。教育关系着民生、维系着国计。体育教育作为教育的组成部分，同样践行着育人价值。一直以来，国家高度重视体育教育的育人价值，并对其未来的发展方向和定位从"三纳入"[①]"四个全面"及实现中国梦的战略高度进行制定，协调推进学校体育教育改革，而不再局限于过去的"野蛮其体魄"的个体强身健体的层面，要树

---

① 把全民健身事业，特别是公共体育设施建设纳入当地国民经济和社会发展规划，把全民健身经费纳入当地财政预算，把全民健身工作纳入当地《政府工作报告》。

立学校体育育人、社会体育健人、竞技体育立人的价值高度，反映出体育教育观的新理念。

1. 学校体育以以人为本为价值标识

教育兴，民族盛，教育强，国家强。体育教育在学校教育体系中有着重要的育人价值。国家高度重视学校体育工作的改革和发展，重视学校体育育人价值和强身健体功能的发挥，在面向现代化转型中尤其凸显其育人价值。现代化社会的发展终归是人才的发展，现代社会的竞争终归是人才的竞争，所以人才是社会发展的核心。体育除了具有强身健体的功能外，还具有育人价值。学校体育教育对儿童和青少年个性的发展、品德的培养、智力的发展、审美的实践及价值观的引导都有潜移默化的影响。因此，以人为本是推动学校体育工作在实践中取得令学生、家长、学校、社会一致满意成果的重要保障。体育教育工作者要坚持以人为本、发展学生的教育理念，始终牢记学校体育教育也是实施素质教育的突破口和切入点，要有这份责任意识和责任担当。

2. 学校体育以养成健康行为和提高体育素养为教育内容

《国务院关于印发全民健身计划（2016—2020年）的通知》中明确要求，加强学校体育教育，将提高青少年的体育素养和养成健康行为方式作为学校教育的重要内容，保证学生在校的体育场地和锻炼时间，把学生体质健康水平纳入工作考核体系，加强学校体育工作绩效评估和行政问责。国务院颁布出台了一系列关于学校体育教育发展的政策文件，体现出国家在新时代对学校体育教育顶层设计的考虑，这对促进学校体育教育现代化、实现中华民族伟大复兴具有积极的教育价值意义。

（二）竞技体育观

竞技体育不仅是赛场上野蛮体魄的角逐，也是文明精神的交流与互鉴，更是有着夺标立人的价值。

1. 融入生活：寻求工作与生活的平衡点

体育融入生活是体育工作者寻求工作与生活的平衡点的一种方式，是参与体育运动的最高意识体现和行为践行。体育融入生活或体育成为一种生活方式，已成为人们健康生活的需要。新发展阶段，随着社会主要矛盾的改变，人们需要体育增强健康，也只有身体健康，才能保障人们对美好生活的需要。

2. 体育强国：发展"三大球"

国际大型赛事中，一个国家在"三大球"（足球、篮球、排球）上的金牌获得量，从侧面反映了这个国家国民的体质和健康水平指数。新发展阶段，我国体育发展的目标定位是向体育强国迈进，重点凸显在"强"字上，而"三大球"有较高发展水平，是一个体育强国的标志。因此，我国要向体育强国迈进，就需要努力把"三大球"发展上去。

3. 竞技立人：健身育人与夺标立人齐发展

竞技体育发展的同时，要大力普及群众体育，以实现健身育人价值。体育强国的强不仅是竞技体育单一的强，而且是全民拥有强健的体魄。因此，竞技赛场的目的不仅是夺标，而且要立人，使奥运"唯金牌论"的价值取向向竞技立人转变，在比赛中磨炼运动员的心性，增强他们的技能，在追求成绩的同时，更要追求更快、更高、更强的奥林匹克精神。我国竞技体育的发展与全民健身同行，所以要在发展竞技体育的同时普及全民健身运动，以达到健康育人与夺标立人齐发展。

4. 竞技之上：对自强不息、超越自我体育精神的追求

在奥运会等竞技场上追求优异的运动成绩依然备受人们关注，但成绩之外的价值，如奥林匹克精神的践行、中华民族体育精神的弘扬、超越自我精神的推崇，更值得人们关注和重视。超越自我、战胜自我成为新时代体育运动员在竞技赛场上的最优先追求，并得到了人们的赞誉。中华民族文化博大精深、源远流长，中华民族体育精神在许多国际体育赛事中更是光耀海内外。2016年里约热内卢奥运会上，我国运动健儿表现出尖峰对决勇者胜的自信精神，生动地诠释了自强不息、与时俱进、刚健有为的中华民族体育精神和更快、更高、更强的奥林匹克精神。在关注竞技体育成绩的同时，人们要更加重视践行奥林匹克精神和弘扬战胜自我、超越自我的精神，并通过践行健身育人、夺标立人发展理念推进个人梦、体育强国梦、中国梦的实现。

（三）体育产业观

体育产业是一种能提升经济效益的朝阳产业，潜藏着巨大的消费需求和市场潜力，同时可以与诸多产业相互渗透、融合发展，形成新的产业业态。

1. 赛事发展与制度完善并举，体育产业成为经济新增长点

积极发展体育产业、以体育消费拉动经济增长，是经济发展新的增长点。体育在实现中国梦历史征程中有着重大作用。因此，要把体育当成一种产业来发展，制定相应的扶持政策，通过国内培养和从国外引进体育经营管理人才，成立一些体育产业俱乐部，以举办体育赛事为载体，培育体育消费市场，将体育产业经济利益最大化、价值多元化。根据体育产业自身特点，完善相关制度、调整结构及扩大国内需求，以此促进体育产业发展和体育消费，拉动经济增长。

体育产业的发展除了能带动体育消费、拉动经济增长外，还能为实现体育强国及中华民族伟大复兴作贡献。体育不仅仅是提高人民健康水平的重要手段，而且是实现中国梦和中华民族伟大复兴的重要内容，并

为此提供凝心聚气的强大精神力量。而要想体育产业成为经济新的增长点，需充分完善赛事制度。

2. 以体育赛事为契机、全民健身为导向，加快发展体育产业

新发展阶段，我国要多举办有助于促进全民健身的体育赛事，如城市马拉松、社区比赛，让体育真正为人民谋健康、谋幸福，实现体育生活化，即让体育成为人们生活的一部分。这需要着重做好以下几方面工作：其一，在实现中华民族伟大复兴的同时，为奥林匹克运动发展贡献中国力量与文化智慧；其二，以体育赛事为契机、全民健身为导向，加快发展体育产业；其三，让更多人民群众参与体育健身运动，增强身体素质，以健康的体魄享受幸福生活。

（四）体育外交观

外交是为了建立、发展和维护国与国之间友好和平相处的"相知无远近"的互信，巩固"万里尚为邻"的情义，在积极"走出去"和"引进来"中建立和平发展和合作共赢的新型外交关系。如今经济、文化、科技、网络全球化的发展，一方面拉近了人与人之间的交流，另一方面缩小了国与国之间的距离，并使得大国之间的利益博弈全球化。国家只有在外交上达成和平共处、合作共赢的共识，在本国利益最大化的同时，也需为外交国带来发展机遇和资源与技术共享，从而为人类社会进步作出更大的贡献。体育文化作为特殊的文化现象，已经成为公共外交活动的重要载体。[1]作为外交的组成部分，体育外交在外交的舞台上既展示着团结协作的体育精神，还发挥着集体合作共赢的智慧。中华人民共和国成立以来，随着国民经济的不断发展、国际地位的不断提升，我国的外交实力也在不断提升，其间体育有着功不可没的贡献。

---

[1] 尹晓亮，刘连发.我国体育外交演进的历史逻辑与观念变革[J].体育与科学，2016，37（4）：47，53-58.

1. 以体育赛事为载体：融汇和平发展理念，彰显中华优秀传统文化

时至今日，我国外交在中国共产党人的领导下达到了一个崭新的发展阶段。如今，在经济全球化、企业国际化、文化多元化、信息网络化、体育世界化和生活化等背景下，经济相对于过去对外交的依附度有所下降。

"和"文化是中华民族从古至今所尊崇的文化价值理念，传达着"万物并育而不相害、道并行而不相悖"的生存观。在体育外交中融入"和"文化，重申了我国文化走出去的自信立场，体现出我国始终坚持走和平发展道路的决心。通过全球性体育赛事彰显和平发展外交新理念新观点，有利于实现体育发展与国家发展的双赢。新发展阶段，体育发展需同国家发展、人与人交往建立互信一样，要构建"以和为贵""以德化人""与人为善"的和谐文化，这有利于在全球体育赛事中凸显人文情怀，在展现中华民族大国形象的同时提升中华民族文化软实力，并突出中国为世界和平发展创造机遇和肩负公平正义的责任担当。体育外交作为外交的一种手段或形式，以全球性体育赛事活动为载体，并将我国传统优秀文化融入其中，如提倡国与国之间和谐发展、合作共赢的理念，在服务外交的同时，也为促进体育的发展起到了重要作用。

2. 服务构建"双循环"发展格局，推进体育更高水平对外开放

进入新发展阶段，我国将构建以国内大循环为主体、国内国际双循环相互促进的新发展格局。体育作为国内大循环的重要组成部分，也是联结国内国际双循环的重要枢纽，在构建新发展格局中起着重要作用。在东京2020年奥运会备战中和北京2022年冬奥会筹办中，我国已经建立起了行之有效的"双循环"发展体系。2015年，北京联合张家口成功申办冬奥会以来，我国在法国瓦托伦斯地中海俱乐部、斯洛文尼亚普拉尼察北欧项目中心、芬兰沃卡蒂奥林匹克训练中心建立海外冰雪训练基地，大力引进冰雪运动员、教练员、体能康复人员、场馆技术人员、赛

区运行保障人员等各类人才。通过发挥我国筹办冬奥会的内需潜力，使国内、国际两个体育市场有效联通，以国内大循环吸引全球体育资源要素，提高了我国在冬奥会筹办中利用全球体育资源的能力，更好地争取了体育开放发展中的战略主动。为做好北京2022年冬奥会疫情防控工作，第24届冬季奥林匹克运动会组织委员会（简称北京冬奥组委）与国际奥林匹克委员会（简称国际奥委会）、世界卫生组织等成立了国际疫情防控工作组，与国家卫生健康委员会（国家卫健委）、北京市、河北省等组建了国内疫情防控专班和专家组，充分发挥国际、国内两个疫情防控机制的作用，确保冬奥会如期安全举办。在备战东京奥运会时，正值新冠肺炎疫情暴发之初，为避免别国入境限制政策对备战工作产生不利影响，外交部、民航局和各驻外使馆在国家队出访计划调整、护照签证办理、包机和航班协调、出入境、参赛转训等各项工作中积极提供帮助，有序组织相关队伍提前出访、绕道参赛。我国运动员在羽毛球、体操、自行车、拳击等17个项目参加46场东京奥运会资格赛，获得18个奥运参赛席位。[1]在海外新冠肺炎疫情暴发后，及时撤回外赛外训人员，山东、上海、四川、北京、海南、广东、河北等地体育部门积极支持、主动配合，包括北京的6家直属训练基地、秦皇岛基地等在内的30多个训练基地承担起国家队的隔离安置和隔离式训练工作，有力地保障了东京奥运会备战任务的完成。[2]

新发展阶段，面对深刻复杂的国内外环境，体育外交将全力服务体育"双循环"新发展格局的建设和有效运行，以实现体育领域更高层次、更高水平、更加深化的对外开放。近年来，国家体育总局着力构建"横向协同，纵向联动"的体育对外工作机制，为实现中央与地方协

---

[1] 苟仲文：在全国体育局长会议上的讲话[EB/OL].（2020-12-25）[2023-07-17]. https://www.gongwentang.com/doc/354841/.

[2] 张建会.新发展阶段我国体育外交发展的战略思路与实现路径[J].上海体育学院学报，2022，46（1）：60-71.

同、部门与部门协同、政府与社会协同发力。① 在着力服务构建新型大国关系上，重点拓展与世界体育强国、冬季运动强国的务实交流合作。在周边外交上，发挥体育在促进区域发展中的重要作用，建立国内、国际体育双循环的开放新格局。在推动与发展中国家的务实合作上，着力拓展体育对外技术合作项目。在体育外交形式上，践行多边主义，加强与联合国、国际奥委会等国际组织的合作，深化"小多边"体育交流与合作，加大群众体育、竞技体育、体育产业、体育文化等领域的交流力度，实现体育领域更高水平的对外开放。

3.积极践行多边主义，主动参与全球体育治理

国际组织是多边合作的产物和体现，作为国际规则的制定者、公共产品的提供者和全球议程的推动者，国际组织是开展国际合作和全球治理的主要平台和力量。② 体育在践行多边主义、参与全球治理、推动构建人类命运共同体中有着天然的优势。截至2021年2月22日，联合国有193个成员国，国际奥委会有206个会员；在国际体育单项组织中，参加世界田径运动联合会的国家和地区总数为214个，国际足球联合会有会员211个，国际游泳联合会有会员209个，国际体操联合会有会员148个，国际雪车联合国有会员112个。③ 可见，国际体育组织作为多边主义制度化的机构，是我国开展国际体育合作和参与全球体育治理的主要平台载体。新发展阶段，体育外交应在践行多边主义中发挥引领作用，重点优先开展以下工作。

（1）维护以联合国为核心的国际体系，落实可持续发展议程，推动

---

① 林剑.坚持合作共赢开放战略 构建体育对外交往新格局[N].中国体育报，2022-09-26（3）.
② 张贵洪.多边主义、国际组织与可持续的和平发展[J].人民论坛，2020（32）：24-27.
③ 张建会.新发展阶段我国体育外交发展的战略思路与实现路径[J].上海体育学院学报，2022，46（1）：60-71.

全球体育治理体系变革。2015年9月,"联合国可持续发展峰会"在纽约联合国总部召开,会议通过《变革我们的世界:2030年可持续发展议程》,提出体育也是可持续发展的一个重要推动力。2021年的《奥林匹克2020+5议程》更加突出了实现可持续发展的紧迫性。在第七十五届联合国大会上,秘书长古特雷斯题为《体育:人人享有和平与可持续发展的全球加速器》的报告,肯定了体育是可持续发展的重要推动力。因此,新发展阶段的体育外交应进一步提升开放力度,全面对接联合国、国际奥委会以及国际体育单项组织的可持续发展行动目标,拓展可持续发展的内涵,推动我国体育尽快形成可持续发展、可持续生活、可持续思维"三位一体"的可持续发展观,提供具有全球思维的可持续发展公共产品,从而打造我国可持续发展的文明新向度,提升我国的国际话语影响力和引领力。

(2)加强与国际体育组织应对气候变化的国际合作。利用体育的力量帮助加强应对气候变化,已成为国际体育组织间的共识。2018年,国际奥委会和联合国气候变化组织共同创立《体育促进气候行动框架》,截至2021年11月,已有280余个体育组织加入该框架,其中包括10多个国际体育联合会以及3届奥运会(东京2020年奥运会、北京2022年冬奥会和巴黎2024年奥运会)的组委会。[1]因此,奥运会作为一个庞大的工程和事业,以"绿色办奥"为契机,加强与国际体育组织间的交流与合作,对推动构建人类命运共同体具有深远的意义和影响。

新发展阶段,需准确把握国际体育格局中出现的新现象、新趋势,以找准我国的出发点。世界是多元的、复杂的,在未来的世界体育格局中,我国所扮演的角色和发挥的作用在很大程度上取决于我国自身的改革,取决于我国体育的发展。在迈向全球性体育角色进程中,重视国际体育惯例、各国民众的心态和细节,是提升我国体育国际影响力和话语权的最重要基石。

---

[1] 张建会.新发展阶段我国体育外交发展的战略思路与实现路径[J].上海体育学院学报,2022,46(1):60-71.

四、践行新发展阶段体育观的重要意义

（一）弘扬优秀传统文化，传承与发展中华体育文化

中华民族文化源远流长、博大精深、历久弥新，有着五千年文明的恢宏历史记忆，有着和而不同、质朴憨厚的开放与包容性格，更有着上通天文、下晓地理、周知人情的"天人合一"的文化底蕴。历久弥新的中华体育文化对人们树立正确的世界观、人生观、价值观和践行社会主义核心价值观大有益处。中华体育文化作为中华民族文化的一部分，在迈向体育强国进程中，要学习和吸收中华优秀文化中的思想精髓，以发挥其重要的导向作用。

（二）突出全面强身健体，重视青少年健康成长

青少年是中国社会未来发展的接班人，是国家富强、民族昌盛的接班人，肩负着历史使命和责任，所以体育强、少年强，则中国更加强。全民健身计划以增强人民体质、提高全民健康水平为目的，符合中国特色社会主义现代化建设的需要及推进健康中国建设作出的重要部署。全民健身计划以全国人民为实施对象，以青少年和儿童为重点，换言之就是将青少年体质强健作为全民健身计划的重点，并以全面实施普及青少年锻炼活动、增进身体素质为目的。

（三）遵循体育外交理念，提升我国体育国际地位

我国体育欲在国际上有一定影响力或话语权，那么我国体育自身的发展不能滞后，要开展有目标性和方向性的改革，并创新发展，以实现体育科技、体育经济、体育文化、体育产业、体育外交等方面的发展都要强（这里的"强"指的是对体育事业发展具有贡献力、影响力和控制力）的目的。为世界体育发展贡献中国体育文化智慧和精神动力，做

到在复杂环境中共同应对各种各样的艰难挑战，并一起分享体育发展带来的机遇，以此来提升我国体育的国际地位和大国敢于担当的责任形象，同时为我国体育事业的发展和体育外交、实现中华民族伟大复兴提供和平发展环境。体育强国梦作为中国梦的一分子，能够助力中国梦的实现，同时体育强国梦的实现离不开和谐世界带来的和平环境和发展机遇。世界体育的发展需要中国梦实现过程中带来的机遇和资源，以形成一个你中有我、我中有你的美美与共命运利益共同体。

体育外交以大型国际体育赛事为载体，并在竞赛活动中凸显中华民族优秀文化、中国特色社会主义文化、中国体育文化等，借助大众媒体对这些文化进行传播，以提高文化自信、道路自信，让世界公民在交流中消除误读，了解一个具有文化底蕴的、历史悠久的文明古国。

第二章
我国竞技体育的发展

第一节 竞技体育简述

一、竞技体育的概念

"竞技体育"这个术语最早在我国出现在 20 世纪 70 年代末。如今，很多学者对竞技体育的概念进行了一定研究，总的来说，竞技体育的概念包括以下几点：第一，主体是人，肯定了身体运动的特点是身体各方面的较量；第二，主要目标是创造优异的运动成绩，获得比赛的胜利；第三，终极目标是通过运动和竞赛促进人和社会的全面发展。

二、竞技体育变化发展的新趋势

（一）竞赛制度发生了根本性变革

当前世界竞技体育的竞赛形式、制度和格局都发生了巨大的变化。相比以往来说，名目繁多又充满刺激和吸引力的竞赛应运而生。除了传统的锦标赛、世界杯赛、冠军赛、联赛、邀请赛等外，又出现了大奖赛、黄金大奖赛、排名赛、精英赛、系列赛、资格赛、等级赛、公开赛、巡回赛等。而且，越来越多的世界大赛的参赛资格都要求通过排名赛、积分赛、达标赛等多轮预选赛才能获得，促使运动员参加比赛的次数成倍地增加。

（二）现代高科技对竞技体育全方位的立体渗透

由于各个国家和地区对竞技体育的高度重视和对竞技体育结果的强

烈追求，以及现代运动成绩的极值化和获得这些成绩的困难程度的巅峰化，人们越来越能体会到科学对竞技体育巨大的支持作用。

新型材料的引入使竞技体育真正插上了科学的翅膀。例如，自从碳素成分被添加到撑竿中，不仅撑竿的重量变轻了，而且极大地提高了撑竿的强度和弹性，使运动员飞越6米或更高高度的梦想成为现实；第二代新型塑胶跑道的出现，使曾经被认为不可突破的100米竞赛极限变得简单……医学、生理学、生物化学、生物力学、心理学及其他相关学科在体育领域的运用，使得训练变得不再盲目，而是更加精确和科学。例如，运动医学、运动生理学和运动生物化学对运动训练中的伤病的预防、恢复和治疗所起的重要作用，使得教练员在指导训练的过程中已经离不开科研人员的参与和帮助。计算机和信息技术对竞技体育的贡献也是巨大的。许多技术复杂的项目，教练员单凭肉眼是难以发现运动员技术上存在的问题的，但通过立体三维电子系统，这些问题便迎刃而解。

另外，诸如基因技术、生物科学技术等的应用，使得竞技体育的水平又向前迈进了一大步，运动训练选材—训练—竞赛—管理各个环节的科学化水平均得到了长足进步。先进的科学理论与技术能够使运动员的培养更加系统化、科学化和经济化，极大地缩短培养高水平运动员的周期，也使运动员各方面的潜能得到充分的发挥。可以说，科学已经渗透到竞技体育的各个角落。

（三）各国加大了对竞技体育的重视程度和支持力度

随着对奥运会金牌争夺状况的日趋激烈，各国更加重视在国际竞赛中的成绩和排名，并采取多种措施加大了对竞技体育的管理与支持力度。另外，各国政府通过制订各种行之有效的推动计划，有重点、分阶段地实施本国竞技体育的战略目标。例如，我国的"奥运争光计划"拟定了我国竞技体育发展的目标及措施。

（四）训练的方法、手段和理念发生了深刻变化

体育训练由全面化转向专项化、个性化。目前，体育训练特别强调，一切方法、手段都要紧紧围绕着专项进行，而不是像过去那样面面俱到。现在的训练更加重视运动员的个体差异，突出个人的特点，而不是千篇一律的训练方法。这就要求教练员要对自己所指导项目的性质、特征有全面的认识，并根据项目的性质、特征，结合运动员的个体差异，选择正确的、符合运动员实际的训练方法和手段，科学地安排训练过程。

三、竞技体育的核心价值

（一）竞技体育的教育价值

1. 竞技体育的示范教育价值

通过竞技体育，受教育对象能够获得正能量，提高综合素质。在我国，竞技体育一度起到的是振奋民族精神的作用，因为我国有一段时间在世界格局中处于弱势地位。改革开放后，我国抓住经济发展的机遇，社会状况发生了一系列的变化，竞技体育不再是撑起中国人民族自尊心和自信心的唯一支柱，因此，竞技体育的价值取向必然发生相应的变化，竞技体育的教育价值更加凸显，竞技体育多方面的示范作用也使其发挥的作用越来越显著。竞技体育通过竞技比赛等多渠道的传播，对年轻一代起到了示范作用。它是青少年的重要社交平台，竞技活动不仅可以提高青少年的身体素质、运动能力、生活适应能力，也可以丰富他们的社会知识，还可以对他们的思维活动、道德品质、行为规范产生积极影响。广大青少年可以从优秀运动员高超的技能展示中得到技能教育，从优秀运动员的拼搏进取中得到精神教育。当今竞技体育的核心价值取

向落到竞技体育的多维教育价值层面是我国社会发展的必然。

2. 竞技体育的竞争教育价值

现代社会是一个充满竞争的社会，而竞争的意识又与竞技体育息息相关。在竞赛活动中，不存在除个人身体、心理以外的任何不平等，运动员能够在体育训练中、运动中、竞争中充分发挥自己的潜能，体现自己的力量，不会因暂时的落后而放弃比赛，特别是一些直接对抗性的运动项目，如足球、篮球、排球、羽毛球、网球等，从而逐渐增强自身的竞争意识和顽强毅力。竞技体育比赛尤其是高水平的国际性比赛，往往被泛化为一种国家行为，具有浓厚的"国家象征"之意味。所以，竞技者的竞技行为，常常不再作为个人行为被看待，而是作为一种国家竞争力象征被看待。不仅欣赏竞技体育的观众这样看，而且竞技体育的直接参与者，也是这样看待自己的竞技行为的。这无形中可以培养学生的集体主义精神和爱国主义精神，丰富校园体育精神文化的内容。运动员只能在规则允许的情况下努力创造成绩，任何违反规则的行为都会遭到惩罚。同时，在一个集体中，每个人都有自己的角色，每一角色都有其特定的行为要求，必须依角色要求行动，这有利于人的社会化，有利于培养人遵纪守法的观念和行为。竞技体育始终遵循着"机会均等、优胜劣汰"的基本原则，严格的规则和公正的裁判可以帮助学生树立公平竞争的观念。通过竞技体育，学生也可以学习如何正确对待竞争中的失误和失败，磨炼坚强的意志，增强抗挫折能力，在激烈竞争的社会中增强生命力。[1]因此，学生通过参与竞技体育运动，可以培养良好的体育道德，进而养成优良的社会公德。

---

[1] 体育比赛对学生的积极影响[EB/OL].（2012-06-05）[2023-07-17]. https://www.scetc.edu.cn/wyx/info/1042/2069.htm.

3. 竞技运动的适应教育价值

校园竞技体育实践表明，参加竞技性比赛，能扩大学生的兴趣，使他们放开性情，增加与他人交流的机会，同时在激烈的对抗中、在努力拼搏的奋斗中，接受成功或失败、表扬或批评的心理锻炼。在与他人交往的过程中，学生对社会环境的适应能力及心理承受能力受到很大磨炼，得以从学习压力、生活困苦中解脱出来，从而保持良好的精神状态，以更充沛的精力迎接新的挑战。因此，人们认为竞技体育运动能测试出个人对社会的适应能力。竞技体育作为一种挑战自我、超越自我，追求人类更快、更高、更强的生命活动，本身就孕育着无穷的魅力和不竭的价值，无数的竞技者在竞技活动中获得了愉快和幸福。为了超越对手、实现自己的人生价值，运动员对自己的付出无怨无悔，这种无私奉献的精神和坚强的意志品质对培养学生吃苦耐劳的精神是其他任何事物都无法比拟的。但是，任何事物的存在与发展都存在着两面性，竞技运动也不例外，它在给学校教育带来积极影响的同时，也可能产生一些负面影响，如可能导致错误价值观的出现。高校体育教育的根本目的是增强学生的体质，而后才是从中发现、培养高水平的体育人才。一些错误的价值观比较容易产生在那些运动员甚至存在于他们的崇拜者身上。荣誉、成就可能使他们更多地关心个人的得失，更多地关心能使他们获得荣誉的各种活动，进而引起他们处世哲学的转变，不能正确面对社会、正确认识各种社会关系，从而导致产生与社会生活规范、道德观念相背离的错误价值观。另外，竞技体育还可能带来暴力行为的产生。因为攻击性是竞技体育的特点，加之青少年好斗、好胜的心理，如对竞技体育中的身体接触或对规则的理解不准确，就有可能将平常的争论转化为暴力行为。因此，在竞技体育的教学中应当包含道德规范的内容，以提高学生辨别、应对和化解暴力行为的能力。

（二）竞技体育精神的价值表现

1. 竞技体育精神成为民族精神传承的符号

竞技体育本身虽然不直接创造物质财富，但竞技体育富有观赏性，且运动员在训练及比赛中体现出的不屈不挠和奋勇向前的精神等，具有重要的精神价值。竞技体育精神体现在多个方面，并通过运动员在竞技活动中表现出的强大意志、竞技核心精神状态和竞技活动正能量来实现。竞技体育精神包括运动员在竞技活动中表现出来的思想意识、价值观念、理想人格、行为规范和道德风貌等。竞技体育精神是竞技体育文化的核心，精神的传承和传播使得竞技体育具有明显的民族特点。奥林匹克精神对竞技体育精神具有示范价值，民族精神对竞技体育精神有深刻的影响。竞技体育精神具有竞争性、超越性、公平性和功利性特征。竞技体育精神的理论框架由目标层的奥林匹克精神，核心层的竞技精神，基础层的民族精神、团队精神构成。

2. 竞技体育精神引导大众理想和信念的形成

世界观是人们对世界总的根本看法，世界观人人都有，但多处于零散、自发状态，需要提炼和升华，使之理论化、系统化，最后上升为哲学。运动员必须具备哲学的思维，以哲学的世界观为基础，这样才能树立科学的人生观、价值观和伦理观，正确地处理个人与他人、个人与集体、个人与社会发展等重大关系，才能在艰难的道路上保持积极向上的人生态度，把自己的人生轨迹定位在崇高的理性追求上。理想和信念基于一定的哲学世界观，以目的、动机的形式贯穿于竞技体育的实践活动中，形成一种稳定的观念意识支配人们的行动。理想和信念作为世界观的体现和具体化内容，对运动员的精神有着重要的影响，也对运动员竞技能力的发挥起着一定作用。运动员要想有所发展、有所进步、有所成就，就要把树立理想作为成才和成就事业的开端和基础，通过立志形成内在的精神动力。内在的精神动力一旦形成，就会不断增强自身行动的方向性、目的性、稳定性和持续性。绝大多数人都以一种普遍性价值统率自己的爱好和行为，并使自己对生活的追求从属于这些普遍价值。价值观是人类区别于其他动物的标志，是人们思想行为的"软约束"和诱导信号。它既与特定的社会经济文化相适应，又潜移默化地引导和规范人们的思想及行为。运动员的价值取向离不开特定的社会大环境。竞技体育运动寄托了人类追求自身极限能力甚至超越极限能力的美好梦想，在追求梦想的过程中，运动员创造了竞技体育精神，同时这种精神又激励运动员去追求更高的梦想。[①]

3. 竞技体育精神激发大众运动激情

运动员比的是技术，但竞技赛场也需要激情，没有激情就没有动力，竞技体育也就没有魅力可言。激情就是将内心的感觉表现出来，并能影响其他人的内心世界。在竞技场上，拥有激情的运动员会自始至终以积极、理性的态度对待遇到的各种困难，会用坚定的决心和必胜的勇气去战斗，从而拥有更多如愿以偿的机会。激情能使运动员以饱满的精神状态去迎接挑战，以最佳的状态去发挥自己的才能，激情是一名优秀运动员成就事业的精神武器，勇气是运动员在竞技中表现出来的一种气质。如果运动员在竞技比赛中总是瞻前顾后，犹豫不决，自然会丧失很多机会。凡是优秀的运动员，必定是果断刚毅的，关键时刻不犹豫，将勇气贯穿于整个比赛之中。在高水平比赛中，运动员彼此间的技术水平差距基本很小，实力并不是绝对的，在比赛的关键时刻，双方比的就是勇气和对胜利的信心。在竞技场上，优秀的运动员凭借着无畏的勇气，能够把看似不可能的事情变成可能，创造理论上人类无法完成的目标，

[①] 张会君. 浅析竞技体育精神的价值取向[J]. 考试周刊，2009 (16): 139-140.

在看似不可能的情况下力挽狂澜。在竞技体育比赛中，人们常常被运动员旺盛的斗志所折服。竞技赛场上，两队相逢，总有落后失败的一方，但失败并不能丧失斗志，如果斗志不灭，转败为胜并不为奇。雅典奥运会上，我国女排在决赛中，虽先输两局，但她们并没有因此而丧失斗志，而是一局局拼，一分分拿，最后反败为胜。旺盛的斗志能激发人的内在潜力，从而使人在坎坷困境中勇往直前。但如果丧失斗志，失去的就不仅是一场比赛，往往是人的整个精神势头。运动员对待失败的态度比失败本身更重要，胜败乃兵家常事，竞技体育更是如此，只有胜利没有失败的运动生涯是不存在的，关键是你被失败打倒，还是失败被你打倒。斗志是运动员面对困难和失败时的精神支撑，能不断激发运动员的潜能，帮助运动员顽强地走出困境。毅力就是坚持正确的方向，矢志不移地完成既定目标的态度和决心。竞技体育的本质决定了运动员职业的残酷，在竞技赛场上，运动员会遇到一系列的打击，没有坚韧的毅力就无法坚持完成比赛。一名优秀的运动员，面对困难时不仅有追求目标的毅力，更有不达目的誓不罢休的决心。[1]

（三）竞技体育运动价值表现

1. 技能塑造与潜力挖掘

竞技体育的运动价值是竞技体育本身价值的体现。在任何一项运动的训练过程中，无论是低水平还是高水平竞技阶段，都强调技能形成的基本规律和对运动动作的模仿和演练，要求练习者努力记忆练习的一般结构动作，包括力量、速度、幅度、节奏，还要求练习者在实际练习时通过重现动作之间的联系、完整技术动作的先后次序和外在形象，以联想和再生的方式在头脑中组成一整套正确技术动作的运动表象，并准

---

[1] 张会君. 浅析竞技体育精神的价值取向[J]. 考试周刊，2009（16）：139-140.

确无误地按照练习所要求的要领去训练。人始终按照平衡—不平衡—平衡这样的规律运动着，不断地在挖掘身体运动能力的最大潜力。通过长期、系统和艰苦的训练，运动员能具备高超的运动能力，这是竞技体育价值实现的物质载体。竞技体育的运动价值主要体现在参与者获得了运动技巧、拓展了人体运动空间和挖掘了人体运动潜力，这体现了竞技体育所蕴含的竞技技能的本体属性。

2. 竞技技术创造"无形产品"

竞技运动是一种劳动，它可以创造物质的东西，这种东西不是有形的产品，而是在比赛中供人们欣赏的竞技技能和竞技技巧，这种技能和技巧同样具有价值和使用价值。竞技技能和技巧中包含了运动员为练习这种技能和技巧所付出的劳动，它的使用价值在于这种技能和技巧能够为人们带来精神上的愉悦，所以说竞技技能和技巧也是一种商品。竞技运动源于原始的劳动，很多竞技体育项目本身就是劳动的产物，如标枪就是在劳动的基础上创造出来的运动，经过人们的改良和练习，进入现代体育比赛中。由此可见，竞技体育不是凭空产生的，它本身就是一种劳动技能，产生于劳动的过程，并在劳动的过程中得到发展。随着社会的发展，生产力得到进一步发展，竞技运动作为一种娱乐项目从劳动中分离出来，人们定期举办体育活动，并从中得到快乐，这就是竞技体育存在的必要性，也正是这种使用价值，使得体育运动从开始的劳作间的娱乐延续到今天，并成为一种专业的职业。竞技体育的使用价值在于它可以满足人们对健康、娱乐消遣的需要，从历史上的斯巴达克斯的角斗士到现代的竞技项目，竞技体育无不保留了满足人们观赏、娱乐消遣需要的功能。随着社会的发展，一些人出于对体育的爱好和生存的需要，开始专门从事竞技体育运动的训练和教授，从而形成了体育产业这一独立的行业。竞技体育运动员在进行体育训练的过程中付出了自己的体力和脑力，而这种劳动的凝结不是以有形的劳动产品的形式在社会各部门间流通的，而是在人们欣赏比赛的过程中被接受和认可的。

3. 竞技技术价值实现的间接性

与普通商品相比，竞技体育中的竞技技能和技巧这种特殊商品的价值在实现过程中有着其自身的特殊性。第一，竞技技能和技巧不是以简单交换的形式实现其价值，而是由人们的评价来实现其价值。对于普通商品来说，人们通过商品交换获得其使用价值，从而实现商品的价值，但竞技技能和技巧是根据其能给人带来的精神上的愉悦程度来给其定价的，所以竞技技能和技巧的价值是由人们在欣赏中所能获得的愉快感来进行价值定位的。第二，竞技技能和技巧的价值不完全由凝结在其中的运动员的劳动量决定的，而是以这种劳动取得的结果来决定的。普通商品的价值是由凝结在其中的一般人类劳动决定的，但竞技技能和技巧作为特殊的商品，不完全由凝结在其中的劳动时间来决定，而是根据其能给人带来的愉悦感来定位的，所以这种商品的价值带有艺术的欣赏与水平的定位。竞技技能和技巧的价值的实现依赖于人们对它的欣赏和认可的程度，所以它的价值实现过程是一个漫长的、泛化的过程，并不是像普通商品一样，交换实现了，价值就实现了。竞技技能和技巧的价值有一部分是通过人们的欣赏实现的，更大部分是通过其在社会上的影响力产生附加价值实现的，如广告、媒体等带来的收益，这种价值的实现是一个潜在的过程，也是一个泛化的过程。这个过程中固然也有劳动的付出，且这种劳动的时间价值量远远超出了一般劳动所创造的价值。

（四）竞技体育文化价值表现

1. 竞技体育文化的"象征符号"价值

当今，竞技体育的文化价值体现在融合社会情感、提高审美趣味和档次、增强社会正能量等方面。竞技体育是社会文化中不可缺少的重要元素，是社会休闲中必不可少的文化象征符号。竞技体育每项新纪录、新难度技术的诞生，都标志着运动员的运动能力向前推进了一大步。竞技体育强烈的竞争属性，促使参与者不断去挖掘自身潜力，寻求更好的竞技状态和成绩。体育道德是竞技体育的基本特征，也是社会公德的组成部分。竞技体育代表的奥林匹克精神、奥林匹克原则、体育道德，都具有普适价值。在观赏竞技体育比赛的过程中，人们能得到体形美、技巧美、对抗美等文化情趣的享受。

2. 竞技体育文化的"多维表现"价值

竞技体育文化是指人通过体育活动，在改造客观世界、调节自身情感、协调群体关系的过程中所表现出来的时代特征、地域风格和民族样式。从广义而言，竞技体育文化是指为丰富人类生活、满足人类生存需求，以身体为媒介，把满足人类需求的身体活动进行加工、组织和秩序化，形成获得社会承认的、具有独立意义和价值的文化。竞技体育文化包括精神文化（体育观念、意识、思想、言论等）和行为文化（体育行为、技术、规范、规则等）两大部分。从狭义而言，竞技体育文化是将产生于社会生活的体育作为有价值的活动加以肯定，并赋予其一定的知识文化内涵，从而使体育由自然活动变成文化活动，包括与艺术、宗教、学术、文化娱乐及传播媒介等有关的体育活动和体育作品，如体育舞蹈、艺术体操、武术、体育摄影、体育雕塑、体育建筑、体育音乐、体育文学、体育研究、体育大众传播等。竞技体育是社会的一个缩影，是通过竞赛来显示体力和智力的一项文化活动，它起源于原始社会狩猎人、采集人、农耕人在闲暇时间进行的娱乐活动。竞争是竞技体育文化的根本特征，竞赛结果的预先不确定性和对抗双方在法律意义上的绝对平等是竞技体育文化的主要特征，同时竞技体育具有某种价值定位和价值取向。竞技体育是一种礼仪文化、审美文化、道德文化，也是一种情感文化和创新文化。随着社会的进步和时代的发展，竞技体育的社会文化价值必将越来越高。

3. 竞技体育文化的"分层表现"价值

由于竞技体育概念本身具有丰富的内涵，以及人们对文化概念的多种界定，人们对竞技体育文化的认识也多有不同。一般认为，体育文化是由三个层次或三个子系统组成的结构功能体系。体育文化的深层结构是由与体育有关的哲学思想、价值判断、健康观、审美观、意识形态等构成的思想体系，其功能是决定体育文化具体形态的存在依据、发展原则和发展方向。体育文化的中层结构是由一系列与体育有关的制度和组织要素构成的组织体系，决定着体育文化的组织结构和操作效率。体育文化的表层结构是将深层的体育观念通过中层组织结构付诸实践的操作体系，表现为体育文化的外部形态和外在特征，如具体的健身行为、运动竞赛、体育设施的设计等。人的一切社会行为包括体育行为都是有目的、有意识的，因此体育文化深层结构是一切体育行为的根本原因；处于中层的结构组织体系是连接体育思想与体育行为的中介；表层的操作体系则是竞技体育思想体系的具体物化过程。这种物化的结果，又具有对体育思想体系进行修正的反馈功能。校园体育文化在坚持中国特色社会主义体育教育方向的同时，既要传承中华民族传统的体育文化，又要引进国际先进的体育文化。体育文化多样性的宗旨主要是培养人们的体育精神、体育意识和体育技能，提高人们的体育文化素养，增进人们身心健康，并在此宗旨指导下开展多种多样的竞技体育文化活动。

第二节 我国竞技体育的演变发展

一、我国竞技体育初步发展阶段（1949—1978年）

（一）初步发展阶段的历史背景

中华人民共和国成立后，在积极开展社会主义经济建设的同时，掀起了轰轰烈烈的文化建设高潮，其目的就是要摘掉文化落后的帽子，提高全民族的科学文化与体育健康水平。1949年10月27日，中华全国体育总会筹备委员会在北京成立（后称中华全国体育总会第一届全国代表大会）。1950年，毛泽东亲自为中华人民共和国第一个体育刊物《新体育》题写了刊头。1952年6月，中华全国体育总会在北京举行第二届全国代表大会，宣告中华全国体育总会成立。中华人民共和国成立初期，我国竞技体育发展的指南与理念基本确立。

1952年11月15日，中央人民政府成立"中央人民政府体育运动委员会"（简称中央体委），1954年改称"中华人民共和国国家体育运动委员会"（简称国家体委）。1998年3月24日，新一届国务院第一次全体会议讨论通过了《国务院机构设置和调整国务院议事协调机构方案》，将国务院体育行政部门的名称确定为"国家体育总局"，由国家体委改组而成，列入国务院行政机构的第三序列——国务院直属机构（原来的国家体委属国务院行政机构第二序列）。1998年4月6日，国家体育总局转发了《国务院办公厅关于启动国家体育总局印章的通知》，并宣布新印章自发文之日起启用。同日上午，国家体育总局举行了挂牌仪式。从此，国家体育总局正式登上历史舞台。随之，地方政府的体育行政管理机构也调整了部分职能，省级政府一般都撤销了体委改设体育局。

（二）初步发展阶段我国竞技体育的发展

1. 模仿型竞技体育发展方式

当国家层面的体育组织管理机构建立之后，以怎样的运动训练体制和运行机制及其路径来推进竞技体育发展，是当时一个迫切需要解决的问题。而解决这一问题的基本逻辑离不开当时国内外政治经济环境的影响和制约，在国内建设百废待兴的形势下，急需破除旧的体育发展方式，构建新的发展方式。在学习西方体育的一些理念并进行更新的基础上，树立符合我国国情的竞技体育发展理念与方式，是构建我国新的竞技体育发展方式的切入点。

中华人民共和国成立后，我国竞技体育的发展方式基本上是从学习和模仿苏联举国体制的竞技体育发展方式起步的。

首先是学习苏联的体育理论与方法。1950年8月28日到11月28日，中华人民共和国的第一个体育代表团应邀访苏，对苏联体育运动的组织领导、干部培训以及学校体育等做了较为系统的参观和学习。中华人民共和国接待的第一个苏联体育代表团，是1950年12月由苏联体育运动委员会体育学校部部长罗曼诺夫率领的体育代表团，由此拉开了中苏体育交流的序幕。当然，当时我国的体育无论是理论水平、组织能力还是竞技能力都是较落后的，中苏体育交流的内容主要是向苏联学习。在培养我国体育科研人才方面，苏联也给予了无私的帮助。

其次是构建仿苏的运动训练机构。1950—1963年，我国在模仿和学习苏联的竞技体育发展模式的基础上，形成了一个比较完整的竞技体育体制及运行机制。1952年8—9月，荣高棠、马叙伦相继上书党中央建议在政府内成立体育运动委员会，以及设立体育院校、集中培训运动员、举办国家运动会、修建大型运动设施等。1952年，中华全国体育总会组建了中央体训班（国家队的前身），同时各大区相继设立体训班

（省队的前身），最早设立的体育项目包括足球、篮球、排球、田径、游泳、体操等。在竞技体育后备人才培养方面，也进行了些许探索，包括建立各级青少年业余体校（后备队），以及发布学校章程等。资料显示，截至1958年，全国青少年业余体校就达1.6万所，在校学生达77万多人。[①] 经过近6年的努力，我国竞技体育的运动训练体制初步形成，这个运动训练体制被人们称为竞技体育的"三级运动训练体制"。

最后是竞技体育的运动竞赛体系与制度的建立。为了促进运动训练水平的提高，规范竞技体育赛事行为。1956年，国家体委公布了《中华人民共和国运动竞赛制度暂行规定（草案）》《中华人民共和国运动员、裁判员等级制度条例（草案）》，此后，又陆续颁布了田径等20个项目的运动员等级标准等规章制度。省、市等地方各级竞技体育竞赛制度也做出了明确的规定和调整，这样我国运动竞赛制度初步形成。

2. 赶超型竞技体育发展方式

1956年，我国生产资料私有制的社会主义改造基本完成，1957年顺利完成了国民经济的第一个五年发展计划，年轻的社会主义中华人民共和国开始进入全面的现代化建设新时期。1958年9月，中共中央批转了国家体委党组《关于体育运动十年规划的报告》，由此拉开了我国竞技体育赶超型发展方式的帷幕。

进入20世纪60年代，我国竞技体育赶超型发展方式的第一个丰硕成果产生，就是1961年4月在北京举行的第26届世界乒乓球锦标赛，中国队获得男子团体冠军、女子团体亚军，庄则栋、邱钟惠分获得男女单打冠军。1963年2月21日，王金玉、罗致焕在第57届世界男子速度滑冰锦标赛上，打破男子速度滑冰全能世界纪录，同时罗致焕在1500米比赛中获得世界冠军。1964年，中国队与世界羽坛霸主印度尼西亚

---

① 李强.我国青少年业余体校的历史发展及现状分析[J].搏击（武术科学），2011（6）：123-124.

队进行了互访比赛，羽球国手均以明显优势获胜，被誉为羽坛的"无冕之王"。继扬威第 26 届世界乒乓球锦标赛后，乒坛健儿在 1963 年第 27 届、1965 年第 28 届世界乒乓球锦标赛分别夺得 4 枚、5 枚金牌[①]，其中，中国男队在团体项目、庄则栋在男单项目均实现"三连冠"，中国乒乓球开始确立在世界乒坛的领先地位。

由此可以看出，这个时期竞技体育的发展方式是集中精力抓龙头和基础性项目，在不断完善三级运动训练体制的基础上，精简队伍、缩短战线、调整资源配置、减少国内国际赛事，以及建立与完善竞技体育规章制度等，基本形成了计划经济指导下的竞技体育发展模式，也是后来举国体制发展模式的雏形。

十年特殊时期，我国体育系统受到较大影响。1970 年开始，在周恩来的亲自关怀与指示下，一部分竞技体育活动开始恢复，国家体委及各地方体委的工作步入正常。经过体育工作者的艰苦努力，一些传统项目的运动技术水平在恢复的基础上有所提高。1971 年的"乒乓外交"成为竞技体育发展方式的成功典范。1973 年 11 月，我国恢复了亚洲运动会联合会的席位。1974 年 9 月，我国在伊朗德黑兰第一次参加了亚运会，获 33 金、64 银、27 铜，列奖牌榜第三位，开创了我国正式参加亚运会比赛的历史。[②] 尽管我国竞技体育的前进过程并不顺利，但我国的竞技体育仍然在疾风暴雨中摸索着向前进步。

二、我国竞技体育稳步发展阶段（1978—1999 年）

（一）稳步发展阶段的历史背景

1978 年 12 月 18 日十一届三中全会的召开是我国历史上一个重要

[①] 梁言.世界乒乓球赛上的中国人[J].当代体育，1991（7）：44-45.
[②] 中国在亚运会上的第一枚金牌是谁（雅加达亚运会金牌回顾）[EB/OL].（2023-08-07）[2023-08-17]. http：//www.yzlianqin.com/a/283677.html.

的转折点，此次会议揭开了改革开放的序幕，我国以此为起点走上了建设中国特色社会主义的新道路。

改革的方向是坚持市场取向，即将高度集中的计划经济体制改革为社会主义市场经济体制。1980年，我国设立了4个经济特区。1982年，党的十二大提出"计划经济为主、市场调节为辅"的原则。1984年，党的十二届三中全会提出我国社会主义经济是在公有制基础上的有计划的商品经济，开始实行政企分开，简政放权，企业自负盈亏、自主经营；所有制上，变单一的公有制经济为公有制经济为主体、多种所有制经济共同发展；分配上，实行按劳分配为主，多种分配方式并存的分配制度。1984年，我国开放了14个沿海港口城市，1985年开辟沿海经济开放区。1987年，党的十三大进一步提出国家调节市场，市场引导企业的新型经济运行机制。

深圳等经济特区的创建成功，为进一步扩大开放积累了经验，有力地推动了我国改革开放和现代化的进程，改革开放给我国经济带来了巨大进步。

（二）稳步发展阶段我国竞技体育发展

在举国上下全面推进社会主义现代化建设的热潮中，为顺应国家现代化快速发展需要，1980年的全国体育工作会议提出了"省一级以上的体委在普及与提高相结合的前提下，侧重抓提高的部署"的方针。[1] 后来，国家体委在给中央的请示报告中，提出了将加速提高我国运动技术的整体水平作为今后一个时期体育工作的主要任务，从而确立了竞技体育适度超前发展的战略指导思想。[2] 1979年，国际奥林匹克运动委员会

---

[1] 奥运史料集：中国参加冬奥会的发展历程[EB/OL].（2019-10-13）[2023-07-17]. https://www.sohu.com/a/346756212_120059786.

[2] 卢文云，唐炎，熊晓正.20世纪60年代以来我国竞技体育发展模式的历史演变[J].西安体育学院学报，2008（4）：12-16，21.

执行委员会通过决议，恢复中华人民共和国在国际奥委会的合法席位，从此中华人民共和国开始了奥运之旅。

为了提升我国在世界竞技体育的形象，为国争光，适度超前发展的战略得到进一步的肯定与支持。1984年10月，《中共中央关于进一步发展体育运动的通知》发布，提出了"搞好项目的战略布局，集中力量发展优势项目，大力加强田径、游泳等薄弱环节（田径是各项运动的基础），同时要把那些短期内能赶上世界先进水平的项目抓上去，争取在今后的重大国际比赛中，夺取更优异的成绩"的要求。

在适度超前的竞技体育发展方针的指导下，国家采取举国体制的竞技体育发展方式，以适应与国家现代化经济建设快速发展相匹配的需要，即集中国家财力、物力、人力的有限资源，在较短时间获取诸多优异的运动成绩。举国体制下的适度超前型竞技体育发展方式为我国竞技体育在世界舞台上带来了巨大荣耀，极大地激发了全国人民的爱国热情及加快建设社会主义现代化的积极性。

改革开放后的十年间，为顺应我国社会加快现代化建设的需要，激发社会投入火热的以经济建设为核心的洪流中，在计划经济的举国体制下，我国通过集中优势力量、适度超前发展的方法取得扬我国威、鼓舞民心的成绩。但是必须看到，这个时期，尤其国家将公共体育绝对多的资源投入竞技体育的优势项目，导致竞技体育内部发展的失衡，以及国家公共体育资源配置远离大众体育、国家与地方体委的工作过多地偏向竞技体育的问题。以金牌数量为标准的公共体育政绩评价标准，导致计划经济的举国体制成为追求政绩及政治利益的标尺，尽管国家经济体制改革如火如荼地推进着，但竞技体育追求的是国家政治利益，而较少考虑其体制与机制如何同国家经济体制相适应。因此，这个时期的竞技体育改革，仅仅体现在适度超前发展的竞技体育内部利益关系的调整上，而竞技体育适应社会主义市场经济的改革几乎处在原地踏步状态。

1993年，《国家体委关于深化体育改革的意见》发布，提出当前和今后一个时期，深化体育改革应着重抓好以下几个方面的工作：一是进一步改革体育行政管理体制，加强宏观控制能力；二是加快运动项目协会实体化步伐，建立具有中国特色的协会制；三是建立集中与分散相结合、多强对抗的训练体制；四是改革竞赛制度，实行分级分类管理。

1983年，国家体委开始探讨在我国发行体育彩票的问题，目的是尝试通过发行体育彩票为体育事业发展筹集资金。1994年，国家体委向国务院申请在全国范围内统一印制、统一发行、统一管理体育彩票。1994年4月5日，国家体委体育彩票管理中心正式成立，经中国人民银行批准，国家体委前主任伍绍祖于同年7月签署了国家体委第20号令，并予以颁布实施。这标志着我国体育彩票事业开始进入法治化、规范化的管理轨道，同时表明市场成为我国竞技体育资源配置的另一个重要主体。

三、我国竞技体育飞速发展阶段（2000—2012年）

（一）飞速发展阶段的历史背景

进入21世纪后，世界竞技体育整体得到快速发展，运动训练和竞赛中的科技含量大大增加，竞赛的职业化和商业化进程加快。在该时期，我国竞技体育的发展水平逐步提高，相关的场馆设施建设得到显著改善，部分场馆达到国际标准，体育市场正在形成，不断深入改革让我国的体育运行机制活力渐显，竞技体育在世界体坛已经拥有了一批优势项目，整体实力也大幅提升。2001年7月13日，我国获得2008年奥运会的举办权，表明我国竞技体育全面登上世界舞台，但在取得进步的同时，还存在夺金项目分布面较窄、优势项目不多、基础项目薄弱等问题。当时，我国能否办好这届奥运会，就成为检验我国竞技体育政策成效的关键。该时期我国的竞技体育政策以服务于奥运会各项任务为中心。最终实践证明，正是在该时期诸多竞技体育相关政策的正确指导和推动下，我国才能在2008年北京奥运会中大放异彩，圆了国人奥运梦。

（二）飞速发展阶段我国竞技体育的发展

进入21世纪后，我国竞技体育建设加快了发展步伐，工作重心转移到围绕奥运会发展建设上来。在党中央的领导下，国家体育总局于2000年12月、2002年11月、2006年8月，分别发布了《2001—2010年体育改革与发展纲要》《2001—2010年奥运争光计划纲要》《竞技体育"十一五"规划》，2002年7月，《中共中央 国务院关于进一步加强和改进新时期体育工作的意见》发布。上述四项宏观指导性政策，对接下来各体育部门及单项体育协会出台相关的选材、训练、竞赛及其管理政策具有重要的指导作用。

为进一步落实《2001—2010年奥运争光计划纲要》提出的目标和任务，国家体育总局又于2002年颁布《2008年奥运争光行动计划》，该计划从指导思想、形势分析、目标体系、训练竞赛体系、保障体系等十个方面对2008年奥运会的筹办与备战工作进行指导。2006年8月，国家体育总局发布《竞技体育"十一五"规划》，实事求是地分析了"十一五"期间我国竞技体育面临的机遇和挑战，明确了接下来北京奥运会所要完成的任务和目标。

2008年北京奥运会的成功举办与体育行政部门制定了系统完备的规划是分不开的。为加强体育行风建设，特别是运动项目管理中心的行风建设，国家体育总局于2003年8月发布《国家队教练员廉洁自律规定》，对运动项目管理中心任用或聘任的中方各类教练员的组织纪律和训练竞赛纪律作出严格要求，对促进国家队教练员廉洁执教、防止发生违纪违法行为具有积极作用。2007年8月，国家体育总局发布《运动员聘用暂行办法》，加强了对运动员合法权益的保障，规范了运动员招聘、培养和退役相关工作，促进了体育事业的可持续发展。为做好国家级教练的选拔、培养、使用等管理工作，2007年9月，国家体育总局和人事部发布《关于国家级教练岗位任职条件有关问题的通知》，将国家级教练按要求分为四级专业技术岗位，并对每一级岗位要求做了专门说明。该政策有效提升了我国教练员队伍的整体素质和水平，有助于激励教练员与运动员共同努力，充分体现其职业地位的价值。

为加强运动员队伍管理，促进运动人才资源合理配置，国家体育总局在对《运动员参加全国比赛代表资格注册管理办法（试行）》《全国运动员交流管理办法（试行）》进行修订的基础上，发布了《全国运动员注册与交流管理办法（试行）》，对我国各运动项目的运动员注册与管理起到参照和指导作用。在该办法的指导下，诸多运动项目如射箭、体育舞蹈、现代五项、橄榄球等，也结合项目发展的实际情况分别制定了本项目运动员的注册管理办法，这不但优化了各项目运动员队伍的管理，而且保证了各项目的训练和竞赛工作的有序开展。

为进一步提高我国足球运动的整体水平，2003年8月，中国足球协会（简称中国足协）发布《中国足球事业2003—2012年发展规划》，明确了今后十年我国足球发展的目标和主要任务，提出推进足球协会实体化，并将俱乐部建设、青少年足球和足球产业发展工作视为工作的重点。该规划成为进入21世纪后我国的第一个足球十年发展规划，对尽快提升我国的足球竞技发展水平、全面增强足球整体实力和国际竞争力起到了重要的促进作用。在加强足球俱乐部建设方面，为规范转会制度，中国足协发布了《中国足球协会球员身份与转会管理规定》《中国足球协会注册工作管理暂行规定》，对推进足球实体化和俱乐部建设做了清晰严格的规定。中国足球运动员的转会工作和协会的注册工作以政策的形式被正式落实下来，标志着我国竞技体育项目协会向实体化又迈出了实质性的一步，足球运动在我国竞技体育改革中所做的诸多尝试及贡献是巨大的，大家应对其最终的辉煌发展持有充分的自信，并给予支持。

为进一步完善《2008年奥运争光行动计划》，加强和规范国家队运动员、教练员及相关工作人员的人事管理工作，促进科研和训练在较高程度上进行融合，充分运用现代高科技手段提高训练水平和竞技能力，国家体育总局于2003年9月发布了《国家队医务人员管理暂行办法》《国家队科技人员管理暂行办法》《国家队人事管理暂行办法》。上述管理办法通过加强对国家队医务人员的管理来提高医疗服务水平，通过加强对科技人员的管理来提高运动训练的科学化水平，体现了我国对竞技体育管理人员的重视，改变了以往只注重运动员和教练员的二元关系。将医务人员、科技人员及竞技体育相关的人事管理工作纳入整个竞技体育管理系统，体现了管理工作的统一性和整体性，对完善竞技体育保障体系建设起到了积极有效的作用。

为完善竞技体育后备人才培养体系建设，我国体育行政部门集集体智慧，做出诸多努力，制定了许多卓有成效的发展政策。例如，2004年6月，国家体育总局发布了《<国家奥林匹克体育后备人才基地>认定实施细则》，决定从2004年起，以四年一届奥运会为周期，在全国各级各类体育学校中开展国家奥林匹克体育后备人才基地的认定工作。2011年3月，国家体育总局发布《全国体育人才发展规划（2010—2020年）》，指出要围绕进一步增强我国竞技体育的综合实力和国际竞争力，不断提高竞技体育人才队伍的文化素质和职业道德素质，全面提升竞技体育人才队伍的综合素质和业务能力。利用政策杠杆，完善各类竞技体育人才的选拔、培养、使用、激励和保障制度，充分发挥各类竞技体育人才的积极性和创造性。进一步加强教练员岗位培训工作，明确提出每五年要对全国教练员轮训一遍。该规划为我国体育系统首个中长期人才发展个人规划，成为今后一段时期我国体育人才工作的指导性文件。

综上所述，我国高速发展阶段的竞技体育政策类型主要以训练、竞赛和管理类型的政策为主，涵盖内容和范围较广。该时期的竞技体育政策多为中观层面的政策，它可以在宏观政策和微观政策的实施中起到良好的上下衔接作用。同时，政策中提出的竞赛成绩和精神文明双丰收的目标也有力地带动了我国竞技体育整体水平的提升。我国稳居2008年北京奥运会金牌榜第一名，将我国竞技体育发展推向了一个新的顶峰，使我国真正步入世界体育大国行列。

四、我国竞技体育高质量发展阶段（2012年至今）

党的十八大的召开，标志着中国特色社会主义进入新时代，十九届五中全会进一步明确新时代的主题是推动高质量发展，竞技体育借此东风也进入高质量发展的新阶段。在高质量发展阶段，国家体育总局推出多项改革举措，使竞技体育的监管主体、执行主体的角色定位相对清晰，并逐渐确立了体育社团发展竞技体育的主体地位。国家体育总局通过简政放权、放管结合、优化服务（简称"放管服"）改革，深入推进奥运项目协会与运动项目管理中心的脱钩，体育社团的实体化进程蔚然一新。秉持"专业人做专业事"的用人理念，竞技体育的内生组织与专业能人开始真正成为竞技体育改革发展的主体。

（一）深入探索开放办体育的突破口

该阶段，体育总局全面深化"放管服"改革，释放出求新求变的强烈信号。一是树立开放办体育的现代理念。二是在温州率先开展社会力量办体育试点，形成可复制与借鉴的"温州经验"，助力全国开门办体育的实践探索。三是取消赛事审批权，探索破除行政部门赛事审批利益的藩篱。四是实施跨界、跨项、跨季选拔优秀竞技体育人才，弥补冬季运动项目发展的人才短板。

（二）进一步探索竞技体育政社分开、事社分开的体制改革

首先，分三批次完成奥运项目协会"机构脱钩、职能分离、资产脱钩、人员分流、党务革新"的改革试点。其次，裁撤部分运动项目管理中心。2017年1月5日，国家体育总局足球运动管理中心正式注销，足协与足球运动管理中心完成脱钩，彻底改变了足球管理中心与项目协会

一套人马、两块牌子的组织构架。体育总局裁撤项目管理中心，把相关权力移交给项目协会，是对竞技体育"管""办"职能的再分配与再调整。最后，在选人、用人上，大胆起用体育专业人才，不仅姚明成为没有公职身份担任全国性单项体育协会主席职务的第一人，而且一大批专业运动员、教练员成为引领协会发展的新生舵手，为"少壮派"执掌竞技体育提供了广阔发展空间。

（三）探索国家队组建权限的下放

一是顺应社会化方向，探索社会力量和市场力量办队。国家体育总局先后与单项体育协会、地方、学校合作组建多支国家队，探索政府与社会各方合作组建运动队的发展方向。二是加强政府监管评价。中国（浙江）国家游泳队实行年度评价与周期总评相结合的办法，以2020年东京奥运会、2022年杭州亚运会为一个完整周期进行总体评价。

（四）探索扁平化管理机制

在我国竞技体育高质量发展阶段，扁平化管理机制的探索成为一种重要的改革方向。这种管理机制的特点在于降低层级、简化结构，注重团队成员之间的直接交流和合作。此外，这种管理机制在很大程度上提升了组织的运行效率，优化了决策过程，增强了团队的协作性，因此有利于竞技体育整体水平的提升。在该阶段，我国的竞技体育结构开始从原来的层级式转变为扁平化，大大减少了管理层级，使得决策者与执行者之间的信息交流变得更加直接和有效。同时，教练员和运动员之间的沟通也变得更加直接，有利于教练员对运动员进行实时调教和指导。扁平化管理也为创新提供了更为有利的环境，因为它打破了传统的上下级关系，所有人都可以自由发言，激发了团队成员的创新精神。每个成员都可以根据自身的经验和专业知识提出建议，从而为团队的发展做出贡献。

第三节　竞技体育的特点和功能体现

一、竞技体育的特点

竞争性是竞技体育的主要特征之一，现代体育的竞争性集中表现在奥林匹克运动上。竞技体育中的"竞"是指比赛和竞争，"技"是指运动技艺。竞技运动的参加者总是力求最大限度地发挥自己的潜能去战胜对手。竞争性是竞技体育不断发展的杠杆，它不仅增加了竞技比赛胜负的不确定性，也为竞技运动增添了魅力。竞技体育是从以娱乐为主要目的的活动发展而来的，现代竞技体育日益加强的竞争性大大加强了其自身的观赏性，不仅参加者可以通过表现自我和战胜对手获得胜利的喜悦，而且观众可以通过观赏竞技体育比赛，从日常生活中的紧张状态解脱出来，获得一种特有的轻松感和美的享受。所以，观赏竞技体育比赛是广大群众休闲娱乐的主要方式之一。

（一）挑战人体极限

竞技体育是在原始祭礼竞技的基础上形成和发展起来的。上古人类在祭祀活动中举行各种展示人的力量和技巧的比赛，如角力、射箭、投标枪等。奴隶社会竞技体育的军事色彩特别浓厚，古希腊奴隶主为了防止奴隶造反和提高本国的战斗实力，让自由民的青少年进行严酷的训练，以培养他们的体力、意志和纪律，并经常举行比赛。

竞技体育的目的是提高运动能力，看谁更高、更快、更强，因而具有很强的竞争性、对抗性，这种竞争性发展到极致，就是挑战人体极限，在力量型、速度型运动项目中，特别是在百米跑、举重、跳高、跳远、投掷中更为突出。回顾人类的竞技体育发展史会发现，人类的运动潜能是惊人的。当看到一项项奥运会纪录被打破时，人们不禁会思考人体的极限到底在哪里？早先有人断言，百米跑成绩不会突破10秒，而现在这一成绩早已被突破，亚洲人也突破了10秒大关。随着人体的不断发展，训练的进一步科学化，跑道、跑鞋等体育设施与装备的日益改进，相信现有的成绩很有可能会再次被突破。

（二）团结协作

团结就是力量，协作配合才能取得胜利，竞技体育的集体项目更是如此。虽然不乏优秀的运动员，但他们只有和其他队友组成一个集体，才能增强运动队的战斗力。这个集体必须配合默契，攻防有序，其势如潮，势大而不乱，力大而准确。竞技体育的壮美使得竞技体育在众多体育中最吸引人，备受人们关注。

（三）展示人力与美的结合

有些竞技体育项目对抗性不强，其主要不是力量和速度的展示，而是属于技巧型，如体操、跳水、花样游泳、花样滑冰、健美运动等。技巧型运动项目展示的是力与美的结合，其美具体表现为动作的灵巧、和谐、流畅、韵律，具有很强的艺术美、形式美。从美学层面看，其具有审美价值，极具观赏性。

灵巧是人进化过程中的一大成果，人体的进化不但实现了直立行走，骨骼和肌肉发达、有力，肢体也变得更加灵巧。只有肢体灵巧，人才能灵活地做各种各样复杂的动作，来满足生活、劳动的需要。技巧型运动项目集中体现了人体的这一特点。灵巧与柔韧密不可分，僵直、呆板的肢体做不了灵巧的动作，肢体、肌肉能最大限度地自由伸缩、弯曲，才能灵活地完成高难度动作。平衡也是灵巧不可缺少的要素，平衡能使动作流畅、稳定，不至于摇摆不定，甚至摔倒在地。例如，自由体操运动员在平衡木上空翻、手翻、倒立、劈叉、跳步，在地毯上翩翩起舞,既有杂技的柔韧、灵巧,又有舞蹈的旋律、节奏,令人目不暇接。

技巧型运动是由一个个动作连贯成一整套动作的,且每个动作都有难度,动作与动作之间的连接还要流畅、和谐。连接就是过渡,过渡自然流畅,整套动作才会和谐。自然流畅、紧凑从容、和谐协调的动作连接,如行云流水,一气呵成,似起伏有致的曲线,既能陶冶人的性情,又能愉悦人的精神。技巧型运动项目不但要求动作灵巧、动作与动作之间连接流畅和谐,还讲究动作的韵律。所谓韵律,就是节奏、神韵,主要体现技巧型运动的艺术美。许多技巧型项目与音乐相配合,借音乐表达情感和艺术想象。花样滑冰之所以被誉为"冰上芭蕾",就是因为它既具有芭蕾舞的美,又有穿着特制冰刀在冰面上完成舞蹈动作的难度。其动作要与音乐契合,连贯流畅且富有节奏,兼具音乐美、姿态美和力量美。

(四)竞技体育的勇和智

在符合竞技体育运动规律和行业规范的前提下,运动员可凭借自己的实力,运用一切手段,竭尽全力提高运动成绩,以求在竞赛中取得好名次。其中的诸多要素,可以概括为勇和智两个方面。

在比赛中,"勇"表现为一往无前的顽强拼搏精神。相持阶段最能考验运动员的意志,如足球赛、篮球赛的下半场,长跑的后半段,大家的体力都开始减弱,都难以占上风,这时谁能坚持到最后,谁就是胜者。从某种意义上说,参与比取胜更重要,因为取胜的总是少数人,多数人是参与,然而对于每一个运动员而言,参与能够促进他们运动水平的不断提高。处于劣势时仍顽强拼搏的运动员,不仅能从侧面显示出夺冠者的实力,同时他们能赛出自己的最高水平,赢得对手和观众的尊重。竞技运动的"智"既表现在运动员身上,又表现在教练员身上。在赛前,教练员研究对手,并据此认真排兵布阵、安排战术,运动员需要心领神会,一上场就出其不意,攻其不备,大显神威。但比赛不可能完全按赛前的预测发展，教练员要及时向运动员发出调整战术的信息，运动员要能随机应变，改变战术，给对方造成心理压力，方能取胜。运用科学技术手段训练也是"智"的内容。根据科学原理，借助科学手段训练；运用科学统计、科学技术指导比赛；改进运动器材、运动员服装，更新运动器械，如乒乓球球拍、跳高撑杆材料的改变对提高运动成绩起着至关重要的作用。科学技术是人类智慧的结晶，将它们运用于竞技体育是人类智慧的二度闪光。"勇"和"智"是人类在生产实践、社会实践和科学实践中形成的品质，是人类文明进步和社会发展的表现。其中，"勇"与"智"最集中地表现在与对手、与自己、与困难的斗争中，是在斗争中取胜缺一不可的因素。

二、竞技体育的功能体现

（一）竞技体育功能在国家层面的体现

在国家层面，竞技体育功能体现为多元化。其中最显著的体现就是提升国家形象。每四年一次的奥运会，参赛国家的成绩通常被视为其国家实力的体现，优秀的竞技体育表现能够提升国家的国际声誉。同时，竞技体育也是促进社会和谐的重要手段。公平竞赛的体育精神能够增强社会凝聚力，尤其在大型体育赛事中，人们可以围绕共同的目标团结起来。竞技体育对于提升全民健康水平也有着积极影响。国家级的运动员和比赛会吸引公众的关注，有助于鼓励更多人参与体育运动，进而提高国民的健康水平。同时，大型体育赛事也是推动经济发展的重要途径，因为它可以带动旅游、广告、商品销售等行业的发展，为国家创造经济效益。竞技体育还是激发国民精神的重要载体。竞技体育能够引发人们的爱国情绪，增强人们对国家和运动员的自豪感，提升人们的斗志。

（二）竞技体育功能在社会层面的体现

1. 竞技体育功能与平等

（1）男女平等。在《奥林匹克宪章》中，奥林匹克精神被表述为"互相了解、友谊、团结、公平竞争"[1]。竞技体育无关种族、肤色，最重要的是男女平等。由于历史发展等各种因素，女性在社会中一度处于较低的地位，但是在竞技体育中，女性获得了尊重，得到平等对待。

（2）竞技体育对残疾人竞技比赛的批设。在竞技体育中，有专门为残疾人设置的比赛，有利于他们在竞技体育中获得成就感与自信心，对生活充满热爱。

2. 竞技体育功能与市场经济发展

随着我国经济的不断发展，竞技体育的发展也在不断优化，尤其是改革开放以来，人们的生活质量逐步提高，更倾向于追求精神上的满足。挖掘竞技体育的经济功能能够促进社会发展、国家繁荣，为国家、地区和民族的经济带来欣欣向荣的发展态势。市场的加入，使得竞技体育的职业化与产业化功能日渐突出，并成为第三产业中的朝阳产业。

在计划经济条件下，竞技体育是由国家供养和管理的一个特殊的事业，为国争光是其根本任务，脱离了以增强人民体质为根本任务的体育范畴。然而，随着社会主义市场经济的建立，人们对竞技体育观赏娱乐的需求逐渐增加，随之产生了满足这种需求的行业、职业和产业。竞技运动以它本身具有的过程及结果悬念、集群意识、美感享受等精神和心理功能，给人们提供视觉、精神和劳务等方面的服务，利益相关者则通过获得门票、电视转播、媒体直播权等取得经济报酬。除此之外，利

---

[1] 任海．奥林匹克运动[M]．修订本．北京：人民体育出版社，2005：135．

益相关者还可以通过在运动会场馆为企业提供广告服务，利用运动明星的名人效应，为企业推广产品，以榜样效应带动相关项目的普及，从而带动运动场馆的建设，运动服装、器材的生产供应，运动医疗和科研服务的发展，运动信息和出版业的发展等，进而形成一个庞大的运动产业体系。

3. 竞技体育功能与和谐心态

竞技体育的所有参与者，不管是场上的运动员、教练员、裁判员，抑或是幕后的组织者、观众等，都明白竞技体育的魅力所在，其对促进公众之间和谐、维护社会稳定有着其他行业无法替代的作用。但是，人们在享受竞技体育功能的同时，并没有用一种完全平常的心态来接受它不确定性的结果，即输赢。

（三）竞技体育功能在个人层面的体现

竞技体育功能在个人层面主要体现为爱国、敬业、诚信、友善、功利，以及"以人民为中心"的体育精神。

1. 竞技体育功能与爱国

爱国一直以来都是凝聚全国各族人民的核心要素和第一位的价值观。作为公民的一项基本义务，爱国具有鲜明的时代特性。现代竞技体育被看成是显示民族精神的窗口、民族富强的标志，高水平的竞技体育比赛能激发运动员的荣誉感，激励他们的进取心。

由于竞技体育本身的特殊性，其文化地位和社会功能也具有一定的特殊性，优秀运动员、体育明星常常被人们视为社会榜样、青年楷模等，人们对他们寄予深切的厚望，他们所表现出的拼搏精神，能够极大地振奋民族精神，激发人们的爱国主义热情。在东京奥运会上，我国体育健儿奋勇拼搏，表现优异，生动诠释了奥林匹克精神和中华体育精神。运动员在赛场上的出色表现让电视媒体前的观众热血沸腾,为自己是中国人而感到骄傲与自豪。竞技体育激发人们爱国主义热情与振奋民族精神的方式,是其他行业无法替代的,它可以鼓舞人们对生活、对中华民族和国家的前途充满自信心。

2. 竞技体育功能与敬业

敬业的内涵主要体现在两个层面:一个是精神层面;另一个是务实层面。从字面理解,敬业就是重视、喜欢、热爱自己的工作,对工作充满热情,并自然而然地将对待工作的热情转化成对生活、对集体和对国家的热爱。每一个整体,都是由无数个体组成的,一个民族的强盛与伟大,是通过个体来实现的,个体品格高尚、充满斗志、积极向上,那么民族就充满活力。个体能否认认真真、一丝不苟地站好自己的岗,不仅关乎自身生存发展,更关系着整个国家的健康发展。

竞技体育比赛的不确定性特点,使比赛过程和结果都充满悬念,而悬念来自运动员长期职业训练之后自然形成的敬业精神,他们形成了一种意识,即只要比赛不到最后一刻,结果就还没确定,仍充满变数,谁也无法提前看到最终结果。世界级体育赛事,如奥运会能够引起很大关注,除了它可以给人们带来快乐外,更吸引人的是运动员在赛场上的敬业精神,每四年一届的奥运会,更是让运动员将这种敬业精神发挥到了极致。运动训练过程其实是枯燥且乏味的,一遍一遍地练习着同一个动作,其间还可能会受伤,若非运动员对某项运动怀着满腔的热诚,是很难坚持下去的。这种敬业精神可以感染人们,并将其带入家庭、社会生活中。

3. 竞技体育功能与诚信

体育诚信是诚信体系的有机组成部分,它在塑造理想、规范行为、强化内心信念、形成健康生活方式等方面,对人们有着重要的作用。诚信，尤其在竞技体育领域显得十分重要，失去诚信，就相当于失去了竞技体育的公平性和公正性，不利于体育事业的健康发展。

竞技体育具有教育功能，对人的思想意识及价值观的形成均有重大影响。另外，具有竞争意识是促进国家、社会、个体发展的必要条件，竞技体育中的公平竞争、理性竞争、平等协作的行为规范，营造了一种诚信的氛围，培育了运动员公平公正的价值理念和竞争精神，能够促进他们在道德品质上的发展，而个体正是通过在竞技比赛中学习到的体育精神在社会中展现自身的价值。

4. 竞技体育功能与友善

竞技体育的本质特点是竞争性，竞技场上对手之间的竞争，既是阻碍对方取得胜利、获取荣誉的因素，也是将优秀者推向辉煌和成功的助力。竞技赛场上的对立关系是由共同规则的制约形成的，对其严格遵守是运动员基本的文明素养和道德水准。竞技体育制度的根本是人，人际关系的升华，不仅能为社会发展提供推动力，还能为人类和谐相处奠定基础。

体育是提高人民健康水平的重要手段，也是实现中国梦的重要内容，能为中华民族伟大复兴提供凝心聚气的强大精神力量。竞技体育凝聚中国力量，与中国梦相切合，能带动群众体育和学校体育的普及与发展，在实现个体价值的同时促进国家目标的实现。

5. 竞技体育功能与功利

从人民群众到运动员、教练员再到政府官员，这些竞技体育的具体利益相关者，可以说都有着各自的目的性、功利性。例如，人民群众或者竞技体育的外部系统要素的功力性主要体现为获得精神上的愉悦；运动员的功力性主要体现为在赛场上突破自我，以及获得一定的经济利益；教练员的功力性主要体现为提升自身作为教练的价值，谋求自身的生存和发展；政府官员的功力性主要体现为追求政绩。

（四）竞技体育促进健康中国战略的实施

2016年10月，中共中央、国务院印发《"健康中国2030"规划纲要》，旨在推进健康中国建设，提高人民健康水平。该纲要从健康入手，把健康融入医疗、卫生、环境、食品、药品、健身休闲、健康产业、健康信息化、健康法治等方面。可见，体育是健康中国的组成部分之一。竞技体育发展契合健康中国战略的实施，而健康中国战略的实施也能为竞技体育拓宽发展渠道和空间。

"四个全面"战略布局为我国竞技体育的发展开辟了迄今"最好的时代"，同时竞技体育事业也承载了更新、更高的责任担当。党的十九大报告指出，"我国社会主要矛盾已经转化为人民日益增长的美好生活需要和不平衡不充分的发展之间的矛盾"。而健康是最基本、最具有普遍意义的追求美好生活的需要。竞技体育中的"健康"主要体现在两个方面：一方面，竞技体育内部系统直接参与者的健康是竞技体育可持续发展的基础。竞技体育引领群众体育和学校体育的发展，若竞技体育内部参与者都无法保持健康，则将无法发挥竞技体育的引领示范作用。另一方面，竞技体育外部系统参与者的健康是竞技体育社会价值的体现，这里的健康可包括身体健康、经济健康。竞技体育是体育界的"代言人"，是人民树立运动健康的标杆。另外，作为新兴的朝阳产业，竞技体育的职业化、产业化为经济发展作出了巨大贡献。

另外，为响应《"健康中国2030"规划纲要》的号召，体育管理部门明确表示出对健康中国战略的重视，在运动员训练机制上，从训练时间、地点、方法、手段等方面都提出运动健康的要求；在竞赛体制上，国内高水平竞赛开设群众项目，第十三届全运会就是典型的例子，调动了人们的运动积极性，提高了人们的健康水平，促进了健康中国战略的实施。

事物的影响都是相互的，竞技体育在促进健康中国战略实施的同时，自身也受益。众所周知，竞技体育的主要目标是不断提高竞技水平和能力，在重大赛事中取得优异成绩，发挥振奋民族精神、提高国家形象的功能。然而，随着经济社会的发展，竞技体育功能掺杂其他因素的情况越加严重，因此，竞技体育目标更不应该脱离本源，而应回归"以人为本"。健康中国战略提出后，人们开始重视在竞技体育中融合健康元素，以进一步完善竞技体育目标。

实施健康中国战略是国家发展基本方略中的重要内容，健康中国战略的实施是以人民为中心贯彻新发展理念的体现，而以人民为中心的竞技体育也应该体现出创新、协调、绿色、开放、共享的新发展理念。创新主要包括制度创新、竞技体育项目创新和竞技体育产业模式创新等。协调是指竞技体育在引领群众体育、学校体育的同时，能够促进它们协调发展。绿色主要体现在竞技体育赛事引领、品牌打造和体育产业发展等方面。开放主要体现为开展对外交流和合作，以及引入国际先进的训练理念和技术。开展对外交流和合作，有利于我国竞技体育与世界竞技体育的进一步接轨；引入国际先进的训练理念和技术，有利于提升我国竞技体育的水平。共享主要体现为所有人都能享受到竞技体育带来的乐趣和益处。竞技体育作为社会的一部分，在建设体育强国背景下，增强自身的国际文化软实力能够提升人们生活质量和促进和谐社会的构建。

经济模式的转变，为竞技体育抓住创新机遇、充分发挥其整合功能提供了机会。例如，鼓励运动员创业，积极加入体育健身休闲行业。大数据时代背景下，可以将互联网与体育相结合，通过线上、线下的方式整合社会资源，从而形成健康的体育产业链。

我国体育应当抓住千载难逢的发展机遇，勇敢担负起实现体育强国目标和实施健康中国战略的重任，为实现中华民族伟大复兴助力。全社会应共同关注健康和促进健康，让健康中国战略成为大家共同的责任与目标，而不再仅仅是一句空洞的口号，同时竞技体育应肩负起前所未有的历史使命和时代责任。

第四节　竞技体育高质量发展的目标

一、我国竞技体育高质量发展的整体目标

竞技体育的高质量发展是以焕发系统内生动力、调整优势项目结构、补齐竞争力短板、提升国际话语权为目标的质量效益型发展。竞技体育高质量发展目标是自身高质量发展与通过自身高质量发展促进经济社会发展的综合集成。

（一）发展深度上要实现竞技体育的充分发展

充分发展是竞技体育在深度维度上的高质量发展，是竞技体育提质增效的必然要求，也是竞技体育提升发展层次、深耕内涵建设的必要举措。实现竞技体育的充分发展，涉及竞技体育系统各个层面的深度发展，也需要各组成要素的深度发展。

1. 实现竞技体育系统中人的充分发展

社会发展进程应当是通过人、为了人而对人的本质的真正占有。竞技体育系统中人的充分发展是指以运动员为核心的从业者的人格、学养、社会关系的充分发展。人是竞技体育系统中最具非线性作用的能动因素，要持续提高人的综合素质与能力，培养人良好的创新素质、职业素养和精神面貌，从而使人实现自由而充分的发展。

2. 实现竞技体育内生组织的充分发展

竞技体育内生组织主要是指为了实现竞技体育的发展目标自然联合、自发形成的组织、管理、服务、监督竞技体育活动的团体，主要包

括国家及地方体委、中国奥委会、各单项体育协会、职业俱乐部等部门与机构。它们是竞技体育高质量发展依赖的主体，是推动竞技体育可持续发展的有生力量。一方面，竞技体育内生组织的充分发展要完成实体化，成为自主发展的独立法人，并且内生组织要积极主动发展；另一方面，要建立健全覆盖竞技体育活动领域的内生组织体系，不断提高它们的业务能力，以及行业权威。

3. 实现举国体制与市场机制的深度融合

新发展阶段，中国特色的竞技体育发展道路体现为举国体制与市场机制的深度融合，只有这样，竞技体育才能实现"见人"与"见物"、发展速度与发展质量、系统规模与综合效益的辩证统一。举国体制与市场机制深度融合形成的新型举国体制，能够优化配置竞技体育资源，形成资源要素流动与集聚的良好机制，为人和组织的充分发展提供制度保障。

（二）发展速度上要实现竞技体育的稳定发展

稳定发展是竞技体育在速度维度上的高质量发展，是实现竞技体育在深度、广度、持久度维度上发展的基础。竞技体育只有保持相对稳定的发展速度、维持相对稳定的规模与数量，才能够展现持久的既有优势和竞争实力，提高自身改革与发展的弹性，防止自身深层次改革造成成绩滑坡，为自身的结构调整、优化创新保持一定的张力空间，从而获得深化改革、突破发展的从容环境。值得说明的是，实现竞技体育的稳定发展并非抱着功劳簿、无视短板，而是在既有优势项目的基础上，迎难而上拓展新的竞争优势，促进竞技体育稳定发展。实现竞技体育的稳定发展，一是要保持既有优势项目的稳定发挥，巩固体操、乒乓球、羽毛球、举重、跳水、摔跤、射击等优势项目的地位，保持竞技体育的整体发展速度和规模；二是要科学制定参赛大项、夺金小项、夺牌小项以及世界前八名小项的数量，稳步提升参赛项目的竞技水平和社会基础；三是要实现潜优势项目、基础大项、"三大球"等项目的多点突破，挖掘竞技体育成绩新的增长点；四是要进行竞技体育渐进式改革，通过扩大增量、优化存量，保持竞技体育整体发展的稳定，为竞技体育体制与机制的深化改革提供一定的回旋余地，减轻改革不确定性产生的压力。

（三）发展广度上要实现竞技体育的全面发展

全面发展是为了克服竞技体育内部结构失衡、外部发展不协同提出的。竞技体育全面发展的本质是实现结构均衡，矫正竞技体育的片面发展，促进基础大项、"三大球"及其他弱项的协调发展，尤其是要在国际主流体育项目上取得长足进步，从而更好地促进竞技体育融入体育系统及社会大系统，进一步提高竞技体育对国计民生的重要作用。

从全面发展的角度看，竞技体育高质量发展的广度具有相对性。一方面，在系统内部，相对于优势项目与潜优势项目，竞技体育的基础大项、"三大球"及弱势项目要发展起来；相对于发展较成熟的足球、篮球、乒乓球，排球、网球要发展起来；相对于竞技体育发达的东部地区，中西部地区要发展起来；相对于处于主导地位的西方体育项目，龙舟、武术等本土特色项目、民间竞技体育项目要发展起来；相对于专业运动员与职业运动员，竞技体育后备人才要发展起来，运动员的退役就业要进一步保障起来；相对于更多重视国家利益，俱乐部利益、社会利益、个人利益要重视起来；相对于运动员在赛场上争金夺银，运动员的文化素养要重视起来；相对于为国争金夺银，为国为民创造财富要发展起来。另一方面，在系统外部，相对于竞技体育的优先发展，竞技体育要与全民健身、学校体育、体育产业、体育文化协同发展；相对于国家、社会、学校对竞技体育的大力支持，竞技体育要发挥出对国家、社会、学校的反哺作用，"体育强则国家强"的作用要发挥出来。

（四）发展持久度上要实现竞技体育的可持续发展

可持续发展是竞技体育在时间维度上的高质量发展，它既是竞技体育高质量发展实现的条件，也是竞技体育高质量发展追求的根本目的。

1. 实现竞技体育与体育大系统其他组成部分的可持续发展

竞技体育连同学校体育、全民健身、体育产业等都是体育大系统的有机组成部分，它们之间相互影响、相互依存。一方面，竞技体育要实现与体育大系统的有机联系，既吸收体育大系统的能量，又为体育大系统贡献力量，优化体育大系统和谐共生的发展环境。另一方面，竞技体育与学校体育、全民健身、体育产业要实现既竞争又协同的关系，将自身的高质量发展植根于厚实的社会基础、人才基础、产业基础，共同促进体育大系统的良性循环与健康发展。

2. 实现竞技体育人才资源的可持续发展

可持续发展原本是为解决人与环境、人与资源的矛盾提出来的，而对于竞技体育来讲，实现可持续发展最根本的资源是人力资源，人力资源最核心的因素是运动员。以往，在取得历史性辉煌成就的同时，运动员的主体性、积极性、主动性、创造性容易被忽视。进入新时代，运动员的全面充分发展成为竞技体育高质量发展的根本尺度之一。只有高素养的运动员才能支撑竞技体育的高质量发展，甚至可以说，运动员的文化素质有多高、创造性有多强，在客观上决定了竞技体育高质量发展的广度、深度、速度与持久度。因此，需要吸引和培养高素质的竞技体育后备人才，同时，以高素质运动员为中心，形成高素质的教练员、裁判员、管理人员及经纪人、经理人等群体，只有这样，才能实现竞技体育人才资源的良性循环，进而实现竞技体育的可持续发展。

3. 生成竞技体育可持续发展的内生动力

我国竞技体育缺乏内生动力是不争的事实，究其原因是计划经济时期，政府运用行政手段，推着甚至是逼着竞技体育快速发展，形成典型的"要我发展"的被动力，而没有产生"我要发展"的主动内驱力。竞技体育的高质量发展，需要激活竞技体育系统的内生动力，一是要促进竞技体育系统由内而外而非由外而内地发展，即竞技体育的发展应是自主、主动、积极地发展；二是要激发竞技体育各领域、各层次、各环节的竞争与协同动力，以推动竞技体育实现高质量发展。

二、竞技体育高质量发展的分层目标

（一）微观层面目标

高质量发展是满足高质量需求的发展[①]，因此，竞技体育高质量发展要满足国家、市场、社会、个人的多元需求，这是竞技体育高质量发展的微观层面目标。微观层面的大部分目标是可以量化或者观测的可操作性目标，主要表现为提供高水平赛事、获得与大国地位相符的世界名次与奖牌数量、降低奖牌成本。

1. 提供高水平赛事

竞技体育是以运动项目为形式、以竞技赛事为载体、以不断提高运动员水平为目的的实践活动。提供高水平赛事是竞技体育本质属性的表现。一是竞技体育要提供高水平专业赛事，并要服务于国家政治与外交需要、社会交流与表演需要、专业技术技能评估需要、选拔与提高需要。专业赛事要能够代表国家竞技体育发展水准，优势项目要体现国际

---

① 王一鸣，陈昌盛.高质量发展：宏观经济形势展望与打好三大攻坚战[M].北京：中国发展出版社，2018：3.

水准，以引领竞技体育项目水平的提高。二是竞技体育要提供高水平的职业赛事，以满足人民日益增长的观赏需要和多元消费需要。具体来讲，要进一步提高足球、篮球的职业化程度，推进乒乓球、排球、羽毛球、网球、散打等具有市场潜力的项目的职业化进程，培养职业体育各领域的专门人才，夯实职业联赛的球迷基础，从而提供在国内具有较高吸引力、在国际具有较高影响力的高质量职业联赛。三是要统筹开发和利用职业体育资源，培养具有领袖气质和重要影响力的职业体育明星，从而更好地发挥明星的示范与引领作用。

2. 获得与大国地位相符的世界名次与奖牌数量

世界体坛一直是我国重视的一个国际舞台，是我国与世界交流合作的重要桥梁，也是我国改革开放成果的展示窗口。由此可见，获得与大国地位相符的世界名次与奖牌数量不仅十分必要与可行，而且要做好做足。从历届夏季奥运会奖牌榜与金牌榜来看，我国的位次一般稳定在前四名，冬季奥运会的成绩较弱，位次在第七到第十七名间起伏。根据以往的世界排名预估，通过高质量发展，我国在夏季奥运会奖牌榜与金牌榜的排名应该能稳定在前三位，在冬季奥运会奖牌榜与金牌榜的排名应该能稳定在前十位。

3. 降低奖牌成本

降低奖牌成本，需要不断提高竞技体育的投入产出效益，尤其是冠军成本，将其作为竞技体育持续健康发展的晴雨表。降低奖牌成本，还需要促进体育产业发展，吸引更多社会资本投入，形成多元化的投资主体和运营模式，减轻政府的负担，让社会力量更多地参与到竞技体育的发展中，形成政府主导、企业参与、社会共享的竞技体育发展新模式。

（二）中观层面目标

1. 实现竞技体育项目结构的均衡发展

竞技体育发展质量和水平的中观层面目标首先体现在发展结构上，均衡发展是发展结构的重要标准和影响发展水平的基本要素。竞技体育项目结构是影响竞技体育高质量发展的主要变量。因此，竞技体育的高质量发展迫切需要扭转项目结构的失衡状况，建立均衡、优化的项目发展结构。

2. 实现内生动力的可持续发展

从复杂系统理论的视角来看，竞技体育高质量发展需要激活自身系统的内生动力，唤醒自身系统的自组织机制，激发自身系统竞争与协同的耦合动力，从而在平衡态与非平衡态的螺旋上升中形成多层次、全方位协同与竞争的自组织动力系统，进而实现竞技体育协同有序运行的高质量发展。

3. 实现科技创新发展

科技创新是竞技体育高质量发展的题中之义，是激发竞技体育内生动力的重要因素，是实现竞技体育科学发展的基石。实现科技创新发展，一是要实施精准化的科技服务，为体育选材、运动训练、竞赛、康复的精准施策提供数字化、网络化、智能化、多元化、协同化的支撑服务。二是要建立各种层次、多种类别、不同领域的体育科技服务组织与队伍。三是要建立充满活力的科研创新体制机制，提高体育科研成果的转化率，保障体育科技战线多出成果、出好成果。四是要大力促进智能化、数字化、可视化、人性化的高科技运动场馆、设施、器材及个性化训练穿戴设备的建立与研发，以提高竞技体育科学化水平，助力竞技体育产业发展。

（三）宏观层面目标

宏观层面目标是竞技体育高质量发展的根本目标，从人的自由发展方面，主要表现为实现运动员的全面充分发展；从系统的整体方面，主要表现为形成成熟的中国特色竞技体育发展道路。

1. 实现运动员的全面充分发展

竞技体育的高质量发展不仅要依靠运动员的全面充分发展，发展目标也要为了运动员的全面充分发展，而且评价竞技体育高质量发展的程度和水平也要最终落实到运动员是否得到全面充分发展。所以说，运动员的全面充分发展是竞技体育高质量发展的出发点和归宿，是竞技体育高质量发展的根本目标。

2. 形成成熟的中国特色竞技体育发展道路

中国特色竞技体育发展道路主要表现在两个方面：一方面表现为举国体制与市场机制深度融合，建立扎根中国大地、发展结构均衡、内生动力充足、与体育大系统和社会大环境和谐共生的体制机制，形成竞技体育高质量发展的成熟道路；另一方面表现为竞技体育各领域、层面、环节的守正创新和融合创新，实现竞技体育的突破发展和可持续发展，不断探索符合我国实际和制度优势的竞技体育高质量发展道路。

第三章
高校高水平运动队基础分析

第一节　高校高水平运动队内涵及建设意义

一、高校高水平运动队的内涵

高校高水平运动队是对普通高校试点培养高水平学生运动员或试办高水平运动队或建设高水平运动队的统称。梳理过去30多年有关高校高水平运动队的资料发现，一直以来，学界对"高校高水平运动队"并没有一个明确的定义或权威的解释。为促进学校体育发展，带动学生参加体育锻炼，培养学生对体育运动的兴趣爱好，养成科学锻炼的良好习惯，进一步增强体质，国家教委于1986年4月印发了《全国培养高水平学生运动员试点学校申报审批暂行办法》。从该文件名可以看出，当时把"建设高水平运动队的高校"称为"培养高水平学生运动员试点学校"，该文件的试点学校包括中小学校。1987年，国家教委下发《关于部分普通高等学校试行招收高水平运动员工作的通知》《关于试点高校培养高水平运动员的管理办法（试行）》两个文件，由此可以看出，当时已出现"普通高校高水平运动队"这一称号的雏形。1997年3月28—31日，国家教委体卫艺司在四川省成都市召开了学校体育课余训练座谈会，会议在总结交流10年来开展课余体育训练工作经验的基础上，分析了我国高校课余训练、竞赛工作现状，进一步明确了指导思想和改革方向，初步研究拟定了逐步完善这项工作的措施和发展规划，并建议国家教委把培养体育后备人才和高水平运动队试点工作作为学校体育整体工作中的一项任务确定下来，取消试点。[①]1998年3月，《国家教委办公厅关于对全国培养体育后备人才试点中学和培养高水平学生运动员试点大学进行检查评估的通知》发布，从中可以看出，此时仍没有"高校高水平运动队"这一叫法，而是称为"培养高水平学生运动员试点大学"。直到2005年4月，《教育部 国家体育总局关于进一步加强普通高等学校高水平运动队建设的意见》发布之后，相关文件名上基本不再用"试点"或"试办"，而改为"普通高等学校高水平运动队"。从以上发文情况可以看出，高校高水平运动队走过了试点、试办和建设阶段。

在高校高水平运动队的相关文件中，没有一个文件对高校高水平运动队进行过明确的概念界定或解释，更多的是从高校高水平运动队的作用、意义方面做出其"是什么"的定论。例如，《教育部关于进一步加强普通高校高水平运动队建设的实施意见》中，对高校高水平运动队做出了解释，即高校高水平运动队是指具备条件的普通高等学校，按照国家有关规定，通过招收具有较高运动水平的运动员学生，在文化学习之余组织开展专业运动训练、进一步提高运动项目竞技水平而组建的学生运动员代表队的统称。这个解释有以下几层含义：一是哪些高校可以建设高水平运动队？必须是具备教育部要求的建立高水平运动队条件的高校，这些高校须经过评审确定。二是高校运动队从哪里来？必须是按照国家有关规定，通过招收具有较高运动水平的运动员学生来组建高水平运动队，这里的较高运动水平，不是一般意义上的高水平。三是运动员学生在学校里要做什么？首先要进行文化学习，在文化学习之余参加专业运动训练，进一步提高运动水平。四是高校建高水平运动队要干什么？高校组织运动员学生在文化学习之余进行专业运动训练，并对训练有较高的要求，目的是进一步提高运动项目的竞技水平，组建学校的运动项目代表队，如田径队、篮球队等。

---

① 宋尽贤.可贵的坚持 有益的探索：1986年—2000年课余体育训练规划追记[J].中国学校体育，2017（11）：16-18.

二、高校高水平运动队建设的意义和价值

高校高水平运动队作为与我国竞技体育发展关系最为密切的一个系统，其价值取决于大学主体，正是大学主体所蕴含的内在因素，使高校高水平运动队的价值生成过程有别于其他属性。竞技体育的最高目标无疑是获得金牌，但对于学校办竞技体育来说，除获得金牌外，还有其他重要目标。从本质上说，高校高水平运动队是一种以身体运动为特征的实践活动，其客观属性及其对人和社会所发生的效用，以及人对其的评价，都表现为客观性与主观性的统一。高校高水平运动队对学生价值观的培育，主要通过学生对竞技体育的热爱及良好的群众基础来实现，并通过办队过程和各种训练、竞赛活动，对学生及其周围相关群体的行为和体育观，产生重要影响。这种辐射作用，传递着高校竞技体育的价值。大学生通过关注这些与自己同龄、在同一校园生活的运动员的训练和竞赛，品味他们表现出的团结奋进、超越自我、遵守规则、公平竞争的精神，以及追求人的全面、自由、和谐、平衡发展的竞技体育文化内涵，然后将这种精神和观点贯穿于校园体育文化活动的全过程，以此来理解、感悟、体验竞技体育的价值观，从而形成正确的道德观、人生观、价值观、社会行为和生活方式。[①]

（一）高校高水平运动队建设的人文意义

1. 健康生活方式的促进

人的发展包括人的社会化、生活方式、健康、公平参与、自由而全面的发展，而体育的主要功能和最终目标，都指向人的发展。高校在办高水平运动队的过程中，通过竞技体育活动弘扬人类追求极限和探索未

---

① 方洁.高校竞技体育的价值研究[J].体育世界（学术版），2012（3）：104-105.

来的生命力，潜移默化地让观赏者和参与者领悟到体育对人的健康生活方式的促进价值。而高校办竞技体育所传达的体育对健康生活方式的促进价值，是培育人和塑造人的一种内在标准，为广大青少年学生在进入社会前树立正确的价值观提供了支撑。这种价值观通过体育活动彰显的人文关怀，体现出主客体参加体育和观赏体育的行为，在精神层面对人类的旨趣、情感、理想和审美的人文精神的培育，最终凝聚为影响人生活方式的重要因素，并促进人的发展和生活方式的转变。大学时期，是培养人生方向的最重要阶段，积极健康的生活方式，具体体现为在生活中能够不断设立和实现新的价值目标，即不断自我实现的过程，而这种不断自我实现的过程，如果靠背诵思想政治课本及传统的说教，收效甚微，而通过观赏和体验竞技体育，学生可以真切体会到这种奋进生活的激励，从而不断超越自我、挑战极限。因此，运动员在比赛中向更高目标迈进，为实现自我价值而奋斗的精神，可以使学生在欣赏之余受到激励，会不自觉地将这种精神迁移至生活中，从而为其终身体育打下良好的基础，步入社会后，还可能带动周边的人参加体育活动，从而扩大体育的群众基础。

2. 人的现代化的促进

竞技体育具有强烈的排他性，最终的优胜者只有一个，然而这种竞技性和排他性是基于合作、规范、有组织的规则和赛制进行的，这种规则赋予了体育运动以高尚的公平、公正的价值理念。在体育运动和竞赛过程中，没有门第之见、世系之别，不徇私情、不分尊卑，最讲规矩和公平，这些规范对运动员的行为起着戒律作用，表现为一种秩序约束、节制，体现出体育的公平性及科学性。而人的社会适应性与个体现代化的发展密切相关，个体对社会规则的遵循，主要受社会道德教育和传统文明的影响。体育活动中的公平竞赛原则，不但是为各项活动有章可循地进行而设置的，更是社会法规和人类共同规范的缩影。在社会化大发展的当代，违反规则的代价将是人们不可承受之重。青少年学生处于人生观、价值观、道德观发展的关键时期，通过参与体育活动，能够加深他们对社会规范的认识，提高他们对自我行为的控制力，从而接受并遵循国际化的公平竞争观念。因此，高校高水平运动队建设对提高青少年的个人素质具有重要的作用。

3. 道德与伦理的促进

伦理是人与人、人与自然的关系和处理这些关系的规则，人类的自我发展需要平衡社会秩序和个人欲望之间的关系。[1]竞技体育的伦理价值对青少年学生的伦理价值的影响是深远的，每一个人的一生都会经历成功与失败、顺境与逆境、生活的磨难与工作压力等，这就需要人们以积极的生活态度来面对。青少年学生通过接受运动训练，不断地迎接训练给自己的身心带来的刺激，这种运动性的刺激和历练，是其他任何社会教育活动所无法代替的，具有一种培育人的特殊含义。青少年时期是一个人思想意识、人生观、价值观形成的关键时期，通过观赏或参与竞技体育，可以形成一种认识默化，从而影响个人价值观的形成。竞技体育的竞争、进取、超越的特性，以及运动员在运动过程中体现出来的团队合作、公正、公平的原则和精神，对青少年学生具有重要的影响作用，特别是勇敢与懦弱、果敢与迟疑、积极与消极、主动与被动、坚毅与气馁、粗野与文明等，都能得到充分的凸显，这种鲜明的对比，有利于学生向上、向善，从而正确地面对竞争中的成功与成败，进而塑造竞争、进取、拼搏的精神。同时，竞技体育还具有调节、引导法律规范和道德之外的社会行为和社会生活的作用，从而有利于青少年学生接受社会主流的价值理念和竞争精神，进而建立积极、理性的人生观和价值观。体育运动本身所包含的真实感、美学体验，有利于提高青少年学生的人文素养。

[1] 贾磊.大学生体育价值取向与高校体育可持续发展[J].齐鲁师范学院学报，2013，28（5）：48-51.

（二）高校高水平运动队建设的社会价值

社会价值是指人通过自身和自我实践活动满足社会或他人物质、精神的需要所作出的贡献和承担的责任，社会价值是一种普遍价值，是以整个社会的需要和利益为尺度，来衡量社会中出现的某些现象和行为的价值。社会价值由主体需要、客体属性和实践三个基本要素组成。在价值结构中，价值客体是构成价值关系的基础和重要构件，是主体需要能够实现和满足的客观前提，具有社会历史性。高校办高水平运动队是一种社会活动方式，其价值的社会性表现在体育本身的价值和内容的社会性方面，并渗透于大学生的社会生活中。高校办竞技体育，无论是为满足个体的需要、群体的需要，还是社会的需要，都在一定程度上反映了人们在某种条件下的利益追求。高校高水平运动队是在教育体系和社会环境的共同影响下，经过服从、同化、内化的反复过程而逐渐形成的，并从政治、经济、教育和观赏娱乐方面体现出自己的特色。

1. 教育价值

教育价值就是指教育活动的效用，是人们在有意识地接受、利用及分享教育时，以一定的利益和需要为根据，对教育活动有用性的评价。教育的属性是教育价值的客体，社会和个人构成教育价值的主体，高校高水平运动队的开展，其教育价值是受教育个体的认识和实践能力，以及生理和心理素质方面得到全面和谐的发展，从而不断挑战与超越极限，满足自我实现的需求及情感疏泄与升华的需求。从大教育观的视角分析，人的全面发展和社会的进步都与教育息息相关，大学竞技体育作为学校教育的一项重要内容，其开展不仅有助于拓宽我国竞技体育后备人才的培养渠道，而且对完善大学的功能、实现学校体育和教育目标、增强学生体质、推动体育运动发展，均具有重要意义。学校竞技体育虽在特定的校园环境中，但其最终的出发点和归宿仍是教育。而且，学校又是连接个体与社会的桥梁，担负着推广群众体育与发展竞技体育的双重重任，因此高校运动员可以通过参与校内外高水平体育竞赛，获得知识、能力、自律、健康与机智等素质。无论对于学龄青少年还是职业选手来说，体育都是推进素质教育的有效手段。从教育学的角度看，体育作为全面发展教育的一部分，与文化相融合，在人的发展过程中起到对人格要素不断优化和改造的作用，并在发展过程中给青少年传递一种以奋斗为乐、尊重基本公德及原则为基础的生活方式，发挥良好榜样的教育作用。

2. 政治价值

政治价值是人们在政治活动中表现出的价值诉求，这种价值诉求是不同社会、不同政治体制活动的基本出发点和终极奋斗目标。首先，通过竞技体育对青少年学生进行爱国主义教育，是一种重要且行之有效的手段。其次，体育是全人类共同参与的一项活动，已成为跨越文化、民族、国家，能被人们广泛接受的重要活动之一，而通过高校高水平运动队加强体育的国际交流和合作，运用其国际化的影响力和特有的亲和力促进交流，是国家拓展政治文化交流空间的重要手段。体育在国际交流中扮演着特殊的角色，与传统外交形式相比，其具备政治色彩隐性化的特点，这使其成为一门灵活、机动的外交语言。体育是不同文明进行交流的重要场域，更是各类非同种政治文化的黏合剂。并且，目前我国在国际奥委会等组织中占有重要地位，参与这种非政府组织，对于提升国家知名度、加强国家的话语权，具有重要的隐性力量。最后，随着我国对经济和政治体制的深化改革，传统的体育体制正面临着转型的需求。因此，高校积极开展竞技体育活动，实际上是为我国未来的体育体制改革奠定基础。因为各种原因，目前我国高校高水平运动队尚不能参与奥运会，但是，高校高水平运动队作为一种社会建制，是未来我国竞技体育培养体系的重要有生力量，这意味着高校高水平运动队已超越教育范畴，成为我国政治体制改革的一项重要内容。

3. 自然价值

体育的自然价值是指反映在生物学维度上的、来自体育对人的生物性效果，或者是遵循运动规律的、有目的的身体活动，对主体的身体自然属性所产生的作用。体育的自然价值是实实在在发生在每个人身上的，是体育为满足人类在大自然中健康生存所体现出的最基本功能。竞争价值是自然价值的重要组成部分，自然价值是个体和社会对体育认知和满足自身需求时，所获得的对竞争的认同或满足，竞争是体育运动本身固有的属性和基本表现形态。竞技比赛的竞争性表现为参与者需要团结与合作去赢取胜利，具有攻击性，但这种攻击性由比赛规则进行限制，符合基本道德准则。因此，从某种意义上讲，竞技体育的竞争是人类社会竞争的最高典范，虽然竞争贯穿于从训练到竞赛的全过程，主客体之间在战略战术、技能技巧、心理、体能、智力等方面进行综合较量，但更重要的是通过严酷的训练超越自我和战胜自我。现代社会是一个充满竞争的社会，优胜劣汰是自然法则，因而学会适应竞争是一个国家和民族保持长盛不衰的重要法则。高校高水平运动队建设的开展，可以使学生及其周围个体受到这种竞争精神潜移默化的影响，从而建立公平竞争的概念，学会战胜对手的策略。因此，竞技体育的竞争价值对培养青少年学生积极面对社会、提升自我的同时促进社会进步、最大限度地激发潜能、提高学习效率等，均具有重要意义。

第二节 我国高校高水平运动队建设的任务

高校高水平运动队是国民教育体系通过体教融合培养优秀竞技体育后备人才的重要实践。开展高水平运动队建设以来，高校顺利完成了组队参加国内外大学生体育竞赛的国家任务，充分展示了我国大学生的体育竞技水平和精神面貌，从而有力地推动了普通高校体育工作的改革发展。高校高水平运动队建设任务依然艰巨，具体要做好以下几方面的工作。

一、严格控制高水平运动队规模，不断优化项目布局

高校高水平运动队规模一直存在问题，表现为每次评审后数量都在扩张，充分说明各地和高校对建设高水平运动队的积极性很高，即使在从紧从严控制规模的情况下，高校高水平运动队数量依然不断增加。

《教育部关于进一步加强普通高校高水平运动队建设的实施意见》中对如何进行项目布局提出了指导性意见：一是要求各地在原有高水平运动队建设高校总量框架内，按照突出重点、发挥优势、利于竞赛、动态调整的原则，不断优化高水平运动项目的规划布局。二是高校高水平运动队项目原则上应在世界大学生运动会项目和全国学生运动会项目范围内。鼓励高校集中资源，对足球等国家重点发展项目、校园普及性较强和增强体质效果较好的项目进行调整，逐步淘汰一批生源不足、没有运动员技术等级称号的运动项目。三是具备建设条件的高校所举办运动队项目数原则上不多于5个。高校可根据调整运动项目布局的总体要求和高水平运动队建设项目评审指标体系，结合学校实际进行自我评估，研究确定拟调整项目。教育部要在宏观上对项目布局进行把关，既要防止项目扎堆，又要保护个别承担国家竞技体育任务的小项布局。为此，在高校高水平运动队建设工作下放评审后，教育部专门设置了一个宏观把控项目布局的高校高水平运动队项目建设专家评估委员会，各地在调整项目和建设高校高水平运动队时，须先向该委员会申报，经相应项目专家委员会对建设的必要性和可行性进行技术评估后，各地再斟酌是否同意审核。

二、加快高校高水平运动队内涵建设，提高办队综合效益

内涵建设是办好高校高水平运动队的关键，包括学生运动员的文化教育和学业安排、课余训练、营养和医疗服务、组织参加竞赛、配备高水平教练员、学校体育场馆设施建设、高水平运动队经费投入、科学的管理制度等方面。《教育部关于进一步加强普通高校高水平运动队建设的实施意见》对高校加快高水平运动队内涵建设、提升办队综合效益提出了指导意见，主要有以下几个方面：第一，深化体育教学改革，大力普及高水平运动项目。高校办高水平运动队的基础是有举办所设运动项目的传统和条件，即所设运动项目是学校的传统体育项目。所谓传统体育项目，就是高校长期开展且大多数学生喜欢参与并掌握运动技能的项目。因此，高校要把高水平运动队项目纳入体育课程体系和教学内容，改革和创新体育课教学形式，广泛开展以高水平运动队项目为主体的课外活动和学生群体性竞赛活动，形成以高水平运动队项目为主体的校园体育文化，建成发挥高水平运动队示范引领作用的多层次学生群体性体育社团，并逐步形成高校体育传统优势项目。第二，积极开展运动训练，提高科学化水平。由于目前高校的办队条件、运动训练科学化水平与竞技体育职业发展的要求相差较远，与各地体育工作队（简称体工队）的训练水平也有差距，所以，高校要遵循体育和教育规律，认真组织高水平运动员进行常年的专业运动训练，制订科学严密的训练计划，合理划分训练周期，妥善安排训练时间，采用科学的训练方法，因地制宜，循序渐进，注重体能，重视恢复，加强运动训练监控，不断提高运动训练水平。此外，高校还要防范部分高水平运动员以各种借口不参加训练情况的发生。第三，妥善处理学训矛盾，提高学生运动员学业水平。学训矛盾是高水平运动员面临的一大问题：一方面，高校对学生有学业要求；另一方面，高水平运动队对学生的运动技术和成绩又有考核。只有合理解决二者之间的矛盾，才能培养出

符合"双重"标准的学生运动员。因此，高校要高度重视运动员的文化课学习，采取有效措施，切实提高运动员的文化水平，确保高水平运动员学生按照有关学业规定完成培养计划。同时，学校要根据运动员参加训练和比赛的特点，制订专门的培养方案，完善针对运动员参赛期间的补课等加强文化课学习的政策措施，帮助运动员完成学业。学校可把运动员在运动队的考核，包括参加训练学时和表现、比赛成绩和突出贡献等情况另设为必修课进行管理，并将此类必修课的学分纳入总学分，来冲抵一部分课程学分。第四，加强教练员队伍建设，提高执教水平。高校要加强高水平运动队教练员的管理，通过引进、聘用等多种形式，配齐配强教练员。建立教练员档案制度，实施持证上岗制度，加强教练员培训，不断提高教练员的专业素质和科学训练水平。建立与执教业绩直接挂钩的岗位聘用、职称评聘、绩效考核和评优表彰的激励机制，调动和提高教练员工作积极性，对到普通高校工作的优秀教练员，使其在专业技术职务评聘、工作条件、生活待遇等方面，享受与学校其他层次特殊技术人才相同的政策。第五，加大经费投入，提高保障能力。各地和高校要统筹相关经费渠道，加大高水平运动队的投入，为高水平运动队训练竞赛提供标准化的场馆设施和器材装备。申办某高水平运动项目必须具备与该项目要求一致的标准化的场馆和设施。充分发挥综合学科优势，组建高水平运动队服务团队，加强运动员运动康复、医务监督和运动营养，不断提高高水平运动队保障水平。高校每年要根据建设需求设立不少于每名运动员3万元的高水平运动队专项经费，满足高水平运动队训练、比赛、培训、奖励、管理等方面（不含场地新建、改造、设备、器材添置、维修等费用）的需要，并且专项经费要随学校教育经费的增长适当增加比例。第六，充分发挥高水平运动队在强化学校体育改革发展的"龙头"作用，努力促进学生身心健康，全面发展。要求高水平运动队建设高校要加强青少年体育后备人才梯队培养，充分发挥高水平运动队的辐射和带动作用，加强与中小学合作，定期组织教练员、运动员和专家到中小学开展帮教活动，逐步形成"一校一品"或"一校多品"的教学模式和高校体育传统优势项目。第七，加强高校高水平运动队信息化建设与管理。高水平运动队建设高校要在学校网上开设高水平运动队建设专栏，定期发布高水平运动队建设情况。要建立高水平运动队招生管理信息制度，内容包括入学考试、生源情况、招收人数、原始评分表、测试专家名单、视频资料、成绩复测等。教育部统筹建设高校高水平运动队的管理信息系统，以加强监督管理和信息公开。①

三、积极推行高校高水平运动队联赛制度，强化日常监管

一段时间以来，全国高校高水平运动队规模基本上是"只进不出"，导致高校高水平运动队建设出现一些问题，如一些地方重申报、轻建设，积极性高且运动成绩好的高校进不去，影响了高校高水平运动队的整体发展和综合效益，高水平运动队的竞技水平也没有得到显著提升。因此，建立退出准入机制是完善高校高水平运动队管理的重要内容，特别是在高校高水平运动队建设工作下放至各省级教育行政部门后，建立这一机制更显重要。要建立退出准入机制，就需加强综合考评。根据高校高水平运动队的定位，参加比赛次数、比赛名次、文化成绩和竞技体育人才水平是考评高水平运动队办队效益的关键指标。《教育部关于进一步加强普通高校高水平运动队建设的实施意见》中提出了要修订高校高水平运动队评估指标体系，研制以竞赛成绩为核心的高校高水平运动队综合评价体系和办法，探索以竞赛成绩积分累计的方式对高校高水平运动队各项目参赛成绩进行全国排序的评价考核机制。这一机制的要求主要有以下几点：第一，高校必须参加国家有关部门和省级教育行政部

---

① 教育部. 教育部关于进一步加强普通高校高水平运动队建设的实施意见[EB/OL].（2017-07-17）[2023-07-13]. http://www.moe.gov.cn/srcsite/A17/moe_938/s3279/201707/t20170717_309431.html.

门组织的比赛，对无正当理由不参加比赛、严重违反赛风赛纪的高校将根据具体情节轻重进行相应处理。第二，以实施高水平足球运动队联赛为突破口，逐步推行全国高校各项目高水平运动队联赛制度，并且把参加联赛成绩作为退出和准入高水平运动队建设的主要参考依据。第三，修订高校高水平运动队评估指标体系，研制以竞赛成绩为核心的高校高水平运动队综合评价体系和办法，探索以竞赛成绩积分累计的方式对高校高水平运动队各项目参赛成绩进行全国排序的评价考核机制，对于连续3年处于末位阶段的学校或运动项目，在综合考评基础上，实施淘汰制度。这一制度为竞赛成绩突出、办队水平较高、管理严格规范的非高水平运动队建设学校进入申报范围提供了可能。[1]

基于退出准入机制的实施，各级教育行政部门和高校在加强高水平运动队建设时，可以加强综合考核评价，推动建设主体责任的落实，确保高水平运动队建设综合效益的提高。第一，要加强综合评估。各级教育行政部门要加强对高校高水平运动队建设效益的综合评估，定期组织或委托有关机构、专家委员会对本地高水平运动队建设学校进行评估，并将评估结果作为评价高校高水平运动队建设效益的主要依据。第二，要强化日常监管，对于不能正常开展训练、不组队参加规定的赛事或存在突出管理问题的高校，视其情节轻重分别采取停止招生、取消其项目或建设高水平运动队资格等惩罚措施。第三，各地教育行政部门要加强对高水平运动队建设工作的指导和监管，对高校高水平运动队建设取得突出成绩的高校、教练员和运动员给予相应的奖励。第四，有关高校要将高水平运动队管理与参赛情况纳入考核范畴，加强自评自建，进行年度对比，明确自身在全国的位置，及时发现问题，并加强整改和建设。

---

[1] 教育部．教育部关于进一步加强普通高校高水平运动队建设的实施意见[EB/OL]．（2017-07-17）[2023-07-13]．http://www.moe.gov.cn/srcsite/A17/moe_938/s3279/201707/t20170717_309431.html.

第三节　我国高校高水平运动队发展现状与思考

我国高校招收高水平运动员、组织高水平运动队参加训练与比赛已经开展了30多年。经过摸索和实践，各高校致力于提高大学生运动员的竞技水平，为国家培养德智体美全面发展的体育人才，同时，也为探索体教融合培养高校高水平运动队的模式积累了丰富经验。但是，高校高水平运动队的发展仍存在一些急需解决的问题，这些问题在一定程度上制约了其竞技水平的提高。

一、发展现状

（一）目的定位出现偏差

高校创办高水平运动队是为了培养高素质专业人才，通过专业化的训练提升运动员的竞技水平。通过建立完备的人才培养机制，学生能够在学校和体育部门的共同管理下提升自身专业运动水平，并丰富在校期间的课余文化生活，以及在竞技赛场上取得良好的成绩。但"一条龙"的训练机制，导致出现一些学校为了能够提高自身升学率，对一些具有运动特长的学生进行违规训练的情况。还有一些学校为了能够培养出高水平运动员、彰显学校风范、提高学校知名度，想尽办法让运动员参与高校竞技比赛，出现了诸如虚报年龄、冒名顶替参赛的违规现象，严重违背了高校设立高水平运动队的目的和初衷。

（二）与专业运动员存在一定差距

在竞技体育的赛场上，最引人注目、受关注度最高的当数奥运会，但在奥运会参赛人员中能为国家取得荣誉的高校高水平运动队队员却很少见。由此可见，高校创建的高水平运动队与国家对专业运动员的要求还存在一定差距。虽然高校组建的高水平运动队能够在全国大学生运动会中取得良好的成绩，但其打破的纪录与奥运会、全运会纪录仍存在一定的差距。

（三）招生选才受限

在招生选才时，学生首先要通过普通业余体校、学校代表队等低级形式的训练，之后进入体育运动学校或重点体校等中级形式的训练，最后才能进入国家集训队或省级及行业体协代表队等高级形式的训练。这样的三级训练制度，使高校在进行高水平运动员招生时受到较大限制。高校建设高水平运动队的目的是培养高素质专业体育运动人才参与国内外各级比赛为国家和学校取得荣誉，所以高校高水平运动队应当属于高级形式之一。但许多先天条件较好、较为优秀的运动员进入省级或行业体协代表队进行专业化训练，因为这些运动训练队在招生时能够提供良好的条件。而高校招收高水平运动员既考虑运动员的专业特长，还要求运动员具有一定的文化水平，这就使高校的招生选才受到一定限制。

（四）缺乏高层次的专业训练员

在现有的训练模式下，高校高水平运动员的训练通常由体育教师完成，专职教练员很少。这就需要体育教师在完成学校已有体育教学任务的同时，还要对高水平运动员进行专业训练，由此出现训练过程中因精力有限而无法有效提高训练水平等问题。高校体育教师通常为体育院校的体育教育专业，虽然有扎实的理论基础知识，但缺乏专项运动的训练经验和实践经验，与省级代表队的专业训练员相比，存在一定差距。在日常训练时缺乏专业化训练手段与大赛指导能力，在一程度上阻碍了高校高水平运动员专业水平的提升。

（五）文化课程学习与训练的矛盾

高校高水平运动员除了需要通过训练提升自身的体育竞技能力外，还需要进行文化知识学习，而在有限的时间内同时进行两项任务，难免产生一定的冲突。现有的学习训练模式要求运动员半天进行文化知识学习半天进行训练，虽然能够保证体育运动训练的时间，但对文化课的学习造成了一定影响。而若集中精力进行文化课程学习、业余时间进行训练，虽然能够有效保证文化课程的学习时间，但又会严重影响体育训练效果，无法有效提升运动员的体育竞技水平。由于各方面原因，高校高水平运动队通常会规定统一的时间进行专业训练，但因为运动员比较分散，不同年级的课程进度不同，无法保证在同一时间内全员参与训练，进而无法保证训练的连续性，而利用寒暑假进行训练，又容易对运动员的心理产生一定影响，所以文化课程学习与训练的矛盾比较突出。

（六）缺乏科学有效的指导

由高校组建高水平运动队虽然能够充分利用高校的各项资源进行专业训练，但大部分高校的体育科研水平不高，在进行专业化训练时缺乏科学有效的指导。我国大部分高校建设的高水平运动队均以篮球、足球、田径为主要项目，项目布局缺乏合理性，区域发展存在不平衡现象，没有将训练项目的设置与当地的环境资源及优势项目进行整合，从而不利于提升训练效果。此外，大部分高校建设同样的运动项目会出现资金重复投入，造成一定的资源浪费问题，加之一直以来的经费紧张问题，使得高校难以吸引专业化的训练员，进而难以保障运动员的各项需求。

综上所述，作为加强素质教育的重要组成部分，高校高水平运动队建设是开展全面健身运动和丰富校园文化的重要环节。虽然我国高校高水平运动队建立时间较长，但相比顶尖的运动队还存在较大的差距，且在经费、学训矛盾及生源方面都存在较多的问题，严重阻碍了高水平运动队的发展。因此，各级政府及教育部门和学校，要加强对高水平运动队建设工作的重视，并加大人力、财力等的投入力度，解决高水平运动队建设中存在的问题。

二、我国高校加强高水平运动队建设的思考

高校高水平运动队试办以来，经过30多年的发展，取得了显著成效。高校高水平运动队是教育系统体育人才培养的基础和保障，是世界大学生运动会参赛的主力军，是国家优秀体育人才的摇篮，为组团参与世界大学生运动会和全国大学生运动会打下了坚实的基础，还为国家培养了一大批优秀竞技体育人才。

（一）充分了解加强高校高水平运动队建设的背景

1. 高校高水平运动队发展历程简况

回顾高校高水平运动队的发展历程，大致可以分为以下三个阶段。

（1）第一阶段为试点阶段（1987—1995年）。这一阶段的主要任务是鼓励、引导和推动高校课余体育训练的开展。1985年年底，国家教委和国家体委在山东省掖县（莱州市）召开了全国学校业余体育训练工作座谈会。1987年，《国家教委关于部分普通高等学校试行招收高水平运动员工作的通知》发布，并确立了清华大学等51所高校启动高水平运动队建设试点工作。经过几年试点，1995年5月，《国家教委办公厅关于部分普通高等院校试办高水平运动队的通知》发布，对部分普通高等院校试办田径等重点项目高水平运动队的招生办法作了进一步明确，并确定了全国53所试办田径等重点项目的高水平运动队的高校。

（2）第二阶段为多样化发展阶段（1996—2005年）。这一阶段的主要任务是努力提高学生运动水平，为组团参加世界大学生运动会做好准

备。这个时期，建设高水平运动队的高校分为两个层次：一是国家教委审批的国家级试点学校；二是由各地省级教育行政部门审批，并在国家教委备案的地方设立的试点学校。为认真执行国家行政审批制度改革的要求，进一步加强和改进普通高校招收高水平运动员的工作，2004年，教育部办公厅印发了《教育部办公厅关于做好2005年普通高等学校招收高水平运动员工作的通知》，继而在2005年发布《教育部办公厅关于印发2005年招收高水平运动员学校名单及进一步加强招生工作管理的通知》。从2005年起，参加世界大学生运动会的选拔、组队、参赛工作由教育部全面负责，所以，2005年4月，教育部和国家体育总局印发了《教育部 国家体育总局关于进一步加强普通高等学校高水平运动队建设的意见》。

（3）第三阶段为规范化发展阶段（2006年至今）。这一阶段的主要任务是不断提高学生的运动水平，承担世界大学生运动会的组队及参赛任务，建立优秀运动员人才多渠道培养途径和加强高校高水平运动队的综合治理及规范发展。2007年，《中共中央 国务院关于加强青少年体育增强青少年体质的意见》中提到，"进一步办好体育传统项目学校和高等学校高水平运动队，充分发挥其对群众性体育的示范带动作用"。经过2005年高校高水平运动队建设评估，高校高水平运动队规模再一次扩大，引发了降低质量招生，重申报、轻建设，办队质量不高等问题。

2. 高校高水平运动队建设工作下放

第十二届全国人民代表大会第一次会议批准的《国务院机构改革和职能转变方案》明确要求，要减少和下放投资审批事项，减少和下放生产经营活动审批事项，减少资质资格许可和认定，取消不合法不合理的行政事业性收费和政府性基金项目。2013年6月17日，教育部党组举办转变政府职能专题报告会，要求各司局统一思想，坚决简政放权，全面梳理行政审批事项，取消或下放有关审批事项，并要求各司局结合职能抓紧完成行政审批制度改革，加强科学论证，做好调查研究和统筹协调，在广泛听取专家和服务对象意见的基础上，明确时间表、任务图，确保职能转变科学规范有序。[①]之后，教育部在梳理有关行政审批事项、改进科研和人才项目评审评比评估工作中，把普通高校高水平运动队评估、评审列入范围，进行下放。2017年7月，《教育部关于进一步加强普通高校高水平运动队建设的实施意见》发布，要求普通高校高水平运动队建设评审工作下放到省级教育行政部门。

3. 高校高水平运动队招生政策紧缩

1987年是我国高校高水平运动队招生的第一年，各项激励政策同步出台，这无疑为我国的体育发展注入了新的活力。这些政策不仅鼓励优秀运动员进入高等教育体系深造，也推动了体育与教育的深度融合，为我国竞技体育人才培养开辟了一条新路。1995年，随着教育改革和高考改革的推进，高校高水平运动队招生政策发生了一些变化，为现在高校高水平运动队的招生政策奠定了基础。2005年，高校招生工作实施"阳光工程"，随之，高校高水平运动队招生政策也进行了相应调整。例如，招生学校根据培养要求，按照国家颁布的运动员技术等级标准，对考生进行体育专项测试。严格文化考核，严格控制招生学校通过自行组织文化考核招收一级运动员的人数。严格同等学力考生资格的审查和认定。严格信息公示制度。2006年，高校高水平运动队招生在原有基础上，进一步明确招生分为统招和单招。2009年，教育部针对高考体育加分及其他特殊类型招生中的问题，将"严格规范特殊类型招生"作为深化高校考试招生制度改革的重要内容，并列入2009年重点工作。[②]高校高水平运动队招生和体育高考加分均属于特殊类招生范畴。对体育高考加分采取严控措施，影响了高考特殊类型招生政策，高校高水平运动

---

① 教育部举办转变政府职能报告会[J]. 基础教育改革动态，2013（13）：11-12.
② 教育部2009年工作要点[J]. 基础教育外语教学研究，2009（2）：3-7.

队招生政策随即也发生了变化。2009年，为进一步规范高校高水平运动队招生体育测试，在原有招生办法的基础上，对体育专项测试提出了明确要求，即须现场公布测试成绩，并当场由裁判员、记分员及考生三方对测试结果进行签字确认。2009年以后，教育部对高校高水平运动队招生加强了规范管理，从严要求程序，从紧控制规模。2018年，教育部对高校审核考生报名资格提出新要求，凡以集体项目（含团体项目、接力项目）比赛成绩取得运动员等级证书的考生，高校应确定规范程序和评价标准认定考生是否为主力上场队员。同时为加强体育专项测试的规范性，提出体育专业测试采取全国统考、高校联考和高校校考相结合的组织方式。[①]

从1987年至今的几次大调整中可以看出我国高校高水平运动队招生政策的发展规律，即高校高水平运动队招生工作要求越来越细、越来越透明、越来越严格、越来越规范。因此，各地教育行政部门和各有关高校需分析和研究高水平运动队的招生办法，特别要寻找出加强高水平运动队建设的招生办法和治理措施。

4. 加强高校高水平运动队建设是落实高校体育工作基本标准和学校体育工作精神的要求

2014年6月，教育部印发《高等学校体育工作基本标准》，指出"凡是达不到《基本标准》要求、学生体质健康水平连续三年下降的学校，在'高等学校本科教学工作水平评估'中不得评为合格等级，各省（区、市）不得批准其为高水平运动队建设学校"，同时还指出"教育部将适时组织开展面向所有高校的《基本标准》达标工作专项评估、检查，凡不达标的学校，将予以通报并限期整改，整改期间高水平运动队建设学校停止招收运动队新生"。2016年4月，《国务院办公厅关于强化学校体育促进学生身心健康全面发展的意见》发布，提出要"制定普

---

① 2018年高校高水平运动队招生新政[J].考试与招生，2018（1）：15.

通高校高水平运动队建设实施意见，规范高水平运动员招生"。2017年4月，《中长期青年发展规划（2016—2025年）》中明确要求"改进普通高校高水平运动队招生工作，激励青年学生参与体育锻炼"。以上一系列文件都要求加强高校高水平运动队建设。根据以上一系列文件的精神和要求，为强化学校体育工作和推动《高等学校体育工作基本标准》的实施，指导地方做好高校高水平运动队建设工作，不断提升高校建设高水平运动队的质量，教育部出台了《教育部关于进一步加强普通高校高水平运动队建设的实施意见》。

（二）高校高水平运动队发展动力系统分析

所谓高校高水平运动队发展动力，是指作用于普通高水平运动队本身，引起、激发和推动普通高水平运动队发展的各种力量的合力。高校高水平运动队系统的复杂性决定了其动力系统的复杂性。高校高水平运动队系统既是一个动力系统，也是一个动态系统。

1. 高校高水平运动队发展动力分类

高校高水平运动队发展动力系统是一个由多因素、多层次、多方面构成的有机结构体系。按照不同的标准、从不同的角度，可以将动力分为不同的类型。

（1）根据动力作用来源，可分为原动力与驱动力。原动力即动力源泉，是指推动高校高水平运动队发展最根本的动力。构成高校高水平运动队系统的要素包括运动员、教练员等，各构成要素的自觉性、主动性和创造性的充分发挥是最根本的原动力。在运动队训练、竞赛和教学中，教练员和教师是活动的组织者，他们主观能动性的高低直接决定发展动力的大小，他们的能力水平、责任意识、敬业精神、履职态度、奉献品格等是运动队发展的动力源泉。运动员在运动队处于从属和被支配的地位，即使有强烈的成长和成才的欲望与动机，但受到主观条件的限制和外界因素的影响，在运动技术水平和学术水平等方面与高校高水平运动队培养人才的要求还存在着差距，这种差距正是高校高水平运动队的运动训练和教学活动得以发生的根源。高校高水平运动队的运动训练和教学活动的有效运行，不仅需要原动力的推动，更需要驱动力的激发。驱动力即动力因素，高校高水平运动队发展的驱动力是指高校高水平运动队的决策者、组织者和实施者，为了实现高校高水平运动队目标所制定的各项政策和采取的各种激励手段。毫无疑问，人是有需要的，既有物质的需要，又有精神的需要，满足需要是发挥人的积极性、主动性和创造性，成就梦想、实现人生价值的根本前提。因此，对目标的追求、对榜样的仿效、对利益的追逐和对精神的追求都可以成为驱动力。高校高水平运动队发展的原动力与驱动力是既对立又统一的辩证关系。对立性体现在它们之间的界限是明确的，它们在高校高水平运动队发展过程中的地位、作用和性质是各不相同的。原动力是发展的根本动力和内在动力，决定着发展驱动力的作用方向，而驱动力是发展的外在动力，影响着发展的进程。统一性关系体现在高校高水平运动队发展驱动力是原动力的必要补充，为原动力正常发挥作用提供保障。

（2）根据动力作用方式，可分为直接动力与间接动力。动力作用于运动队的方式有直接、间接两种，因此发展动力可分为直接动力和间接动力。所谓高校高水平运动队发展的直接动力，是指不经过中间环节直接对运动队发展起作用的力量。在高校高水平运动队动力系统中，由运动员、教练员和教师构成的微观动力系统就属于直接动力，对运动队起着至关重要的作用。所谓高校高水平运动队发展的间接动力，是指经过中间环节通过渗透、感染间接起作用的力量。间接动力对运动队的发展也是十分重要的。在高校高水平运动队发展动力系统中，宏观动力系统（政治、经济、文化、社会等整个社会大环境）和中观动力系统（学校、城市等中观环境）就属于间接动力。直接动力与间接动力是既对立又统一的辩证关系。对立性体现在直接动力与间接动力之间界限明确，它们在发展过程中的地位、作用和性质各不相同。直接动力直接推动运动队发展，间接动力只有借助一定的条件和手段转化为直接动力后，才能对运动队的发展起到推动作用。统一性体现在直接动力与间接动力是相互联系、相互渗透的。在发展过程中，直接动力与间接动力相互支持、相互配合，共同推动运动队的发展。直接动力会因为间接动力充足而激情澎湃，间接动力也会因为直接动力充足而效果卓著。

（3）根据动力主体，可分为个体动力、群体动力和组织动力。个体动力指推动高校高水平运动队发展的个体力量。对于个体动力，由于不同的人（不同角色、能力、基础、文化素质等）的需要以及需要满足的程度是不一样的，所以在高校高水平运动队发展过程中表现出来的动力也必定不一样。关键在于研究个体的需要，想方设法满足他们的合理需要和主导性需要。群体动力指推动高校高水平运动队发展的群体力量，群体的共同努力能够将成员的才能和力量联合起来，实现单个人和分散的个人无法实现的较大目标。组织动力是指推动高校高水平运动队发展的组织力量。这里的组织指人们为了追求某种特定的目标，实现某种特定功能而有意识建立起来的、有正式结构的次级群体[1]，具有特定的目标、成员角色化、正式而明确的规范、权威体系和科层化的管理等特征。个体动力、群体动力和组织动力之间是既对立又统一的辩证关系。对立性体现在个体动力、群体动力与组织动力之间的界限是明确的，在发展过程中的地位、作用和性质是各不相同的。群体动力与组织动力是发展的外在动力、自觉推动力，个体动力是发展的内在动力、自发推动力。统一性体现在群体是由个体组成的，组织是因为群体分工合作的需要产生的。因此，个体动力是群体动力发挥作用的前提，组织动力是群体动力发挥作用的保障，个体动力和群体动力又是组织动力发挥作用的基础。

---

[1] 吴增基，吴鹏森，苏振芳.现代社会学[M]（第六版）.上海：上海人民出版社，2018：162.

（4）根据动力构成内容的不同，可分为物质动力、精神动力与制度动力。物质动力是指推动高校高水平运动队发展的环境、条件、设施等物质要素的总和。精神动力是指推动高校高水平运动队发展的思想、理论、态度等精神要素的总和。制度动力是指推动高校高水平运动队发展的规章、条例、文件等制度要素的总和。在高校高水平运动队发展过程中，物质动力是基础，精神动力是核心，制度动力是保证。物质动力是硬动力，为高校高水平运动队发展提供物质平台；精神动力与制度动力是软动力，为高校高水平运动队发展提供智力支持和制度保障。物质动力、精神动力与制度动力三者之间相互联系、相互促进，统一于高水平运动队发展过程中。物质动力是精神动力和制度动力的外在表现和反映，精神动力渗透于物质动力与制度动力中，并对它们起着指导作用，制度动力是精神动力转化为物质动力的桥梁和纽带。

（5）根据动力作用性质，可分为正动力与负动力。正动力是指对高校高水平运动队的发展起积极推动作用并促使其产生良好效果的力量。负动力是指阻碍高校高水平运动队向前发展甚至把发展引向歧途的力量。负动力表现为两种形式：其一是零动力，即不愿投入经费、人力、物力和精力。其二是阻力，即对高校高水平运动队发展不仅没有促进作用，反而起消极作用，包括主观上无不良动机甚至也有做好工作的善意，但是由于各种原因，在客观上阻碍了运动队发展；主观上有意歪曲和误导，使高校高水平运动队成为他们谋利的工具。高校高水平运动队发展的正动力与负动力之间有着某种联系，它们是相比较而存在的，并在一定条件下可以相互转化。

（6）根据动力来源主体，可分为运动员动力、教练员动力、任课教师动力、办队学校动力、主管部门动力和社会环境动力。社会发展动力研究将社会发展动力系统归结为三个方面：人的方面、物的方面和环境的方面。人的方面主要指主体性动力，包括现实的人（以人民群众为核心）、人的需要（以利益驱动为核心）等。主体性动力的特点是它形成了原始性动因，对社会产生实质性推动要通过实践活动向物的因素转化才能实现。物的方面包括本源性动力（以生产力为核心）、运行性动力（以制度为基础、以社会基本矛盾运动为核心）和激发性动力（阶级斗争、改革、创新、竞争、对外开放、科学管理、精神驱动等），它们相互联系构成一个物质化的动力系统。动力系统在运转过程中还会受到社会软环境的影响，如观念信仰、道德风俗、文化教育、社会文明、安全稳定、国际背景等，这些属于渗透性动力。主体性动力、本原性动力、运行性动力、激发性动力、渗透性动力形成了五个动力子系统，它们按一定的方式运转，推动社会前进。[①] 可以将高校高水平运动队发展动力分三个层面来理解：第一个层面，从全局来看，高校高水平运动队发展动力是一个相互关联的系统，在总体上发挥作用；第二个层面，在不同阶段，起关键作用的主导动力是不同的，是变化的；第三个层面，最终起基础作用的还是管理因素，尽管在很多情况下，它发挥的是间接的基本作用。

培养合格的高水平大学生运动员始终是高校高水平运动队最基本的动力。学校知名度的提高、教练员利益的获得、运动员就业资本的取得等有时起到直接作用，但更多时候是起间接作用。也就是说，归根结底还是要提高竞技水平、完成好学术任务。我国倡导构建社会主义和谐社会，作为高校高水平运动队，单是培养竞技运动员是不够的，仅仅培养合格的大学生也不能完成高校高水平运动队的设队任务，而是要培养拥有较高文化素养的高水平运动员。

2. 高校高水平运动队的"动力场"

高校高水平运动队的发展中存在多种动力，不同的动力交织在一起，形成动力场。就运动训练而言，现代竞技运动需要挖掘和发挥运动

---

① 刘宗圣.浅析社会发展的动力[J].经营管理者（上旬刊），2016（9）：1.

员身上的生物潜能、心理潜能和社会潜能，开展知识竞技，培养复合型竞技人才。所谓"知识竞技"，是针对高耗低能的体能型竞技提出来的，是指知识、信息、科技含量高的高质低负的智体合一的竞技，它提倡运动训练科学化。运动训练科学化既表示一个运动过程，也表示一个特定的水平。当表示一个运动过程时，是指运用科学的理论、方法及先进技术有效地控制运动训练全过程，进而实现理想目标的动态过程；当表示一个特定的水平时，它意味着人们已经能够成功地将科学的理论、方法及先进的技术应用于运动训练活动的各个方面，并能有效地控制运动训练全过程。[①] 倡导科技训练，就是倡导在运动员日常训练的各方面都要加大科技含量，使训练做到科学化。科技训练是一套体系，包括运动员的营养结构、日常饮食、训练教学、恢复等方面。[②] 高校高水平运动队发展动力包括物力、心力和外力，即动力来源于三个方面——生物学力、心理学力和社会学力。科学训练就是要整合各种资源，加大运动训练的科技含量。

3. 高校高水平运动队发展动力系统的特征

高校高水平运动队发展动力系统是多层次、多因素组合的系统，具有如下特征。

（1）集合性。高校高水平运动队发展动力系统具有强烈的集合性，既有外部动力因素、内部动力因素，又有阻力因素。这些动力因素共同对高校高水平运动队的发展起作用，作用程度有大有小，作用方向有正有负，如果合理匹配、有效管理，这些因素就会建立起强大的、积极的高校高水平运动队发展动力系统。

（2）相关性。高校高水平运动队发展动力系统具有密切相关性。高

---

① 沈长春.运动训练科学化研究[M].北京：中国原子能出版社，2018：21.
② 池建.教育使金牌闪光：北京体育大学研究生工作流动站培养模式的实践探索[M].北京：北京体育大学出版社，2006：70.

校高水平运动队发展动力系统本身是一个复杂的系统,由若干个子系统构成,涉及高校高水平运动队人、财、物,招生、运动训练及竞赛、学术成长、就业等方方面面。外部动力因素需要通过内部动力因素发挥作用,内、外部动力因素又需要借助于高校高水平运动队的一系列训练、竞赛及教学等活动,对高校高水平运动队的发展产生影响,阻力又是在内、外部动力因素运转不良时产生的,彼此之间不可分割。

(3)目的性。普通高校高水平运动队发展动力系统具有十分明确的目的性,其总体目标是培养既具有高运动水平又具有较高学术水平的大学生运动员。具体目标是完成高校高水平运动队在一定时期的目标、任务。高校高水平运动队作为人才培养的组织,具有提高大学生运动员包括竞技水平、学术水平在内的整体素质的特定功能。这种功能的实现过程就是高校高水平运动队整体任务的实现过程。为实现高校高水平运动队的总体目标,高校高水平运动队必须努力实行最优计划、最优设计、最优控制、最优管理,最大限度地调动高校高水平运动队主体的积极性和创造性,把高校高水平运动队外部推动力和内部推动力结合起来,把物质动力和精神动力结合起来,朝着总体目标前进。

(4)环境制约性。高校高水平运动队发展动力系统具有明显的环境制约性。高校高水平运动队发展动力系统从属于更大的系统,是高校系统、体育系统、教育系统乃至社会文化系统中的一个子系统,必然要受到文化、教育发展的影响。因此,体制变革、文化观念、教育理念、人才市场等,都会直接或间接地影响高校高水平运动队的发展动力。

4.协同论对高校高水平运动队动力研究的启示

协同论作为系统科学的一个重要分支,是一门以研究完全不同学科中共同存在的本质特征为目的的系统理论,因而成为构造各类系统的理论基础和解决复杂性系统问题的方法。协同论是联邦德国斯图加特大学教授哈肯于20世纪70年代创立的,是在对多学科研究的基础上,逐渐形成和发展起来的一门新兴学科,是系统科学的重要分支理论。协同论主要研究远离平衡态的开放系统在与外界有物质或能量交换的情况下,如何通过自己的内部协同作用,自发地形成时间、空间和功能上的有序结构。协同论以现代科学的最新成果——系统论、信息论、控制论、突变论等为基础,吸取了结构耗散理论的大量营养,采用统计学和动力学相结合的方法,通过对不同领域的分析,提出了多维相空间理论,建立了一整套的数学模型和处理方案,在从微观到宏观的过渡上,描述了各种系统和现象从无序到有序转变的共同规律。

(1)协同效应。协同效应是指由协同作用而产生的结果,是指复杂开放系统中大量子系统相互作用产生的整体效应或集体效应。[①]在千差万别的自然系统或社会系统中,均存在着协同作用。协同作用是系统有序结构形成的内驱力。任何复杂系统,当在外来能量的作用下或物质的聚集态达到某种临界值时,子系统之间就会产生协同作用。协同作用能使系统在临界点发生质变,产生协同效应,从而使系统从无序变为有序,从混沌中产生某种稳定结构。协同效应的原理是在一个复杂的大系统内,各子系统的协同行为产生出来的效能超越各要素自身单独发挥作用时的效能,从而形成整个系统的统一作用和联合作用,而且子系统的协同作用可以形成系统的有序性。"协同导致有序"是这一原理的基本特征。这就启示相关人员在寻求高校高水平运动队发展动力时,不能局限于一个或几个动力,要挖掘和发挥多种动力的作用,不仅要利用高校高水平运动队系统的内部动力,还要利用该系统的外部动力;不仅要利用教练员的才能,还要激发教练员的积极性;不仅要挖掘运动员的身体潜能,还要挖掘运动员的心理潜能和社会潜能等,发挥多种动力作用的协同作用。

(2)伺服原理。伺服原理即快变量服从慢变量,序参量支配子系

---

① 赫尔曼·哈肯.协同学:大自然构成的奥秘[M].凌复华,译.上海:上海译文出版社,2005:239.

统行为。它从系统内部稳定因素和不稳定因素间的相互作用方面描述了系统的自组织过程。其实质在于规定了临界点上系统的简化原则——快速衰减组态被迫跟随缓慢增长的组态，即系统在接近不稳定点或临界点时，系统的动力学和凸现结构通常由少数几个集体变量即序参量决定，而系统其他变量的行为则由这些序参量支配或规定，序参量以雪崩之势席卷整个系统，掌握全局，主宰系统演化的整个过程。该原理也被称为支配效应原理，指系统的不稳定性可以自发形成空间结构、时间结构或时空结构，当系统接近不稳定时，系统的结构通常由少数几个集体变量即所谓序参量来决定。因此，管理者要善于区分本质因素和非本质因素、暂时因素与长远因素、必然因素与偶然因素。这就启示相关人员在寻求高校高水平运动队发展动力时，不能对所有的动力同等对待，应抓好主要动力。

（3）自组织原理。自组织是相对于他组织而言的。他组织是指组织指令和组织能力来自系统外部，而自组织则指系统在没有外部指令的条件下，内部子系统之间能够按照某种规则自动形成一定的结构或功能，具有内在性和自生性特点。自组织原理解释了在一定的外部能量流、信息流和物质流输入的条件下，系统会通过大量子系统之间的协同作用而形成新的时间、空间或功能有序结构。它是协同论的核心内容，反映了复杂系统在演化过程中如何通过其内部子系统和诸要素自行完成主动协同行为，来达到宏观有序的发展目标，并使整体运行合乎客观规律。[①]

为了维持高校高水平运动队系统的存在和发展，培养既是合格大学生又是优秀运动员的大学生运动员，主管部门投入了大量的人力、物力和财力。按照系统学广义能量原理，整个客观世界皆由能量组成，表现为能量的不同形式和不同层次。能量有多种存在形式，分为五大类：物理能、生物能、信息能、基本能和社会系统能。对高校高水平运动队系

---

① 白列湖．协同论与管理协同理论[J]．甘肃社会科学，2007（5）：228-230．

统投入的主要有生物能、信息能和社会系统能。一切生物体皆表现为生物能，生物能包括纯物质的物质能和有机体的有机能，主要指人力的投入。信息所含的能量就是信息能。社会系统能主要包括人才能、管理能等。人作为社会之本的体现，身上蓄积的种种能量统称为人才能，人才能是随着时代发展而变化的，古代以体能为主，后来逐渐演变成以能力、智能为主。人才能是生物能的最高形式，靠后天积累，以信息能为主，是一种能动的信息能，具有潜藏性，不可以做物质性的掘取。社会上任何一所学校、一家企业、一个部门、一个机关、一个单位、一个家庭都是一个组织，任何一个组织都是一种能量的积蓄，这就是组织能。管理能来自产生这个组织时所做的功、所施予的能量转换，以及该组织作为一个系统在运转中继续施加的能量，但组织能不是元素所含的质量能，只是元素间结构关系决定的一种结构能。管理能常常只是一种信息能，是一套方案、一个策略、一个措施或是一个决策，管理能实施到被管理系统后，即转换为系统自身的各种能量，当然其中组织能是主要的。这些投入的能量，将以各种动力形式促进高校高水平运动队的发展。

（三）美国高水平运动队建设经验借鉴

1. 整体化：NCAA竞赛体系的资源整合

美国高校已将竞技体育深度嵌入大学教育场域，在高水平运动队建设中，美国的全国大学体育协会（National Collegiate Athletic Association，简称NCAA）发挥了整合功能，即通过赛事体系对大学竞技体育资源进行整合，并将体育与教育紧密联系在一起，最终形成了以NCAA赛事为核心的美国高校高水平竞技体育人才培养模式。与北美四大职业体育联盟一样，橄榄球、篮球、棒球和冰球在美国高校同样备受关注，也是各高校重点投入和重点建设的高水平运动项目。

在实践中，NCAA 在保证大学竞技体育业余性的前提下，控制投入和产出，实现了大学竞技体育产品的高质量。NCAA 赛事体系以学生运动员的学业水平和竞技能力的共同进步为具体指向，其宗旨在于将校际体育竞赛纳入教育体系，使体育运动真正成为大学生活的一部分，但对于大学体育赛事活动，则完全按照商业化和市场化的运作模式，围绕赛事资源完成一系列商业开发，凭借卓著的社会效益和显赫的经济效益，成为全球最成功的大学体育联盟，约 44 万名大学生运动员参加 NCAA 组织的各类竞赛。[①] 在 NCAA 赛事体系的整合下，美国学生运动员在整个大学阶段在学业上并无任何特权，即便代表国家参加奥运会，仍然会面临严苛的学业、学术和参赛规定。

NCAA 竞赛体系贯穿美国高校高水平运动队建设的整体发展过程，渗入"学、训、赛"的实践过程。其体育与教育的有机结合是美国大学竞技体育迅猛发展的根本保障。美国高校高水平运动队所有实践的目标趋于一致性，即在 NCAA 赛事中取得优异成绩。美国高水平运动队建设呈现出明显的专业化倾向，学生运动员长期处于系统化管理与科学化训练之中，因而具备较高的竞技能力，能在比赛中发挥较高的竞技水平，使比赛更具观赏性，同时促进了运动队的商业化发展。美国高校高水平运动队培养出了众多职业体育运动员和奥运会选手，推动了美国职业体育和竞技体育事业的发展。

2. 专业化：专职教练员配置助力专业化发展

美国高校是培养体育运动员的基石，相当部分学生运动员为美国队取得了奥运会金牌。整体来看，美国学生运动员取得奥运会金牌在很大程度上可归功于专职教练员的专业化指导，即专职教练员提供的专业化训练实践与专业化成长，这也是运动队专业化训练的内在运行规律。以

[①] 王永盛，王超. 美国大学竞技体育强势发展的三大因素解析 [J]. 北京体育大学学报，2017，40（9）：1-8.

亚利桑那州立大学（Arizona State University，简称 ASU）女篮为例，主教练与助理教练员主要来自美国退役职业篮球运动员与高校高水平篮球队退役运动员，均为专职教练员，其工作就是帮助女篮进行训练。

同时，NCAA 对教练员业务上的指导与管理促进了教练员的专业化成长。美国高校高水平运动队教练员虽然受聘于大学，但在业务上要受 NCAA 的指导与管理，即便拥有职业运动员经历，也要接受 NCAA 的培训，通过每年非赛季的培训考核来提升自身的业务水平，从而保持持续性的学习状态。其中，运动队助理教练员通过长期跟队管理与训练，能够领悟到主教练的执教理念与球队管理艺术，为他们日后担任主教练积累大量的实践经验。ASU 女篮主教练正是在这种长期专业化的实践机制下成长起来的。

美国高校专职教练员在自身具备专业化训练的实践背景下，结合 NCAA 的长年培训与考核、长时间跟队的磨砺，以及主教练训练与管理理念的影响，能够长期处于专业成长的增值过程，能够在确保训练质量的同时，更好地为运动队专业化发展作出贡献。

3. 系统化：目标一致性的系统化管理

对于整个美国高校高水平运动队而言，在 NCAA 竞赛取得优异成绩是其共同的目标，这保证了美国高校高水平运动队目标的一致性。可以说，NCAA 竞赛体系有力地促进了美国高校高水平运动管理的系统化，而 NCAA 制度维持整个管理系统的良性运行。同样，以 ASU 为例，该校通过成立由校领导直接管理竞技体育部的模式，支撑整个 ASU 竞技体育的运行。竞技体育部下设行政部门，承担教练员聘任、市场商业化运作、学生运动员管理、后勤服务管理等工作，并围绕体育相关活动的计划、组织、指挥、协调和控制开展工作。[1]ASU 竞技体育部的

---

[1] 祁社生.体育管理学[M].上海：上海科学技术文献出版社，2013：14.

建立，使各部门与各项目运动队形成上下联动的协同管理，增强了管理的合力。同时 ASU 竞技体育部强调以 NCAA 制度为前提，建立规章制度完善管理机制，成为支持教练员与学生运动员"学、训、赛"的有力保障。美国高校高水平运动队大多由基于主教练负责制的专职团队配置，学校与主教练签订聘任合同，由主教练负责整个团队的组建与全队工作的协调，主教练的职责范围包括聘请助理教练、组建教练团队、分配学生运动员奖学金、制定教练员团队奖惩制度以及招募学生运动员等。ASU 女篮在主教练与整个团队的努力下，多次打入 NCAA 女子篮球锦标赛，获得过 NCAA 的 Pac-12 联盟冠军及 NCAA 全联盟女子篮球锦标赛第 4 名的成绩，并向美国国家队与职业篮球联赛输送了不少人才。其成绩的取得，离不开主教练全面系统的运动队管理，并且运动队由"主教练＋助理教练员团队＋行政管理人员"的人员组合构成，且均为专职人员，不承担任何体育教学任务，团队高度协同，充分贯彻主教练的管理与训练理念。

值得一提的是，在美国高校高水平运动队中，队内行政管理既与竞技体育部建立良好的对接，形成自上而下的管理模式，也配合主教练完成队内的常态化行政管理工作，给予运动队良好的后勤保障。由此可见，美国高校高水平运动队的系统化管理，助推了高校体育赛事衍生产业链的开发，即商业化拓展，尤其是橄榄球、篮球、棒球和冰球运动项目的赛事门票、运动队赞助、广告赞助等收入，维持了美国高校高水平运动队的动态发展。

4. 科学化：科学训练与备赛助力训练质量提升

任何高校高水平运动队，都面临着学训矛盾这一现实问题。对于美国高校高水平运动队而言，在学业上，NCAA 通过将学训矛盾转化成学训互促，实现了训练学习"两条腿走路"，通过竞赛杠杆撬动高校竞技体育市场价值以获取经费支持，各方受益形成良性循环，从而维持整个系统的良好运转。①通过制度科学地解决学训矛盾，显然有助于学生运动员全身心投入训练和比赛。

美国高校高水平运动队以主教练负责制为基础组建教练员团队，是为了更加科学地实施训练计划。主教练通常具有较为先进的训练理念与丰富的临场指导经验。训练理念是训练主体在理论与实践相结合的基础上，对训练过程和结果的感性认识进行反思检验后所形成的个性鲜明、新颖实用的片段化理性认识。②此外，球队在训练过程中，还招募若干名大学生作为陪练，以及实习生协助训练。从助理教练员团队的配置来看，包括负责进攻、防守、体能、康复、视频分析等人员，团队人员分工明确，并借助视频分析软件，进行科学化的训练与备赛。

以美国NCAA篮球赛为例，一般从第一年的11月份开始到第二年的3月份结束，美国高校高水平运动队要在常规赛和联盟赛取得好成绩，才能进入次年3月的锦标赛，而且为保证学生运动员的学业，NCAA规定各高校球队每周训练时间不得超过20小时。尽管如此，美国高校高水平运动队的训练在严格执行NCAA规定的同时，也有着自身的节奏，在非赛季期间与赛季期间进行有针对性的调整，以此保证学生运动员的学习、训练与比赛协调发展。在"学、训、赛"结合层面，建立学训结合的分层分级竞赛制度、周期性的科学基础训练、细致合理的运动员文化学习管理规制、无缝对接的学习与职业过渡机制、较为完善的组织保障体系。③在解决学生运动员"学、训、赛"矛盾的前提下，科学化的训练与备赛，保证了运动队的训练质量，从而有助于提升运动队的竞技水平。

---

① 傅亮.试论美国"高校体工队"模式下的竞技体育人才培养：基于典型个案调研[J].南京体育学院学报，2019，2（7）：7-16.
② 蔚世超，薛岚.美国大学篮球教练员训练理念研究[J].北京体育大学报，2013，36（8）：128-133.
③ 孙凤龙，姜立嘉，张守伟.特征与启示：美国学生篮球运动员培养体系[J].沈阳体育学院学报，2018，37（6）：120-124，131.

第四章
高校竞技体育与我国竞技体育的发展

第一节 高校竞技体育的理论基础

一、资源配置理论

厉以宁将资源配置定义为"经济中的各种资源,包括物力、财力、人力,在各种不同的使用方向之间的分配"[①]。王善迈从宏观和微观两个层面进行了进一步的阐述,指出资源配置的合理性在于如何使资源有效地配置于其最适宜的方面,以达到最大的符合社会需求的产出。在人类社会发展过程中,始终存在着资源的稀缺性与对资源需求的无限性的矛盾,而资源配置就是基于这一矛盾而产生的一种调节、优化手段。[②] 资源配置是指人们对相对稀缺的资源在各种不同用途上加以比较做出的选择,以此来配置社会资源的使用方向和数量,从而实现各种资源在不同使用方向上的分配,以获得最佳效率的过程。

高校竞技体育赛事资源的优化配置就是对高校竞技体育赛事各种资源进行再选择使用的问题。从系统论的角度看,资源配置系统就是由对资源进行分配的各个环节组成的有机整体,是一个包含若干子系统的系统。因此,结合我国的特征,可以将我国高校竞技体育赛事资源配置划分为资源配置的主体系统、资源配置的客体系统、资源配置方式和资源配置效率四个子系统。[③] 上述各个子系统之间是相互作用、紧密联系的

---

① 厉以宁.市场经济大辞典[M].北京:新华出版社,1993:65.
② 王善迈.教育经济学简明教程[M].北京:高等教育出版社,2000:12.
③ 张玉国,姜立嘉.我国高校竞技体育赛事资源配置失衡现象与对策研究[J].沈阳体育学院学报,2014,33(2):47-52.

有机统一整体。

（一）资源配置的主体系统

资源配置首要考虑的是相关利益主体。从利益相关者的视角来看，资源配置问题又是各利益相关者对稀缺资源的使用权问题。资源配置主体是不同资源配置主体之间相互影响、协同作用共同构成的资源配置的有机整体，是发挥资源配置的基础性作用的运行载体和运行基础。

资源配置主体可分为宏观和微观两个层次。宏观上的资源配置主体被称作资源的调控管理主体，微观上的资源配置主体被称作资源配置执行主体。资源的调控管理主体一般是中央政府和各级地方政府，它们根据国家和地方经济社会发展的战略目的，通过制定具体的政策，运用竞争机制和择优分配方法等对资源进行分配、管理、调控、评估、组合等，以实现行业之间、地区之间和不同领域之间的均衡发展。资源配置执行主体主要通过对不同客体进行分配，来实现资源的最优配置。我国高校竞技体育赛事的主体包括政府、高校、中国大学生体育协会和市场。

（二）资源配置的客体系统

资源配置客体是指在资源配置中涉及的一切生产要素的总和，是行为主体从事各种活动，谋求自身生存、运行及发展的基础。在资源配置过程中，各配置对象实质上是不同类型资源以一定的规模、结构、质量存在并通过特定的形态和载体来实现配置结果的。

（三）资源配置方式

资源的稀缺性与对资源需求的无限性之间的矛盾决定了必须选择合理的方式对资源进行配置，以保证资源得到最有效的利用。资源配置方式探讨的是以什么样的方式，把各项资源合理地分配到不同的组成部分当中去，以保证系统的正常运行和资源最大效益的发挥。

经济学从配置机制的角度研究资源配置方式，并把资源配置方式分为计划配置和市场配置两种。

1. 资源的计划配置方式分析

计划配置方式是以政府为主导，为实现资源合理布局进而推动国家发展而实行的调控手段。资源的计划配置方式是一种比较典型的计划经济模式，在宏观层次上，在高度集中的计划经济体制下，政府计划无所不包，并且要求强制执行，所有的资源配置决策，包括生产的组合和分配、资源利用水平及其组织形式，都由政府决定，政府在资源配置中起基础性作用。采用计划配置方式，有利于实现社会资源按比例分配，可以避免由于社会总需求和总供给的严重失衡造成的损失和浪费，可以保障经济运行顺利进行。

（1）计划配置方式的优势分析。①可以在全社会范围内动员和集中必要的资源进行重大项目建设，尤其是那些规模大、资金需求量大、技术水平要求较高的项目。②可以按宏观计划优先发展部分地区，有利于在资源紧缺的情况下，自觉地调节供求结构和总量平衡，提高资源利用效率。③能够自觉有效地进行经济结构调整，通过调整重大经济结构、优化生产力布局和控制经济总量，促进国民经济的综合平衡；能够在一个比较短的时期内，以较小的代价实现预期目标，为社会生产的正常进行创造良好的外部环境。④在计划经济体制下，指令性计划容易得到贯彻执行，有利于建立比较合理的国民经济体系，保证按预期计划实现国民经济发展的总体战略。⑤有利于从全局出发，合理调整各地区的项目布局。⑥有利于解决人民最紧迫的生活需要，保证国计民生必需品的生产和供应，实现收入均等化，稳定经济，从而稳定社会。中华人民共和国成立后至 20 世纪 90 年代初，我国实行计划经济体制，这符合我国当时所处的政治、经济环境和国际局势变化的要求，对促进我国经济发展起到了很好的宏观调控作用，在一段时间内促进了生产力的发展。

（2）计划配置方式的劣势分析。政府计划配置实质上是政府职能的输出，配置效益主要取决于资源配置供给成本、政府与社会收益以及政府配置资源的供给能力等。然而，高度集中的计划经济体制本身具有功能性缺陷。第一，计划调节从社会需求出发，要求实现整体经济利益，但政府是一个不强调自身经济利益的组织，从而使政府缺失了内在利益驱动力，以及组织创新与技术创新的动力。第二，计划调节只具有相对的稳定性，很难及时反映社会需求的变化，不能在市场复杂多变的情况下及时调整资源配置方式。

2. 资源的市场配置方式分析

市场配置根源于社会化大生产条件下商品经济的客观存在。在市场经济条件下，资源配置主要通过市场配置机制进行，为谁生产、生产什么以及如何生产等有关资源配置的问题，主要由市场供求双方决定。在市场机制的调节下，产业结构的转换与调控主要通过市场机制来完成。产出结构与市场需求结构之间的偏差是通过价格信号的反映和利润的导向作用，促使作为独立商品生产者的企业根据自身利益做出变动产品结构、企业的内部资源结构，以及各生产要素之间的代替关系等决定的。在这里，市场对资源进行了配置和再配置。

（1）市场配置方式的优势分析。市场配置方式能够对非公共部门或个体生产部门进行资源的优化配置，对商品经济有积极的调节作用，尤其有利于资源的短期配置。①有利于推动经营管理进步，提高生产率。在市场机制的调节下，企业会从自身利益出发，通过采用先进的科学技术，改善经营管理，来提升企业的竞争力。②有利于商品生产和流通环节的自动调节。企业作为市场调节信号的接收者，必须根据市场价格的波动和供求关系的变化进行商品的生产和经营，并及时对生产要素进行调整，以满足社会需求。③有利于提高企业的生产经营能力。市场配置机制迫使企业从市场中捕捉机遇，从而不断增强自身的市场竞争力以求生存和发展。

（2）市场配置方式的劣势分析。市场配置如同政府的计划配置一样，也有其不可避免的缺陷。①自发性。在市场配置机制中，自发性指的是在价值规律的作用下，商品生产者和经营者根据市场信号，以追求自身最大利益为目标，自觉调整其生产和经营活动。然而，这种自发性也有其劣势，特别是各个参与者的行动是从微观局部利益出发，难以考虑到国民经济的全局，从而导致个体利益与社会整体利益的对立。②滞后性。市场调节是通过事后调节的方式进行的。③公正性。市场机制容易诱发社会分配不公，难以实现社会分配的公正性。④盲目性。企业的经营往往具有一定的短期性、近视性，市场调节机制本身具有一定的盲目性。

（四）资源配置效率

资源配置效率是指在一定的技术水平条件下，各投入要素在各产出主体的分配所产生的效益。[①] 资源效率一般包括生产效率和资源配置效率，前者指资源的投入与产出比，包括人力、物力、财力效率；后者指资源如何在系统内部以及其他子系统之间分配的问题。总之，因为资源总是稀缺的，如何使有限的资源得到最大效率的利用便成了高校竞技体育研究的一个重要课题。高校竞技体育赛事资源优化配置涉及的几个主要问题必须清楚。

（1）高校竞技体育赛事资源系统的主体是谁？也就是拥有高校竞技体育赛事资源配置权的相关部门或个体，包括国家、学校、企业、个人等。为了获取更多的优质资源，不同主体之间会不断进行利益博弈。

（2）高校竞技体育赛事资源配置的标准和原则是什么？在具体的

---

① 何问陶，黄建欢，吴蕾.资源配置效率的产业配置重合度方法及其应用：以粤苏沪浙四省市证券市场的情况为例[J].证券市场导报，2004（10）：51-55.

高校竞技体育赛事资源配置过程中，必然有一定的价值导向规约着资源配置的目标和方向。不同的观点、不同的价值导向将产生不同的制度设计，不同的制度设计将导致不同的资源配置形式。

（3）高校竞技体育赛事资源配置的方式是什么？在既定的标准和原则下，以什么样的方式配置高校竞技体育赛事资源是一个重要的问题，它决定着赛事资源配置的目标能否顺利实现。是通过制度化的还是非制度化的方式配置高校竞技体育赛事资源，也直接影响着赛事资源配置的效果。

（4）高校竞技体育赛事资源配置的路径是什么？这需要结合我国国情，根据项目的具体情况具体分析。

高校竞技体育赛事资源由谁配置、配置给谁以及如何配置（资源的配置原则、配置方式等）决定了赛事资源配置的基本格局，如何合理地配置竞技体育赛事资源是高校资源配置研究最终指向的问题。

二、系统理论

系统科学既不属于自然科学，也不属于社会科学，而是另外一个独立的学科门类。系统科学能为现代科学技术的发展乃至整个人类思维科学的发展提供新思路、新方法。

系统论是由奥地利生物学家贝塔朗菲首次提出来的。之后，比利时科学家普利高津进一步提出耗散结构理论。后来西方一些学者逐渐把系统理论引入经济学和社会学的研究中。

系统的方法论为高校竞技体育研究提供了方法论支持，而系统分析、系统模拟、系统设计、系统管理的系统工程方法的研究过程，为高校竞技体育研究确立了严密的研究逻辑，系统分析的方法、步骤为高校竞技体育研究提供了科学的研究方法和路径。

高校竞技体育赛事资源优化配置研究的主要问题与高校内外部环境密切相关，是与社会、政治、经济、文化、教育等多种因素纠缠在一起的复杂问题，必须同其他系统不断交流变化的信息，获得其他系统的投入支持，通过自身的有效运行，向社会输出成果，即专门的运动人才。同时，高校竞技体育赛事系统受社会有关系统制约并为之提供服务，以便在主动适应外部环境的变化中获得社会的支持来增强自身的活力，发挥自身的功能，实现自身的价值。

高校竞技体育赛事资源配置系统作为整个社会的一个子系统，同样是一个复杂的、多层结构的开放系统，它的发展与我国社会发展之间存在着客观的密切联系，它比其他系统更需要同社会方方面面进行信息、能量和物质的交换。我国高校竞技体育发展现状真实地表明了它的非开放性，在不同程度的封闭状态下，系统的资源、能量被浪费了。

因此，为适应经济、科技和社会的发展趋势，相关人员应把高校竞技体育各项资源有机地统一起来，从结构和功能、存在和演化、整体和部分等多角度进行全方位的立体研究，促使学校竞技体育资源各方面相互渗透、协调发展，从而促进高校竞技体育的健康可持续发展。

三、可持续发展理论

体育本身就是教育的一部分。在中华人民共和国成立之初，我国借鉴苏联专业体工队的竞技体育模式，采取的是举国体制竞技体育模式，通过高度集中和封闭运行的方式进行竞技人才的选拔和训练，在当时我国资源缺乏的条件下，的确对我国竞技体育的崛起起到了决定性作用。国家对运动员包分配的措施确实吸引了较多的青少年参与到竞技体育运动中。然而，随着时代的发展，只注重运动员的竞技体育专项训练，忽视他们的文化教育的方式，暴露出一些问题，乃至出现了部分运动员技能水平越高、文化素质越低的现象。相关部门逐渐认识到，原有的集中优势力量、高度专业化的"一条龙"训练体制是以牺牲一部分青少年的系统文化学习为代价的，这种竞技体育优先发展观下暴露出来的体育后备人才培养和运动员退役后的就业安置等方面的问题日益显著。因此，大力发展学校竞技体育，特别是高校竞技体育，是实现竞技体育健康可持续发展的关键所在。

高校竞技体育赛事资源的合理配置需要将科学发展观理论作为指导。高校竞技体育的发展需要杜绝畸形的、片面的发展，如果没有全局和长远的考虑，就会丧失高校竞技运动可持续发展的根本目的所在，也不可能调动其发展主体的积极性和创造性，可持续发展就无从谈起。而高校竞技体育的可持续发展与各种资源整体效能的良好发挥、资源供给总量、配比关系、配置主体及配置方式等都有很大的关系。高校竞技体育赛事系统的可持续发展需要以资源的合理配置为前提，因为不合理的资源配置会影响该系统功能的发挥。

第二节 高校竞技体育的发展趋势

一、高校竞技体育的职业化发展趋势

随着体育逐渐走向社会化及职业化，运动员短暂的职业生涯与社会对运动员综合素质的高要求的矛盾，推动着竞技体育人才培养体制的转变。高校创办高水平运动队是我国采取的结合体育与教育来培养优秀人才的一项重要措施，也是我国对高校竞技体育职业化探索的重要收获。

（一）国外高校高水平运动队培养模式借鉴

通过研究各体育强国的竞技体育发展历史，发现将竞技体育纳入教育系统，并将学校体育作为培养高水平运动员的摇篮是竞技体育发展的有效途径。各体育强国对运动员的培养训练体系都是不同的，但是它们对运动员的培养都始终坚持着同一理念，即注重提高运动员的文化素质，以及运动员的全面发展。

美国高水平竞技人才的主要培养渠道就是高校高水平运动队。美国高校在创办高水平运动队的过程中，注重运用法律、法规等手段，并在招生途径、训练时间、比赛资格、文化成绩等方面做了相当详细且严格的规定。正是美国高校对运动员文化知识学习的重视，使得美国运动员在运动生涯结束之后，也可靠着自身的文化素质再次择业，顺利地进入社会。德国采取的是将学校体育训练与一般群众体育融合在一起作为竞技体育后备人才的培养模式。这种模式主要以学校为基础、以俱乐部为载体，由此形成体育后备人才的培养体系，并遵循职业人才的成长规律来培育运动员。此模式提出了学生为先、运动员为次的概念。

（二）高校竞技体育发展的动因

1.竞技体育职业化推动着高校竞技体育的发展

竞技体育与高等教育结合有着历史渊源，现代奥运会创始人皮埃尔·德·顾拜旦的体育思想中的重要组成部分就是将体育与教育结合在一起。[1] 回顾世界体育运动的发展历史，可以发现，竞技体育运动的发展与经济、文化、科技、民族素质等一系列因素的发展是分不开的。竞技体育朝着高、精、尖方向不断发展，而竞技体育的发展是建立在融体育文化、体育教育、体育科技、体育产业、体育普及于一体的管理体制和运行机制上的。随着社会的发展，竞技体育肯定是要走向科学化、社会化、产业化、市场化、职业化的，而实现竞技体育职业化的最有效途径就是发展高校竞技体育。

（1）发展高校竞技体育是实施科技兴体的一项具体措施。要想充分发挥我国普通高校与体育院校在竞技体育发展中的作用，则需要建立科研一体化的竞技体育管理体制。竞技体育管理体制的建立可以有效解决

---

[1] 李青松.我国竞技体育与学校体育协同创新发展模式的可行性建议[J].当代体育科技，2020，10（25）：76-77，80.

一系列问题，如优秀运动队科学训练的集约化管理问题，体育技术市场培育问题，重点训练基地和优秀运动队的科技建设问题，高水平、适用性强的科技成果开发和新技术、新方法的应用问题，教练员、运动员科学文化水平提高的问题。解决这些问题可以为竞技体育注入科研力量，可以给高校各学科的教师带来直接为运动实践服务的机会，从而有利于运动实践中的关键性问题得到完美解决

（2）院校运动员已成为竞技体育领域的生力军。改革开放以来，为探索出一条培养高素质、高水平运动员的道路，我国加快了对奥运会竞技后备人才的培养。为了提高在役与退役运动员的文化水平，我国决定在原国家体委直属的6所体育院校中创办竞技体育学校，实行"亦读亦训"的办学方针。经国家体委和国家教委决定，将运动训练专业列入我国高等体育院校本科教育的正式专业，并进行全国范围的招生。我国各体育院校依照国家的发展形势，迅速创办了竞技体育专业与运动训练专业，并将竞技体校的专项训练与运动训练专业进行了有机结合，形成了具有中国特色的小—初—高—本一条龙的"亦读亦训"培养体系。改革开放以来的40多年中，我国各大体育院校的竞技体育和运动训练专业均得到飞速发展，并形成了独具一格的竞技运动项目群，取得了优异的成绩。例如，北京体育大学的田径等项目，上海体育学院的摔跤、拳击、武术等项目，武汉体育学院的水上、武术项目，沈阳体育学院和哈尔滨体育学院的冰雪项目，均得到飞速发展，为国家培养出了大批优秀运动员，这些运动员在亚运会、奥运会等重大国际比赛中都取得了优异成绩，为国家争得了荣誉。从1987年国家教委在全国51所高校试行建立高水平竞技体育运动队开始到1990年，仅仅用3年的时间就成立了田径、乒乓球、篮球、排球、足球五个单项体育协会。近年来，中国大学生篮球联赛得到迅猛发展，中国大学生足球联赛也逐渐发展起来，其余项目如跳水、艺术体操、拳击等也不甘示弱，体育项目的影响力在不断扩大，参赛人员的水平也在不断提高，发展前景广阔。

（3）为运动员就业打下基础。发展高校竞技体育主要是为专业运动员退役后的就业打下基础。促进高校竞技体育的发展，也是为了给现役运动员获取学历教育与文化知识提供途径，使他们可以在得到专业运动训练的同时，也能受到系统的高等教育，获取专业知识与技能，从而退役后也可以从事自己喜爱的工作。这样不仅消除了运动员对未来的担忧，也能优化优秀运动员的知识体系，提升运动员的心理素质与道德修养，对运动训练水平的提高起到直接的促进作用。

2. 竞技体育的社会价值推动高校管理主体的发展

（1）高校进入高水平竞技体育行列的主客观条件。国家对高校的长期投资，使高校积攒了开展竞技体育训练所需要的两种重要资源——体育训练场地、设备以及具有理论知识与实践能力的体育教师资源，使得高校可以承担起部分竞技训练的任务。随着时间的推移，我国改革开放的力度在不断加大，与国际上的交流也在不断增加。体育不仅是一种强身健体的运动，也是一种文化交流的手段，现如今更是被运用到国际竞技舞台上。但是，体育部门无法单独承担起沉重的竞技体育任务与经济体制改革过程中产生的经济压力。因此，教育部门承担着在世界大学生运动会中与各大国际高校之间的交流任务。20世纪80年代末，国家体委陆续下发了4份关于普通高校试行招收高水平运动员的文件，并正式批准清华大学等50多所高校作为培养高水平运动队的试点院校，把培养高水平运动人才以及以组队模式参加国际竞赛和体育交流提到了高校体育工作的日程上。2019年，《教育部办公厅关于公布2019年普通高校高水平运动队技术调整结果的通知》发布，正式批准了以北京大学为首的200多所高校作为培养高水平运动队的院校。

（2）竞技体育文化推动着高校竞技体育的发展。校园体育文化是校园文化的重要组成部分，也可以说是校园文化发展中最为有效的催化剂。除此之外，校园体育文化也是社会文化的一个重要组成部分。竞技体育文化代表着乐观向上的文化精神,是体育文化的核心。为了使学生以积极乐观的态度参与到体育运动项目的学习与比赛中,高校可以通过开展极具趣味性的体育活动来吸引学生,激发学生对体育文化的热爱,丰富学生的体育文化知识;可以通过将竞技体育文化借由校园体育活动传达给学生,来带动校园文化向着积极、健康的方向迈进。

发展竞技体育是提升高校知名度的一种宣传手段。在我国竞技体育管理走向多元化的趋势下,政府开始大力支持与鼓励高校根据自身能力建设相应的竞技体育项目。在此背景下,高校竞技体育得以充分发展,能力水平也逐渐升高。与此同时,高校所承办的中国大学生篮球联赛、中国大学生女子足球联赛等多项竞技体育比赛受到社会的广泛关注,众多投资者对这些联赛的投资也在逐渐增加,由此可以看出,竞技体育项目所具有的商业价值在逐渐显现。社会对高校竞技体育关注度的不断增加,无疑为竞技体育的另一管理主体——高校体育工作者注入了新鲜血液。在市场经济环境下,高校之间也开始了从生源到就业各环节的激烈竞争,导致各高校均面临着严峻的考验。为此,各高校开始不断提高自身实力,宣传自身办学信念,提升社会知名度,而竞技体育的存在为高校之间的竞争提供了一个可以展示自己的舞台。

3. 体育院校管理主体的多元角色地位

(1)办学职能的逐步转变。随着社会的发展和教育改革的深入,体育院校的办学职能也在逐步转变,从最初单一的教学职能逐渐扩大到研究、服务社会和国际化等多项职能。具体来讲,研究职能主要是指体育院校开始承担开展体育科学、体育教育、体育管理等领域的理论研究和实践研究任务。服务社会是体育院校新的重要职能,通过技术咨询、技能培训、社区服务等方式,满足社会对体育的多元化需求。随着全球化的深入,体育院校开始通过参与国际交流与合作,来提升自身的国际影响力,实现办学的国际化。这种办学职能的逐步转变,标志着体育院校管理主体角色地位的多元化。但是，教学仍是体育院校的核心职能，培养具有专业素质和技能的体育人才是其主要任务。

（2）发展竞技体育是突出办学特色的要求。上述提到的国家对下放制度的改革，使得被下放的体育院校不仅要面对全国体育教育市场的激烈竞争，还要面对国际体育教育机构进军国内市场的竞争。我国体育院校的发展，以往重点强调的是教育的特点与要求，但又与师范类院校的师资培养力量有较大的差距，且对行业的专业性重视不够，因此，我国体育院校要以跳出以师范教育为基础的办学模式为目标，争取将体育院校办学模式与体育事业的发展紧密联系在一起，从而突出自身在体育领域中的主力军作用。《2001—2010年奥运争光计划纲要》的颁布与实施，为体育院校发展带来众多机遇。

（3）发展竞技体育是教育事业发展的需要。到目前为止，我国现有的体育院校中只有北京体育大学属于部属院校，其余院校则由地方管辖或者是以地方为主的共建院校。所以，我国的体育院校不仅要承担国家的奥运任务，又要为地方体育事业服务。随着普通高校竞技体育的强势发展，体育院校的发展面临着强有力的市场竞争及挑战。从目前的形势来看，体育院校需要在加强体育教育、体育科技、体育产业、群众体育人才培养的同时，强化自身的竞技体育能力，加强体育人才培养，为提升所在地区的竞技体育竞争能力作出贡献；需要以奥运会这一最高级别比赛为目标，争取得到地方政府与社会对自身的支持，加大对高水平运动员的培养与输送力度，从而进入国际竞技舞台与竞技市场，既为地方服务又为国家作出贡献，体现出体育院校独特的办学性质及特色，从而促进整个体育事业的发展。

4.高校竞技体育职业化的动因

人们对体育需求的多样化促进了竞技体育的社会化和职业化发展，

而消费意识与能力的增强为职业竞技体育的发展奠定了基础。[①]我国竞技体育的社会化发展正处于发展阶段,因此普通高校以及专业体育院校需要经历市场的考核,而竞技体育进入高校为这些学校提供了一个宣传自己的舞台。如今,竞技体育院校化已经成为一种必然趋势,伴随着竞技体育的职业化趋势,高校竞技体育也会随之转入职业化发展道路。1978年以来,我国的社会经济体制开始发生转变,其中最为突出的是我国社会主义市场经济体制的建立与完善,其次是我国的竞技体育体制逐渐由原有的政府型向着"政府-社会"型转变。近年来,我国高水平竞技体育显现出一种蓬勃发展之势,社会上出现了多种不同模式的高水平竞技体育队伍和相关的多元管理主体。下面从社会学的角度来分析这一现象,以为我国竞技体育的发展提供一定的社会依据。

(1)我国政治、经济体制改革的不断深入。从经济体制改革来看,我国于2001年12月11日正式加入世界贸易组织,至此我国的对外开放政策开始进入新的阶段,主要表现在由政策性开放转向制度性开放,由局部的开放转向全方位的开放,由一般竞争性领域的开放转向以服务业为重点的全面的产业开放。其中,我国的体育事业属于以服务业为主的第三产业范畴,在这种改革趋势下,需对我国体育体制中原有的一些与市场经济不相适应的体制进行实质性的改革。具体到现行的体育体制,对其的改革正是顺应经济发展规律的选择,从而为我国竞技体育的可持续发展铺平道路。从政治体制的改革历程看,我国的体育事业一直以来都是政府管理型体制,但是,近年来国家对体育系统也采取了一些改革措施。

(2)商品经济体制下人们体育观念的转变。随着我国经济体制的不断改革、经济全球化的不断向前发展及世界文化之间交流的不断加深,国家逐渐意识到只有奥运会是不能满足大众的体育需求的,因此众多单

---

① 刘兵.论运动员职业发展与教练员职业成长[J].中国体育教练员,2017,25(1):3-4,11.

项体育项目逐渐向职业化、市场化、商业化发展。《全民健身计划纲要》的实施，加之政府的引导及各大媒体的宣传，民众对体育的认识逐渐由体育就是竞技运动转变为体育是竞技与休闲、娱乐、健身相结合的一种运动，从而更多的民众参与到体育健身中，使体育健身逐渐成为一种社会需要与社会时尚。因此，竞技体育发展的社会化、竞技体育队伍的职业化、管理主体的多元化、竞赛组织运营的市场化已逐渐成为一种趋势和社会现实。

（3）人们体育消费意识与能力的提高。我国社会发展的目标之一是提升国民生活质量，国民生产活动方式的变革使得体育功能、形式和内容都发生了变化，为顺应这种变化，各国都提供了与之对应的政策来促进体育的发展。我国的双休工作制度以及每年的小长假，都有助于促进体育消费。随着我国经济的不断发展，居民收入的快速提升，城镇居民物质、文化生活水平的大幅提升，人们摆脱了单纯的以生存为主的生活理念，对体育认识的不断深化促使人们对体育服务的需求不断扩大，由此群众体育得到迅速发展。

（4）职业竞技体育市场的逐步开发。现阶段，竞技体育得到了广大人民群众的喜爱。伴随着体育产业的不断改革、体育市场主客体的产生，体育健身、体育竞赛表演、体育无形资产、体育用品等体育市场应运而生，其中与竞技体育有着密切发展关系的体育竞赛表演市场已具备了一定量的粉丝，竞技体育所蕴含的巨大市场正逐渐被挖掘。足球、篮球、排球、乒乓球等项目的高水平运动队，也逐渐通过市场体现出自身所具有的独特价值，从而得到政府之外的投资，缓解了资金短缺的困境。职业竞技体育市场的不断开发亦将进一步巩固和推动职业俱乐部的发展。

二、高校竞技体育的科学化发展趋势

（一）高校竞技体育的发展及开展高水平竞技体育的效应

1. 高校竞技体育的发展

近年来，我国的高校竞技体育得到飞速发展，一些高校均拥有具有校园特色的运动队，如清华大学的跳水队、赛艇队。此外，清华大学与北京大学还会定期在福建省福州市马尾区的琅岐岛举行赛艇对抗赛，两校除进行竞技对抗外，还进行了多方面、多层次的交流。近几年举办的中国大学生篮球联赛，为高校举办运动队及高校之间竞技体育的竞争与发展提供了新的样本，因此可以说，中国大学生篮球联赛是我国高校竞技体育不断发展的见证者。在我国近几届奥运会的参赛队员中，高校学生的占比正不断扩大，这也说明高校竞技体育在我国竞技体育发展中的地位越来越重要，因此，以发展奥运项目为目标的高校，将成为推动我国竞技体育发展的关键力量。

2. 高校开展高水平竞技体育的效应

高校运动员在学校练习和掌握运动技能的同时，学习了科学文化知识。校园中的文化氛围对运动员职业道德与敬业精神的培养极为重要，而运动员认知水平的提高也有利于他们技术水平的提升。高校竞技体育运动员在高校体育的发展中处于骨干地位，不仅活跃了校园的体育氛围，促进了学校体育水平的整体提高，而且为国家竞技体育发展提供了基础。因此可以说，高校竞技体育的发展具有积极的社会效应。

（二）高校竞技体育科学化

随着21世纪社会科技的不断发展，运动成绩中的科技含量不断增加，且成为竞技体育成绩中的新亮点，新技术、新方法、新理念的诞生使高校凸显了自身所具有的优势。高校是集知识、科技等于一体的地方，这为解决竞技体育发展中所遇到的问题，如选材与系统性训练、伤病防治、技术诊断、营养恢复等提供了重要的科学保证。高校拥有的优秀知识资源、新理念、新思路，为高校竞技体育的超前发展提供了可能。

高校拥有的体育师资力量，是其他组织机构不能比拟的。因为高校中的师资既有退役后进入高校任职的实力派教练，也有高等体育院校毕业的科班高才生，还有从事高校及竞技体育研究的专家学者，这些师资力量无疑为运动员的发展提供了全面的保障，有利于运动员脱离师傅带弟子、弟子再带弟子的传统训练模式，使以培养高水平运动人才为主的竞技体育达到一个崭新的高度。

1. 发挥高校多学科和高科技优势，占领竞技体育科技高峰

21世纪竞技体育的快速发展，不仅表现在运动水平的提高上，还表现在对运动员运动寿命、连续参赛能力及运动生涯结束后的就业问题的重视上，因为竞技体育已经不再仅仅是一项单纯的个人行为，而且成为一个与社会、文化和教育相关联的重要领域。在这种发展趋势下，传统的以教练员的个人能力与单项学科知识为特征的训练模式已不适应现阶段运动训练的需要，因为传统训练模式既难以到达竞技能力的顶峰，又容易在训练过程中出现运动损伤、过度训练等问题。

科学训练是一个运用科学的理论、技术和手段对运动训练进行指导的过程，它不是科学与体育训练之间简单的结合，而是一个系统、复杂的过程。对传统训练进行科学化改造，使训练脱离长期以来以主观经验为主的模式，不仅涉及训练过程本身，而且与若干对训练构成重要影响的多学科理论知识有关。高校是一个集知识、科技等于一体的地方，将科技与体育紧密联系，充分利用高校的多学科与高科技优势，已成为世

界各国促进各行业发展的一个趋势。在这种趋势下，竞技体育中运动训练科学化水平的提高，必须依赖于高校尤其是综合性高校的科技力量。

在世界竞技体育激烈竞争及高科技迅猛发展的今日，单纯靠着本专业以及本系统的知识与力量已经难以维系体育事业的可持续发展。因此，科学化发展应该是我国高校竞技体育未来发展的主要方向，高校尤其是非体育专业的高校，更应该为我国高校竞技运动水平的提升提供动力。

2. 调动高校的教育优势，培养素质全面的竞技体育人才

高校在竞技体育人才的文化教育方面占据着资源优势，并能够发挥重要的作用。运动训练的实践证明了，教练员是运动训练的主导者，是驾驭复杂训练过程及决定训练效果的关键因素。人们将教练员比喻为训练的门槛，因为教练员决定着所有和训练有关内容的筛选和应用，先进或落后、科学或不科学的知识与方法都需要教练员进行选择，所以说教练员自身的理论水平与实践经验是训练成功的关键所在。一个国家的教练员所具有的知识结构以及能力基本上可以决定这个国家整体竞技运动训练的发展水平。

生物学和教育学是训练理论中的两个重要学科，它们不仅分别从自然科学和社会科学两个方面对训练理论进行支撑，而且是制定训练目标和任务、选择训练方法和手段以及控制训练过程和检验训练效果的重要依据。如果教练员缺乏生物学知识，会导致训练与基础学科之间联系的分离，以及理论指导实践作用的削弱；而如果教练员缺乏教育学知识，则会影响到教练员运动知识与技能的传授，进而影响到执教效果，最终会影响运动员对技能的主动学习与掌握，降低训练的实际效果。

运动员要想进一步提升运动水平，不仅要依靠教练员的科学化训练，还需要自身的努力，文化水平、知识储备、逻辑思维等都会对其运动成绩的提升产生影响。由此可以得知，要在运动员的青少年时期注重

提升他们的文化水平，这是决定运动员成年后是否可以成为世界顶尖运动员的重要因素。

对此，我国的高校应该充分发挥自身所独有的教育资源优势，积极地参与教练员的培养工作，在师资、课程设计和教材等方面进行专门建设，为国家培养出既有扎实理论又有出色执教能力的优秀教练员。除此之外，我国的高校应该适时提升高水平运动员入学时的文化课标准以及入学后的文化学习要求等，以此促进整个竞技体育系统中运动员文化教育的开展，为我国运动员文化知识水平的提升作出贡献。在新发展阶段，体育与教育之间应形成优势互补，这样才能提升我国高校竞技运动训练的科学化水平以及教练员与运动员的竞争力，为我国竞技体育的可持续发展提供有力保障。

3. 高校与竞技体育的结合是我国竞技体育人才培养的方向和趋势

在我国，高校与竞技体育的结合越来越紧密，已经成为我国竞技体育人才培养的明确方向和发展趋势。这种结合不仅在体育类专业学校中得到充分体现，普通高校也逐渐加入这种结合。许多高校设立了各类运动队，开展了具有校园特色的体育活动，如清华大学的跳水队、赛艇队。此外，各种大学生体育联赛如火如荼地进行，为我国的竞技体育储备了丰富的人才资源。高校运动员在近几届奥运会上的出色表现，也反映出高校竞技体育在我国竞技体育发展中的重要地位。因此，我国应继续加强高校与竞技体育的结合，以更好地推动竞技体育人才的培养。

三、高校竞技体育的国际化发展趋势

2003年5月，教育部和国家体育总局双方协商，参加世界大学生运动会的组团工作由国家体育总局全面移交给中国大学生体育协会。[①]此次全面转交，不仅意味着我国高校大学生运动员的技术水平要与世界水平接轨，还表明国家对高校竞技体育发展走向国际的重视程度已从政策层面进入战略实施层面。高校竞技体育国际化的主要载体是世界大学生运动会，其定位源自国家对赛事的重视程度以及对体育赛事自身产生的国际影响力的分析。高校高水平运动队是实现高校竞技体育国际化的行为主体，所以说，实现高校竞技体育国际化的前提是高校高水平运动队发展的国际化。

当今，世界文化呈现出多元化的发展趋势，跨民族、跨国界成为世界文化的特征。高校承担着教书育人、传承与发扬中国文化的责任，因此，需要对高校高水平运动队的发展方向、人才培养、训练竞赛、文化交流等方面的全方位国际接轨提出新的要求。

（一）高校高水平运动队国际化发展的内涵

1.体育国际化的内涵

体育国际化是教育国际化的重要组成部分，张莉、杨波认为，教育国际化应该是一种双向交流，不是全盘西化，而是国内教育优势和国际教育精华相结合，注重国际对话的空间与我国教育的国际影响力。[②]现阶段研究表明，体育国际化的含义包括以下三点。

（1）沟通观，即国与国之间在体育层次上进行相互交流、相互沟通，以此来寻找彼此在体育层面存在的差异，求同存异，以便更好地加

---

① 王静.世界大运会中国组队工作移交教育部 回归已经开始[EB/OL].（2005-05-18）[2023-07-17].http：//sports.sina.com.cn/s/2005-05-18/1032567513s.shtml.

② 张莉，杨波.普通高校高水平运动队国际化发展的创新实践[J].北京体育大学学报，2017，40（7）：23-27.

强体育的国际交往。

（2）协调观，即在可能的范围内，尽量减少国与国之间的体育差异，并通过一定的途径来寻求一致认可的内容。

（3）统一观，即体育国际化就是实行全球一体化、统一化。

2. 高校高水平运动队国际化的定位

世界各国均高度重视竞技体育的发展，目前很多国家已经将竞技体育发展战略与国家战略相结合，并将竞技体育作为彰显其经济、政治、军事、文化等综合国力的标志，在相互借鉴和学习的基础上，探索符合自身竞技体育的组织管理模式、资源配置方式、创新管理措施，从而保持自身竞技体育处于国际领先水平。高校高水平运动队作为国家竞技体育的重要后备力量，其国际化过程中的组织管理、人才培养、成绩取得、国际文化交流、社会交往等也应纳入国家发展战略管理规划当中。

体育的内涵不应该局限于竞技运动之中，而应是一种文化的体现和文化的交流，以及培养人才的平台，因而国家应将其作为现代社会文明的标志，实行科学的创新管理措施，以此来保持竞技体育能够处于国际领先水平。现阶段，体育的国际化主要体现在体育经济发展、文化交流、社会交往、人才培养等方面上，因而高校高水平运动队的国际化定位应该在保证大学生运动员接受高水平文化知识教育的前提下，依照他们的竞技水平，有选择地追求高级别比赛的竞技体育成绩。

3. 高校高水平运动队国际化的内涵

我国体育国际化发展的组成部分包括高校高水平运动队的国际化。高校高水平运动队国际化，是指遵循我国高等教育的育人目标，结合我国高校竞技体育发展的实际情况，在发展高校竞技体育的基础上，参考国外的先进经验，并以体育文化交流为平台、以国际赛事为媒介、以培育复合型人才为最终目标，来实现我国高校高水平运动队在管理、教育、比赛、人才培养和其他方面达到国际先进水平的一种发展理念与模式。

（二）高校高水平运动队国际化的创新实践

1. 高校高水平运动队国际化的创新实践原则

（1）高校特色品牌运动队建设坚持"以人民为中心"的原则。我国高校特色品牌运动队的建设不能笼统地说与国际接轨，因为在现阶段，国内并没有高校特色品牌运动队建设的标准与规则。所以，衡量高校特色品牌运动队的建设、发展水平，应该以我国高等教育事业、竞技体育事业的发展水平和程度为标准。科学规范的工作程序，包括选材招生—队伍建设—教育教学—训练比赛—科学研究等在实际操作中尤为重要，因此需要实施者以"以人民为中心"为高校特色品牌运动队的核心理念，根据每个程序寻找到符合该程序特点的指标与操作定位，构建动态的特色品牌运动队的建设标准。在管理学中，"以人民为中心"通常是指在生产经营管理的过程中，要以人为管理工作的出发点和中心，围绕着激发和调动人的积极性、主动性，创造性地开展工作。"以人民为中心"的管理理念主要强调对人性的理解，以实现人的全面发展为目标，突出理解人、尊重人、解放人、依靠人、关心人、爱护人、培养人、教育人。"以人民为中心"的本质是人与自然、人与社会、人与整体、人与人之间关系的和谐与发展，因此，高校特色品牌运动队要坚持"以人民为中心"的科学理念，就要树立起全面、协调、可持续的发展观。"以人民为中心"管理理念的基本原则主要体现在重视人的需求、以鼓励人为主旨、以培养人为前提、以人民为管理和工作的中心等方面。

（2）高校高水平运动队平台建设坚持现代化原则。高校高水平运动队现代化标准体系以人才的输送为基础，以"一条龙"的人才培养模式为载体，着重运用先进的科学技术手段，实现学生运动员训练目标、教育培养目标的精准化，创建一个集创新与成就于一体的建设与发展平台。

（3）高校高水平运动队人才梯队建设坚持高端化原则。高校应该重点思考如何在原有的人才培养、人才引进以及情感留人、事业留人等人才建设与管理的基础上，进一步整合现有资源，以现代化人才的国际化培养为追求，培养具有国际化韬略与胆识的决策者，为高水平运动队培养政务与专业兼顾的高端人才，以及运动成绩与综合素质兼顾的复合型竞技体育人才。在现阶段，为了实现高校高水平运动队的国际化建设与发展，高端人才应该包括行政管理人才、技术型人才、专业顶尖型人才和知识复合型人才，从而保障队伍建设水平与队伍发展的可持续性。行政管理人才主要负责队伍管理制度的制定，场馆、训练与日常学习之间的协调管理，以及为日常训练和比赛等提供高质量的后勤保障工作，这些都是一个队伍想要发展的前提与基础。技术型人才主要指教练员，拥有能够快速、准确地获取训练比赛相关信息，较高培训水平的教练员，是国际化竞技体育人才培养的根源性支撑。专业顶尖型人才指拥有专门技能和深厚专业知识的教练或专家，主要负责运动队的技能培训和战术布置。他们能引入先进的训练方法，来提升队伍的技术、战术水平，以适应国际化发展需求。知识复合型人才不仅是高水平运动队建设与发展的领路人，其自身独特的理念与素养更是直接决定着队伍的发展方向及可持续发展。"特色品牌建设""现代平台建设""梯队人才建设"这三个建设要素，是高校高水平运动队与现代相对应、与国际相对接、与世界对话的根本途径。

2. 高校高水平运动队国际化创新实践的方案

（1）建设具有自身特色的国际化品牌运动队。建设国际化品牌运动队是为了将每一个队员的价值展现出来。张凡涛、宋金美在《美国高校竞技体育国际化的价值取向研究》一文中指出，"美国高校竞技体育国际化进程的主体性地位突出，以有选择性地诉求竞技体育成绩的最大化作为基本价值取向；以教育为目的，以文化为引领作为核心价值取向"[1]。美国高校竞技体育的这一价值取向值得我国借鉴，可以作为我国建设国际化品牌运动队的发展方向。在向国际化方向发展的过程中，我国高校要充分发挥自身的优势项目，并对其进行科学合理的安排与设计，系统地规划发展战略，以形成自己的品牌特色，在国际中占有一席之地。

（2）以科教创新提高高水平运动队发展能力。要想进一步提高运动队的竞技水平，还需要深化科研工作。当前，高校在对学生运动员进行训练时，是按照体育教育系统的特点和要求进行的，但出现了竞训工作单一等问题，因此还需要进行一定的优化改革，这是高校竞技体育向国际化发展进程中要解决的问题，也是需要重点攻关的科技难题。除此之外，教育理念也要随着科技与时代的发展更新。高校在重视学生运动员取得优异的体育成绩的同时，也要重视他们的学生身份，重视他们的文化教育，并且要充分利用高校的科研优势，与专家学者展开合作研究。另外，高校可以通过举办或是参加相关的学术研究活动，发扬新时代"走出去"的科学战略精神，实现与体育系统的融会贯通，接触国内外竞技体育的最新科技成果，将学术研究活动发展为进行科技创新的重要场所。

（3）完善体教融合与"一条龙"培养模式，促进高水平运动队建设与国际接轨。高校竞技体育的发展需要依据国家的实际情况及现行政策来开展，以原有的成熟体育项目为基础，结合相关部门对高水平运动队的发展规划，制定各个职能部门的工作方向及原则，并且要优化教育目标和训练流程，解决实行体教融合发展模式过程中的问题，培养复合型的优秀体育人才。我国的体育系统与教育系统都有着自身的资源和功

---

[1] 张凡涛，宋金美．美国高校竞技体育国际化的价值取向研究[J]．武汉体育学院学报，2017，51（3）：77-81．

用，竞赛训练也有一定的现实需求，这些都是在处理运动员与教练员等相关问题时需要考虑的，同时也要遵循平等互惠的原则。

3. 不断创新实践成果

国际化是一个逐渐积累达到相应水平的过程，并不是刻意寻求的。依据创新原则，普通高校高水平运动队创造了优异的体育成绩，且管理观念更加科学、系统，人才培养与对外交流也取得了不错的成绩。

（1）运动成绩。2017年，《教育部关于进一步加强普通高校高水平运动队建设的实施意见》发布，指出普通高校建设高水平运动队的主要目的是引领学校体育课余训练和竞赛发展，为国家培养全面发展的高水平体育人才，完成世界大学生运动会及国际、国内重大体育比赛任务，充分展示我国大学生的精神面貌。普通高校高水平运动队建设为我国竞技体育的发展培养了大量的优秀运动员，也让我国参加世界大学生运动会的选手从专业运动员逐渐向学生运动员转变。

（2）科学管理。高校竞技体育的发展离不开科学的系统管理，掌握管理的重要内容更是重中之重。体育管理的重点就是要明确目的，把控全局，有层次地进行。例如，天津工业大学根据这一原则，逐渐形成"教研训相长、学能绩并进"的管理理念，并且采取了"四个一"的发展模式。一个地位：将高水平运动队的建设列为重点发展内容，以优异的成绩提高自身地位。一个关系：高校竞技体育是学校人才培养的重要组成部分。一个目标：完善"体教结合"发展模式，充分利用教育系统与体育系统的资源。一种模式：竞技体育人才"一条龙"培养模式。[1]

（3）人才培养。天津工业大学的竞技体育人才"一条龙"培养模式，是指从高中到大学再到研究生的培养体系，即将教练精心选拔出的预备人才安排到天津市第二中学、耀华中学等高中进行系统的文化课

---

[1] 张莉，武恩钧，杨波. 普通高校竞技体育人才培养模式的理论与实践研究[J]. 中国学校体育（高等教育），2017，4（5）：67-72.

学习及科学的专项训练，然后通过参加高考进入天津工业大学。进入大学后，就读于经济与管理学院的国际经济与贸易专业，并辅以运动心理学、体育管理学两门学位课程的学习。对于思想积极、成绩优异、有发展潜质的运动员，推荐免试攻读硕士研究生。该培养模式的实质是以专业知识和文化素养为基础，实现运动员通过训练获得优异运动成绩的同时，综合能力也得到培养和提高。天津工业大学自主培养输送到国家健美操队的运动员黄晋萱就是这一模式的典型例子。在第26届世界大学生运动会中，黄晋萱取得了4枚个人金牌的优秀成绩。在运动训练方面，教练根据她身体素质好、形象好、表现力强的优势，通过科学训练来完成竞技健美操高难度动作。在学业方面，按照因材施教的教学原则，结合运动员训练比赛会对学习产生影响等因素，课程设置只保留与专业相关的主干课程，且采用网络教学等灵活的授课方式，以保证其文化课的学习。

　　同时，对于已经在校的运动员，天津工业大学也采取体育局与学校相结合的培养方式。该学校的天津男子排球队就是在天津市体育局的帮助下成立的，天津工业大学为球队提供训练场地，体育局则派出更为专业的教练员对球员进行训练，真正实现了体育资源与教育资源的结合。在这样的培养模式下，这支排球队多次在各种大型比赛中取得不俗的成绩。

　　（4）以赛事为媒介的交流。天津工业大学以龙舟、健美操、篮球、毽球等赛事为媒介，与澳门理工大学、蒙纳士大学、墨尔本大学等签订友好合作协议，促进双方在体育、科研、科技信息、图书资料等方面的交流，以及围绕运动队、教练员、教师、管理者和访问学者等的互访活动，并联合研究有关运动科学、运动工程等领域的科研课题。国际大赛的经验表明，应变能力、学习能力和交流能力对保持和提高竞技水平和竞技能力非常重要，因而参加国际赛事可以使队伍在积累大赛经验的同时，保持和提高自身的竞争力，并通过赛事了解项目的发展趋势等。另外，与国外高校之间通过赛事进行交流的过程，可以拓展教练员、运动员的国际视野，有利于借鉴对方在科技、文化方面的优势以及增进友谊等。在普通高校高水平运动队国际化创新实践的进程中，国际化定位是目标制定的依据，是体育经济发展、文化交流、社会交往、人才培养等诸多方面的现实需要。普通高校高水平运动队可以通过确定建设原则、设计实施方案框架、创新实践活动、建立科学的培养模式为国家队输送运动员。学生运动员优异的学业成绩和运动成绩的取得、综合能力的提升和较好的就业前景，表明普通高校高水平运动队国际化的创新实践具备可行性，且国际化的定位有助于普通高校高水平运动队在人才培养、训练竞赛、文化交流等方面向更高层次有效发展。

四、"三大球"逐渐成为竞技体育发展的焦点

在《"十四五"体育发展规划》集体球类项目提升工程专栏中，"三大球"是重中之重。该规划指出要"全面推动'三大球'以及手球、曲棍球、棒球、垒球、橄榄球、水球、冰球等集体球类项目的普及与提高，加强对集体球类项目的布局和扶持"。此外，还专门在"三大球"振兴工程专栏描绘了足球、篮球和排球项目的发展规划。

《"十四五"体育发展规划》指出，要建立科学规范、有序有效的"三大球"治理体系，完善面向全社会以及不同年龄群体、不同等级水平的"三大球"技术标准，健全"三大球"制度规范，建立"三大球"监管机制，加强"三大球"行业自律、行风建设。其中，足球项目在"十四五"时期的具体目标是男子国家队力争达到亚洲一流水平，女子国家队力争达到亚洲领先水平。要大力培育业余足球俱乐部和校园足球社团，依托社区培育会员制足球俱乐部和其他青训机构，实现在全国各省市足协注册的各类足球俱乐部（含校园队伍）5万家以上。建立职业联赛管理机构，规范职业俱乐部运营和职业联赛发展。推动职业俱乐部股权多元化改革，完善俱乐部法人治理结构。建立体教融合注册体系，

实现注册球员150万人。加大足球专业人才培养力度，实现持D级及以上教练员证书人数达到12万人、持三级及以上裁判员证书人数达到15万人。

"十四五"时期，中国篮球在竞技成绩方面的目标是五人男子国家队力争获得巴黎2024年奥运会参赛资格，缩小与世界强队差距；五人女子国家队保持亚洲领先地位，获得巴黎2024年奥运会参赛资格；三人男子国家队、三人女子国家队获得巴黎2024年奥运会参赛资格并力争获得好成绩。全面实施《篮球青少年后备人才培养中长期规划》，完善职业俱乐部梯队建设，鼓励职业俱乐部与当地大中学校、体校和其他社会培训机构共建共享，强化全国篮球高水平后备人才基地建设。建立学校、体校、俱乐部一体化青少年篮球发展机制，推动小篮球联赛与四级校园赛事规模质量全面发展，小篮球赛事活动参与人数不低于1000万。加快数字平台建设，助力篮球人才选拔培养。①

"十四五"时期，中国排球的目标是女子国家队保持亚洲领先地位和世界先进水平，男子国家队力争获得巴黎2024年奥运会参赛资格，缩小与世界强队差距。在进一步拓宽后备人才培养渠道方面，中国排球将逐步形成排球传统特色学校、体校、社会俱乐部、省市青少年队伍等多渠道共同培养的模式。实施青少年排球拔尖人才建设工程，逐步建立体校、学校、社会三方相互补充、相互融通的复合型青训体系。全国排球高水平后备人才基地数量增加到80所，青少年排球运动员注册数量达到2万人。②

---

① 国家体育总局."十四五"体育发展规划[EB/OL].（2021-10-25）[2023-07-17]. https://www.sport.gov.cn/zfs/n4977/c23655706/part/23656158.pdf.
② 国家体育总局."十四五"体育发展规划[EB/OL].（2021-10-25）[2023-07-17]. https://www.sport.gov.cn/zfs/n4977/c23655706/part/23656158.pdf.

第三节 高校竞技体育赛事的创新发展

作为一项重要的体育活动,竞技体育被列入我国体育事业的范畴。依托体育赛事的竞技体育在高校体育事业中占据着重要地位,它不仅构成并服务于高校体育事业,而且可推动高校为国家竞技体育发展提供更多优质的竞技体育人才。随着国家对竞技体育发展重视程度的提升,高校竞技体育取得了一定的成就,体育赛事实现了创新发展,并逐步走向繁荣。高校体育赛事的创新发展不仅可实现高校体育赛事经济、社会、教育价值的最大化,而且可推动高校竞技体育事业的进步,因而围绕高校体育赛事的创新发展进行研究具有重大意义。

一、高校体育赛事运作的影响因素

(一)高校主体因素

高校体育赛事的发展离不开高校的支持,因而高校是影响高校体育赛事运作的直接因素。[①] 一般而言,高校的赛事管理制度、高校领导层与管理层的重视程度、高校的经费支持及高校对赛事的组织等各种因素都被囊括在高校主体因素中,共同影响着高校体育赛事的发展。从我国高校体育赛事运作的实际情况来看,经费支持及赛事组织成为制约高校体育赛事发展的重要因素。与国外相比,我国高校的体育赛事具有一定的行政性特点,赛事的组织与实施需要经过一系列审批,在一定程度上影响了赛事的顺利推进。另外,高校赛事的参与主体,如赛场的教练员等综合素质偏低,也影响了赛事发展。

[①] 于辉.竞技体育背景下高校体育赛事创新发展研究[J].广州体育学院学报,2020,40(6):33-35,68.

（二）社会主体因素

对于高校而言，举办一场盛大的体育赛事离不开社会力量的支持，这便有了影响赛事发展的社会主体因素。体育协会、社会参与者及广大媒体等是主要的社会主体因素。体育协会是否主动配合、社会参与者对体育赛事的态度和参与热情、媒体对赛事的宣传报道力度等均将影响高校体育赛事的运作。具体来讲，就目前来说，高校体育赛事对政府的依赖性较大，因为一些体育协会由于赛事运作能力差而多被忽视。社会参与者对赛事的运作具有直接影响，当社会参与者参与热情高，各赞助商与观众也较多时，赛事的运作便顺利，反之则不然。媒体传播也是重要的影响因素。但就目前来说，由于部分高校体育赛事缺乏创新，很难吸引媒体，导致了媒体主体的缺失。

（三）市场主体因素

市场主体因素对高校体育赛事运作来说是不可或缺的影响因素。市场主体因素的影响主要表现在体育赛事赞助、相关的附属产品开发等方面。高校体育赛事对政府财政拨款的依赖性较大，但体育赛事花费较大，为了更好地举办体育赛事，高校不能单纯依靠财政拨款，还要充分拉取赞助商的资金赞助。企业对高校体育赛事进行赞助是高校体育赛事发展与企业进行自我宣传的一种双赢。高校体育赛事的举办能推动相关体育附属产品的开发，而附属产品的开发不仅能帮助高校打造体育赛事品牌、推动体育赛事规范化发展，还能为高校体育赛事发展提供经费收入。但是，目前我国高校体育赛事的市场化水平低，获得的企业赛事赞助较少，相关体育附属产品的开发也举步维艰。因此，提高体育赛事的市场化水平成为当前高校体育赛事发展的重要目标。①

---

① 李洋.高校竞技体育人才培养研究：以博弈视角为例[J].山西青年,2021（3）：147-148.

二、高校竞技体育赛事创新发展的具体路径

（一）不断创新体育竞赛体制

举办体育赛事不仅是对我国高校体育运动人才培养成效及高校大学生体育训练成效的一种有力检验与客观评价，同时也是推动全校健身、全民健身发展的催化剂。当前，我国高校体育赛事制度上的缺陷制约了高校高水平运动队的发展，也影响了高校体育赛事的运作。鉴于此，有必要充分发挥中国大学生体育协会在体育赛事中的作用，利用该协会将高校高水平运动队发展与地方竞技体育发展相融合，构建完善健全的体育竞赛制度，从而推动高校体育赛事的进步。[①]

首先，发挥中国大学生体育协会的角色力量，构建完善的管理体制。针对该协会角色的缺失，高校有必要增强该协会在体育赛事中的重要性，可通过建立完善的体育管理体制来落实该协会对高校相关体育赛事的规范、科学、高效管控。建立健全基于中国大学生体育协会的管理机制，该协会可充分发挥其协调运作、沟通宣传、体育服务等职能，推动体育赛事的进一步规范、创新发展。

其次，规范高校体育赛事相关的制度规定。一方面，根据国家关于竞技体育发展的法律法规，完善高校体育赛事制度。在完善制度时，除了要契合法律法规之外，还要综合考虑竞技体育规则及体育教育教学规律，以确保所制定的体育赛事制度能够真正推动赛事的规范化发展。另一方面，建立针对高校体育赛事教练员、裁判员、运动员的注册制度。除了要建立针对以上三者的注册制度之外，还要对教练员、裁判员进行定期培训，明确其任职制度与培训制度，确保高校体育赛事相关参与主体在素质与能力上符合要求。此外，还要制定国际体育竞赛参与制度。

[①] 闫士展，汤卫东.中美高校竞技体育赛事运行机制的差异及其启示[J].吉林体育学院学报，2018，34（1）：54-57.

该制度的制定可为高校大学生提供参与国际体育竞赛的机会,从而促进高校体育竞技人才的培养。

最后,高校应借鉴国外高校体育赛事的举办经验,并根据自身的实际情况,制定出符合中国特色且契合自我发展的体育赛事制度。在高校体育赛事的创新改革中,高校不仅要借鉴国外高校体育赛事发展的有益经验,还要结合本国特色,立足自身体育赛事发展现状制定特色化的体育赛事体制。高校体育赛事举办的最终目的是为国家竞技体育事业提供优秀人才,继而推动我国体育事业的可持续发展。鉴于此,高校必须立足和围绕育人目标建立体育赛事体制。为了发展体育赛事,高校应充分发挥"以赛代练"的功能,在保证各专业学生有效学习专业课的前提下,合理借助节假日及周末时间举办体育赛事。

(二)完善高校体育竞赛体系

完善的体育竞赛体系是高校竞技体育向高水平发展的前提,也是竞技体育视域下高校体育赛事创新发展的新出路。

首先,应充分发挥地方体育产业与社会资源的优势。地方体育产业与社会资源为高校体育竞赛的运作提供了相应的支撑。在赛事运作过程中,应依托这些资源对体育竞赛进行宣传、推广,使更多的社会组织、社会参与者了解高校体育赛事的相关事宜,继而能够为体育赛事提供相应的资金支撑。[①]总之,高校体育赛事可利用地方体育产业及社会组织的力量来获取相应的资金赞助,夯实资金基础。

其次,增加高校体育运动会的举办次数,逐渐构建立体化赛事体系。体育运动会与体育赛事有着密切的关联,增加运动会举办次数可为体育赛事的顺利运作奠定基础。据相关调查可知,世界性的大学生体育

---

① 武陈.新形势下我国高校竞技体育现状及发展策略[J].文体用品与科技,2017(20):39-40.

赛事大概每两年举办一次，国内亦是如此。[①] 因此，高校应适当增加运动会的数量，通常来说，运动会可在大型体育赛事之前举办，这样更有利于激发大学生参与体育赛事的动力。另外，高校也应构建多层次、立体化、全面性的体育赛事新体系。高校体育赛事不单单是高校自己的体育大事，还是促进文化交流和全民健身的重要手段。高校应将目光放长远，多参与一些国际性、全国性等多样化的体育赛事，促进自身体育赛事的创新发展。例如，相关部门可鼓励高校与高校之间进行体育竞赛，也可鼓励高校参与国际体育锦标赛、对抗赛等。

最后，实现内外部体育赛事体系的衔接。高校体育赛事的发展不是孤立的，而是需要与外部体育赛事建立紧密联系。一方面，建立人才选拔机制。高校可在高级别的高校联盟体育赛事及全国大学生体育赛事中选拔各方面能力均十分优秀的学生参与国际性的体育赛事，顺利实现与国际体育发展的衔接。另一方面，主动举办和参与不同级别的体育赛事。例如，高校可举办体育特长赛、单项体育赛事等。对于一些比较特殊的体育项目，高校还可根据学生年龄特点进行分级比赛，这样有利于实现高校体育赛事与中小学体育联赛的衔接。又如，高校还可组织学生参与国家级、省级综合性的运动会，鼓励学生走出校门，真正践行竞技体育精神。

（三）打造特色化体育竞赛品牌

目前，高校体育赛事处于媒体覆盖率低的被动发展局面，而要想充分发挥各大媒体的传播效应，就必须打造特色化体育竞赛品牌，以吸引媒体主动为赛事发展做宣传、谋资金。当然，除了充分发挥传统媒体的作用外，还应发挥社交媒体的自发性传播作用，吸引高校大学生参与到体育赛事的宣传中。这样，高校一则可以培养校园里的观赛人群，二则

[①] 李涛，向勇.新时代背景下高校体育竞赛的价值与发展路径研究[J].当代体育科技，2021，11（6）：7-11.

可以发展独特的校园体育文化。[1]

首先，高校特色化体育竞赛品牌的打造应以高校大学生的体育需求为本。从我国高校体育赛事发展的实况来看，作为占据学校更多人数的、普通体育爱好者的学生，参与赛事的机会很少，因而出现高校举办的体育赛事与学生的体育需求相背离的情况。在新发展阶段，高校体育赛事的组织者与管理者应提前做好调查，选择符合学生需求的体育项目与赛事品牌，这样才能创造个性化的体育赛事品牌效应。当然，不同年龄、不同阶段的大学生群体对体育赛事的需求是不相同的，高校在进行相关需求调查时，一定要区别对待。调查不仅要具有针对性，也要具有全面性，这样才能更真实地了解大学生群体及其他人员对体育赛事的真实需求。[2]

其次，高校特色化体育赛事品牌的打造需要借助新技术。在未来，科技将成为助推体育事业发展的重要力量，智能体育也将成为竞技体育发展的重要方向。在体育赛事运作过程中，高校应转变以往的体育赛事管理理念、方法与模式，引进智能化技术，实现体育赛事的全程规范化、科学化运作。例如，可以在赛事开展过程中运用LED大屏幕，将赛事的各场景、各环节进行高清展示，以提高竞赛的可看性。[3]又如，可以启用一卡通系统，为观赛人提供售票、购物、停车等一站式精准服务，提高体育赛事发展的智能化水平。同时，在激烈的体育比赛过程中，高校还可以利用计算机系统实现对体育赛事现场的智能化管理与控制，以确保赛事资源的合理优化配置。体育赛事的智能化发展有利于提高赛事的公平性、公正性，减少赛事过程中有可能出现的诸多意外情

---

[1] 甘阳.信息技术在体育教学中的应用探究：评《体育赛事信息技术教程》[J].中国科技论文，2021，16（2）：245.

[2] 唐长青.基于科技创新与高校体育结合发展路径研究[J].经济师，2020（11）：163-164.

[3] 翟京云，周庆杰."一带一路"背景下高校开展体育交流的现状、困境与策略[J].北京体育大学学报，2020，43（8）：76-86.

况，确保体育赛事的规范化运行。

总之，竞技体育事业的发展水平是衡量一个国家综合国力强弱的重要参考。高校作为为国家输送高素质竞技体育人才的重要阵地，理应通过从全方位实现体育赛事创新发展来履职尽责。针对目前体育赛事发展中存在的制度不健全、资源不丰富等问题，高校应在充分研究自身体育赛事运作各项影响因素的基础上，通过创新体育竞赛体制、完善体育竞赛体系及打造体育竞赛品牌来完善和创新体育赛事制度。只有如此，高校才能进一步激发自身体育赛事发展的活力，优化竞技体育人才培养的内外部环境，继而为我国体育事业整体发展水平的提高奠定坚实的基础。

第四节　新发展阶段下我国竞技体育的发展

在开启全面建设社会主义现代化国家新征程、向第二个百年奋斗目标奋进的新发展阶段，我国竞技体育面临新的发展机遇和严峻形势。新发展阶段，要创新竞技体育发展思路，转变发展方式，坚持以问题为导向、以规划为引领、以改革为动力、以质量为核心、以创新求发展，努力打造竞技体育多元协同治理新体系，形成竞技体育与经济社会融合发展新局面，塑造竞技体育项目均衡协调发展新格局，构建竞技体育多元人才培养新模式，建立竞技体育科学化、智能化发展新平台，推动竞技体育主动融入国内国际双循环相互促进的新发展格局，在加快推进高质量发展的进程中，为社会主义现代化强国建设作出新的贡献。

一、竞技体育发展的基本出发点

胸怀两个大局是谋划工作的基本出发点，这两个大局一个是中华民族伟大复兴战略全局，另一个是世界百年未有之大变局。从体育事业的发展来说，这两个大局也是谋划体育工作的基本出发点。

从国内大局而言，竞技体育发展要立足中华民族伟大复兴的战略全局。中国梦和体育强国梦息息相关。《体育强国建设纲要》明确指出，要努力将体育建设成为中华民族伟大复兴的标志性事业。这说明体育事业与中华民族伟大复兴的战略全局紧密联系。实现中华民族伟大复兴是中华民族近代以来最伟大的梦想，实现"两个一百年"奋斗目标的核心是复兴，这就要求将体育与国家、民族的命运密切关联，为中华民族的复兴之路积极发力。新时期，全面建设社会主义现代化强国和实现中华民族伟大复兴将为体育事业发展提供新的动力，这就需要体育主动适应中华民族伟大复兴的战略要求，为实现"两个一百年"奋斗目标作出积极贡献。[1]在推进强国梦的伟大征程中，竞技体育作为体育事业的核心内容，将会站在一个新的历史起点，迎来新的发展机遇。

从国际大局而言，竞技体育发展要立足世界百年未有之大变局。国际环境日趋复杂，国际力量对比深刻调整，世界各国在政治、外交、经贸、军事、科技等领域的竞争越加激烈，世界进入动荡变革期，国际政治、经济、文化既有格局和运作方式均会发生改变[2]，人类需要共同面对的全球性问题将会更多、更复杂，经济的全球化遭遇重创，引发全球体育的随动性变化，全球体育产业增长乏力可能成为新常态，体育事业发展的不稳定性、不确定性明显增强。同时，和平与发展仍然是时代主题，新一轮科技革命和产业变革正在深入发展，这些都对世界竞技体育的发展走向造成重大影响。在这种复杂的国际社会环境的影响下，我国竞技体育发展的内部条件和外部环境正在发生深刻复杂变化，不断变化的外部环境给竞技体育发展带来诸多不确定性。

---

[1] 彭国强，陈庆杰，高庆勇.从单一到多元：新时代体育在国家发展中的价值定位研究[J].武汉体育学院学报，2019，53（4）：11-18.

[2] 鲍明晓."十四五"时期我国体育发展内外部环境分析与应对[J].体育科学，2020，40（6）：3-8，15.

二、竞技体育发展的重要落脚点

新发展阶段，竞技体育在发展环境上面临两个前所未有：一是党和国家对竞技体育工作的重视前所未有；二是竞技体育面临的挑战和压力前所未有。当前和今后一个时期，我国竞技体育发展仍然处于两个前所未有的重要交叠期，机遇和挑战共存。

（一）党和国家对竞技体育工作的重视前所未有

党的十八大以来，国家对体育事业高度重视，对竞技体育工作也非常关心和重视。伴随着健康中国、体育强国和全民健身战略的深入实施，党和国家对体育的重视和支持将更加有力，同时为竞技体育发展提供了重要机遇。在体育事业的发展过程中，特别是在备战奥运会的关键时期，党和国家先后出台了很多竞技体育方面的政策文件，如关于运动员文化学习、退役保障、奖励激励等方面的多项政策。

（二）竞技体育面临的挑战和压力前所未有

新发展阶段，竞技体育将进入一个改革任务更重、发展难度更大的改革攻坚期，新情况、新问题、新矛盾会不断出现。

1. 面临与新时代经济社会发展不适应、不协调的新挑战

与新时代经济社会发展不适应、不协调的新挑战体现在竞技体育的体制机制与经济社会转型发展和升级还不相适应，竞技体育的多元功能价值与促进社会全面进步、人的全面发展的需要还不相适应，竞技体育发展的内生动力与主动融入社会发展的要求还不相适应，竞技体育的职业化程度与市场经济下的高度职业化趋势还不相适应等方面；还体现在奥运会等大赛备战节奏的变化给整个训练参赛带来的新挑战上。东京奥运会的延期举办导致国内外多项赛事重叠、赛期拥挤，多个项目面临同

时备战多个赛事，各项目的备战节奏和训练安排被打乱。此外，东京奥运会的推迟举办，导致备战巴黎奥运会的时间从四年缩短成三年。备战节奏的变化需要运动员的训练参赛相应做出科学的调整。因此，运动员竞技状态的培养成为一个全新的课题。

2.面临竞技体育诸多问题和矛盾交织的新挑战

新发展阶段，我国的竞技体育不仅面临着项目结构调整的压力，也面临着后备人才严重不足的问题，还面临着科研助力竞技体育发展后劲不足的问题，这些问题交织在一起，给竞技体育的整体发展带来新的挑战。

整体而言，新发展阶段，党和国家对竞技体育的重视前所未有，竞技体育面临的挑战也是前所未有，这对新阶段竞技体育的发展思路造成重要影响。

（三）竞技体育发展的关键着力点

新发展阶段，我国竞技体育面临更加复杂的国内外形势：一方面，国际形势变动给整个竞技体育发展格局带来新的冲击，竞技体育面临国际政治、经济、社会和生态环境多重形势的新挑战。另一方面，国内在政治、经济、文化、社会、生态等领域的一系列改革和建设举措，也对竞技体育的发展提出了更高的要求。

1.竞技体育发展面临新的国际形势

竞技体育的发展在新的国际形势下呈现出复杂多样的特点。全球化推动了体育的国际化进程，使得各国的竞技体育队伍能够更容易地进行交流与合作，共享训练资源和科学研究成果。与此同时，新兴技术的不断创新也为运动员的训练和竞赛提供了更有力的支持和辅助。然而，这些因素并不只带来积极影响。国际形势的复杂多变也为竞技体育的发展带来了不少挑战。例如，全球经济的波动可能会影响企业对体育赛事的赞助和投资；国际政治的变化可能会对某些国际赛事产生直接或间接的影响；不同国家的法律法规和文化差异也可能会给国际交流和合作带来一定的阻碍。

2. 竞技体育发展面临新的国内形势

一是经济社会发展对竞技体育的创新发展提出了新要求。新发展阶段，我国经济将由高速增长阶段转向高质量发展阶段，国家正处于转变发展方式、优化经济结构、转换增长动力的攻关期，深化供给、需求侧结构性改革将对竞技体育与经济社会协调发展提出新的要求，步入新常态发展的中国经济给依托传统管理体制的竞技体育发展模式带来挑战。二是多项国家战略的相继实施对提升竞技体育综合效能提出了新要求。国家出台了全民健身战略、健康中国战略、体育强国战略、乡村振兴战略、区域协调发展战略等，这些战略的实施需要国家各项事业统筹跟进，这也对竞技体育创新发展提出了新要求，需要竞技体育紧密对接现代化强国建设需要，不断转变发展方式，更好地融入国家各项战略，将实现高质量发展作为一项重要任务。三是社会主要矛盾的转变对竞技体育全面均衡发展提出了新要求。我国社会的主要矛盾已经转化为人民日益增长的美好生活需要和不平衡不充分的发展之间的矛盾，而社会主要矛盾的化解需要国家各项事业的共同努力。同时，短期内我国竞技体育发展的规模、结构、效益不均衡问题仍比较明显，需要在新发展阶段的发展过程中切实加以解决。

三、新发展阶段我国竞技体育发展的新思路

新发展阶段，竞技体育发展的环境、形势和背景都发生了重大转变，这就要求政府及相关部门审时度势，增强机遇意识和风险意识，围绕新的发展形势，立足新的发展环境，科学谋划竞技体育发展思路，为

新阶段竞技体育发展提供方向性引导。要围绕社会主义现代化建设的战略布局，对接决胜全面建成社会主义现代化强国的定位，把握体育强国梦与中国梦的密切关系，顺应社会发展新趋势，更好地服务新阶段国家战略大局，主动融入以国内大循环为主体、国内国际双循环相互促进的新发展格局，加快转变竞技体育发展方式，实现竞技体育更高质量、更有效率、更加公平、更可持续的发展。

（一）以问题为导向

新发展阶段，要深化改革创新，不断开创体育事业发展新局面，结合我国竞技体育发展的现实情况，聚焦重点领域和关键环节，突破制约竞技体育发展的瓶颈。我国竞技体育的发展困境主要表现在五方面：一是项目发展不均衡，基础大项的发展不尽如人意，"三大球"的整体发展滞后，部分传统优势项目竞争力下降。二是后备人才培养模式单一，我国体育后备人才培养方式囿于体育系统，主要依靠行政手段进行竞技体育教育资源分配，市场依存度不高、社会力量介入不足，多元主体广泛参与的后备人才培养方式还未形成。三是竞技体育职业化改革不足，竞技体育项目的职业化发展对国家队集中管理模式提出新的挑战，国际上一些竞技体育项目正向职业化转型，而我国竞技体育项目职业化改革还比较滞后，甚至个别项目的水平在改革过程中出现了大幅下滑的状况。四是科技贡献率不高，竞技体育与科技资源的整合力不足，高水平科研创新成果缺乏、科研人才短缺等，导致科技引领竞技体育发展的整体动力不足，这也是目前竞技体育补短板的重大任务。五是竞技体育国际话语权不高，导致我国无法有效参与国际赛事规划的制定。这些都是新发展阶段需要解决的重点问题，聚焦这些重点问题科学地制定规划，才能通过改革和创新不断开创竞技体育发展的新局面。

（二）以规划为引领

新发展阶段，相关部门一定要按照党中央、国务院提出的新要求，科学制定发展规划和各类竞技体育发展子规划，要更加深入地结合新阶段我国竞技体育发展的新形势，聚焦竞技体育发展面临的重大问题，围绕竞技体育发展的重点领域和关键环节进行深度调研，切实处理好新时期竞技体育发展目标和体育事业整体战略任务的关系，做好与其他各类体育专项发展规划、地方体育发展规划的衔接。在具体实践中，要通过以规划为引领，将更好地实现竞技体育自身快速发展、带动人的全面发展和社会的全面进步作为重要方向，不断提升竞技体育的综合实力。竞技体育的发展要立足新发展阶段、贯彻新发展理念、构建新发展格局、满足高质量发展的新要求，以规划为引领促进高质量发展。

（三）以质量为核心

新发展阶段，我国经济已由高速增长阶段转向高质量发展阶段，在"两个一百年"奋斗目标的历史交汇点上，国家各项事业必须创新发展理念，坚持高质量发展，以质量升级不断解决体育事业发展中存在的各项矛盾，更好地助力满足人民日益增长的美好生活需要。竞技体育高质量发展要追求整体效益，强调高质、高效发展，通过转变竞技体育发展方式，实现创新驱动、均衡协调和可持续发展。[①] 推动竞技体育高质量发展是一项系统工程，要求厘清竞技体育发展过程中的主要矛盾和次要矛盾，正确把握整体推进和重点突破的关系，科学统筹总体谋划和久久为功的关系，不断推动竞技体育创新力和核心竞争力高质量发展是促进竞技体育改革创新的时代要求和核心目标，在我国竞技体育从优先发展到转型发展的进程中，必须按照"坚持质量第一、效益优先"的要求，

---

① 杨国庆.论新时代中国竞技体育新发展[J].体育文化导刊，2019（3）：11-16.

切实转变竞技体育发展方式,推动质量变革、效率变革、动力变革,这样才能解决好竞技体育发展不平衡不充分的问题,走出竞技体育项目发展规模、结构、效益不均衡,区域间发展不平衡的困境,努力推动竞技体育全面协调发展,最终实现更好、更快、更高、更强的发展目标。

(四) 以改革为动力

改革是党在新的历史条件下领导人民进行的伟大革命,也是中国特色社会主义具有蓬勃生命力的关键所在。面对我国进入新发展阶段面临的新机遇、新挑战,要增强改革的系统性、整体性、协同性,继续用改革提高发展质量和效益。体育事业作为国家改革创新的重要组成部分,新的时期必须拿出更大的勇气,运用更多的举措深化竞技体育体制机制改革,用改革创新为构建竞技体育新发展格局提供强大动力。要加快推进竞技体育运动项目协会实体化改革步伐,更新发展理念,借鉴国外有益经验,以提高发展质量和效益为中心、以支撑供给侧结构性改革为主线,为我国竞技体育事业发展注入新的活力和动力。另外,新发展阶段,在加快形成以国内大循环为主体、国内国际双循环相互促进的新发展格局进程中,竞技体育发展不仅面临着新的改革任务,也面临着训练体制和竞赛体制改革的新使命,还面临着体育后备人才培养方式改革的新工作。这就要求相关部门深化竞技体育重点领域和关键环节改革,全面推动竞技体育体制机制改革,以创新驱动为关键,以优化结构布局为重点,用改革为构建竞技体育新发展格局提供强大动力。

(五) 以创新求发展

新时期,要把创新摆在国家发展全局的核心位置,把发展基点放在创新上,把新发展理念贯穿发展全过程和各领域,构建新发展格局。在国家统筹推进各项事业创新发展的大潮中,竞技体育处于一个非常重要的创新发展期,因此要创新竞技体育人才培养、选拔、激励保障机制和国家队管理体制，推动"三大球"以及优秀体育后备人才培养体系创新。创新是新发展阶段竞技体育发展的不竭动力，如果不能在创新发展上有新的突破，新发展阶段的竞技体育将面临发展空间不足、活性不高的困境。在体育后备人才培养方面，国家体育总局和教育部联合出台了《体育总局 教育部关于印发深化体教融合 促进青少年健康发展意见的通知》。体教融合本身就是对人才培养选拔的一个重要创新导向，强调把基础教育和中级教育放到国民教育体系中发展，这对于运动员的全面发展具有非常重要的意义，也是新发展阶段实现创新发展的重要方面。另外，要将创新理念贯穿于竞技体育的各个领域，切实转变发展方式，坚持举国体制与市场机制相结合，更新竞技体育工作理念，将创新体制机制作为竞技体育发展的内在动力，通过创新求变实现竞技体育更高质量、更有效率、更加公平、更可持续的发展。

新发展阶段，相关部门要坚持改革和创新，坚持以问题为导向，以更为开放的观念创新竞技体育发展方式，丰富竞技体育管理主体，完善竞技体育治理体系。要坚持以质量为核心，全面深化竞技体育体制机制改革，推动竞技体育治理体系和治理能力现代化建设，为举国体制注入新的活力，打造更加充满活力、更加创新的竞技体育发展新格局。

四、我国竞技体育发展的新路径

新发展阶段，我国竞技体育要创新发展路径，一方面，要积极借鉴世界发达国家竞技体育发展的经验，结合我国竞技体育面临的实际问题，将国际经验融入我国竞技体育发展实践；另一方面，要立足新发展阶段我国经济社会发展的新环境，围绕竞技体育发展的重点领域和关键环节，完善治理体制、激发内生动力、深化体教融合、强化科技引领、提升综合效益，不断推动竞技体育实现高质量发展。

（一）完善治理体制，打造竞技体育多元协同治理新体系

英国、美国等发达国家在体育改革发展中，都经历过由政府治理转向主要依靠社会主导型治理的发展历程，在长期实践中形成了较为健全的治理体系，因而提升了竞技体育治理能力。这种治理模式主要依托社会实施分权治理，充分发挥政府、市场、社会多元主体协同治理，体现出了条块结合的扁平化治理、网式多中心治理结构的优势。[①] 推动竞技体育治理体系和治理能力现代化是新发展阶段我国竞技体育发展的关键问题，也是创新竞技体育发展方式的重要举措。从我国国情而言，提升竞技体育治理能力的出路主要是加快转变政府职能，重塑多元主体间关系，建立"强政府、大社会"的多元协同治理体系。首先，构建与经济社会相适应的竞技体育政府主导型治理体制。推动竞技体育从传统的中心－边缘结构向现代网式多中心治理结构转变，打造管办分离、内外联动、各司其职的协同治理体系。其次，形成多元参与的竞技体育新型治理模式。以更为开放的观念创新竞技体育发展方式，合理运用计划和市场两种手段，处理好政府、社会、市场、项目协会等多元主体间关系，推动举国体制优势与市场机制优势的系统耦合和功能性互补，逐渐使市场在竞技体育资源配置中发挥主体作用。再次，塑造政府、市场与非营利组织合作的竞技体育网络化联动治理机制。大力引导社会市场参与，推动多元主体共商与合作，联合出台激励社会主体和一些非营利性社会组织进入运动项目协会的引导性政策，依靠社会力量，共同搭建多元参与的网络化治理平台，促使各类主体在推动竞技体育发展过程中能够共享资源和信息，从而有效提升治理效益，最终实现治理目标最大化。

---

① 彭国强，舒盛芳，经训成.回顾与思考：美国竞技体育成长因素及其特征[J].沈阳体育学院学报，2017，36（5）：28-36.

（二）激发内生动力，形成竞技体育与经济社会融合发展新局面

世界发达国家注重发挥竞技体育对经济社会和个体发展的推动作用，在通过竞技体育助力大众体育、青少年体育、体育产业发展，促进国家健康和经济发展等方面积累了重要经验。新发展阶段，要激发竞技体育发展的内生动力，引导竞技体育在实现自身发展过程中，全面实现与经济社会融合发展。一方面，推动竞技体育与体育事业内部各个领域的融合发展；另一方面，推动竞技体育与满足人民美好生活需要的各个行业融合发展。

新发展阶段，竞技体育要拓宽发展思路，积极融入国家"四个全面"战略布局和"五位一体"总体布局，融入国家各项发展战略大局，更加有效地为经济发展增效，为健康中国奠基，为和美中国助力，为中华民族伟大复兴提供精神动力，更好地服务现代化强国建设。第一，竞技体育要成为打造民众健康生活方式的重要途径。推动竞技体育与群众体育和体育产业融合发展，助力塑造有利于民众健康的生活方式，以提高人民的健康水平、促进人的全面发展为重要方向，努力将竞技体育打造成为人民健康投资和休闲娱乐的重要方式，促使竞技体育在经济发展、文化建设、环境保护、产业升级等多个方面发挥综合价值。第二，竞技体育要成为青少年社会化和健康素养提升的实践方式。利用竞技体育的多元功能推动青少年健康素养提升，不断普及竞技运动项目，在改善青少年体质、促进青少年人格养成和社会化等方面作出新贡献，最大限度地释放竞技体育发展的外部正效应。第三，竞技体育要成为国家经济社会转型升级的载体。推动竞技运动项目产业与相关产业融合，更好地发挥竞技体育对全民健身、体育产业、青少年体育的促进效应，提升体育赛事表演、体育电视转播、职业体育等第三产业占 GDP 的比重，将项目产业打造成为现代服务业中的支撑产业。推动竞技体育与经济社

会融合发展,是转变竞技体育发展方式的重要手段,也是充分发挥竞技体育多元价值和综合功能的重大行动,还是新发展阶段竞技体育改革创新的重要任务。

(三)提升综合效益,塑造竞技体育项目均衡协调发展新格局

美国、英国等世界体育强国注重竞技体育规模、结构、效益的均衡发展,强调各类运动项目的整体竞争力,特别是在世界范围内开展更广泛、影响力更大的基础项目、集体项目、"三大球"、水上项目具有明显优势,项目夺金(奖)点、面均较大。我国竞技体育项目发展不均衡,其中夏季项目与冬季项目、男子项目与女子项目、职业体育与专业体育、"三大球"与基础大项等发展不协调现象比较严重。新发展阶段,竞技体育要立足解决发展不平衡不充分的实际问题,积极应对自身存在的内部矛盾,要更注重整体发展质量和综合效益,努力建立各项目分布合理、均衡协调的发展新格局。

第一,转变以优势项目为中心的奥运战略布局。综合评估不同竞技体育项目发展潜力和价值,优化竞技体育项目结构,巩固和扩大优势项目规模,大力实施集体球类项目振兴战略和体能项目全面提高战略,尤其要在奥运会等国际大赛中影响力较大的项目上实现突破,推动潜优势项目和弱势项目不断向优势项目转化。第二,建立良性竞争、优势互补的竞技项目发展格局。在保持传统优势项目领先地位的基础上,做大做强基础项目,统筹奥运与非奥运项目、优势与潜优势项目、个体及集体类项目协调发展,恶补冰雪项目短板,加快推动各类项目职业化发展,促进不同项目间的良性竞争和优势互补。第三,大力扶持"三大球"振兴。深化对"三大球"发展规律的认识,开启新一轮"三大球"振兴计划,全面推动"三大球"的普及和提高,构建政府主导、部门协同、社会力量积极参与的"三大球"训练、竞赛和后备人才培养体系。第四,利用政策杠杆推动区域间竞技体育协调发展,制定专门的优势项目示范

区建设工程，运用政策激励调动地区间投入运动项目发展的积极性，从而引导国内区域间竞技体育协调发展，不断提高竞技体育资源配置的整体效益。

（四）深化体教融合，构架竞技体育多元人才培养新模式

竞技体育强国均注重青少年体育后备人才的可持续发展，始终将体育作为一种教育方式，不仅注重青少年运动水平的提高，而且关注青少年球员的文化教育，不允许把运动员作为获胜的工具，强调首先是学生，其次才是运动员，在优秀体育后备人才培养过程中，注重利用学校教育促进运动员全面成长。

推动竞技体育人才培养模式的创新发展是新发展阶段对竞技体育发展提出的新要求，也是深化体教融合培养优秀体育后备人才的重要方式。

新发展阶段，要推动竞技体育人才培养模式的创新发展，就要深入贯彻落实《体育总局 教育部关于印发深化体教融合 促进青少年健康发展意见的通知》，有效发挥教育系统、体育系统和社会组织的作用，积极打造多元主体协同参与的优秀体育后备人才培养新机制。第一，优化体教融合三级训练网络体系。大力发展基层青少年体育训练组织，鼓励各地区兴办多种形式的青少年体育训练机构，打造体育系统、教育系统和社会力量多元投入的新型竞技体育人才培养体系。加快推进各级各类体校改革，打造"青少年体育拔尖人才建设"工程，完善学校、社区、家庭相结合的青少年体育网络和联动机制，形成贯通小学—初中—高中—大学—职业体育的人才传递体系，构建多元化体育后备人才发展格局。第二，完善青少年体育赛事体系。丰富青少年体育赛事活动，推动教育、体育部门整合学校比赛、U系列比赛等各级各类青少年体育赛事，支持学校与各级各类体校联办运动队、创建青少年体育俱乐部，建立分学段（小学、初中、高中、大学）、跨区域（县、市、省、国家）的四级体育赛事体系，以赛事体系的建立来推动青少年后备人才培养。第三，加强体育传统特色学校和高校高水平运动队建设。推动教育、体育部门共同完善体育传统特色学校的竞赛、师资培训等工作，提高体育传统特色学校运动水平。以体育传统特色学校为主要对象，实施体育项目技能培训，并组织力量提供专业运动训练和科学指导，从而推进运动员文化教育常态化，促进青少年文化学习、训练的系统性和连续性。

（五）强化科技引领，建立竞技体育科学化智能化发展新平台

科技是第一生产力，是实现竞技体育高质量发展的重要方式。世界竞技体育强国普遍重视科技引领竞技体育发展，在人工智能、大数据分析和可穿戴设备等高科技的强劲引领下，训练科学与训练实践的深度融合成为各国推动竞技体育创新发展的重要特征。

新发展阶段，要全面强化科技创新对竞技体育高质量发展的支撑和保障作用，要坚持世界眼光、参考国际标准、融合中国特色、重视高点定位，坚持全球备战思路，聚焦国际标准，整合世界资源，学习先进训练理念和方法，建立全球化、智能化备战平台，有效提高竞技体育的科技引领水平。第一，制定适应我国国情的竞技体育科技支撑行动计划。重点打造智能化体育场馆改造升级工程，训练、科研、保障一体化训练基地建设工程，科学训练复合型团队建设工程，高端体育智库创建工程，大数据、新技术开发与应用工程，科技创新合作平台搭建工程，科技助力"引智"工程，体能强化"筑基"工程等，这些工程任务的落实将会给整个竞技体育的创新发展带来革命性变化。第二，完善科技助力工作的体制机制。加强对科技助力工作的组织领导和统筹协调，健全科技助力工作的运行机制，形成国家体育总局统一领导、全社会共同参与的工作新格局。要积极推动政府领导下的全社会共同参与，重视社会、市场、各类高校、企业等各界对科技资源的整合与利用，不断拓宽科技助力主体，形成开放性的竞技体育科技助力工作新模式。第三，打造多

元融合的复合型训练备战新体系。加大对训练基地科研、医疗、文化教育等的支持，发挥科技在提高运动训练水平中的主体作用，构建跨学科、跨地域、跨行业、跨部门的体育科技协同创新平台，推动竞技体育从人力密集型向科技创新型转变，从注重数量规模型向强调质量效能型转变。

第五章

高校高水平运动队建设管理及发展策略

第一节　高校竞技体育的品牌建设

一、高校竞技体育品牌简述

（一）高校竞技体育品牌的含义

高校竞技体育品牌以品牌赛事和知名代表队为标识，以个性显著且被广大同人、学生、家长乃至社会广泛认同的体育精神为特色，是高校在长期的办学过程中不断发展，在公众心目中树立起知名度和美誉度，进而建立的由有形资产和无形资产良性循环形成的第三态资产。高校竞技体育品牌有一定的吸引力，承载着人们对高校的认可，对高校形象、高校声誉及高校核心竞争力的提高都有积极的促进作用，是高校自身的体育内涵与公众之间相互磨合衍生的产物，体现了高校的价值、文化和个性，是高校在体育建设方面长期努力经营的结果，旨在打造校园文化，有效推动大学品牌化的建设进程。

（二）高校竞技体育品牌创建的必要性

1.是高校科学发展的必然要求

我国高等教育必须进行改革，才能在新的形势下健康、有序、快速发展。因此，创建并经营好高等教育品牌，已经成为我国高等教育改革和发展中一个非常重要的战略选择。

（1）良好的品牌形象可以为高校创造良好的生存环境。通常一个组织为支撑其生存和发展需要最低限度的支持力,一旦失去了这一支持力,组织将无法持续运作下去。因此,在坚持最低限度支持力原则的前提下,公众的支持力越高,越有利于组织的生存与发展。优秀的教育品牌和高校竞技体育品牌可以为学校吸引并留住能给学校发展提供巨大潜力的人才。优秀的教育品牌对教育发展具有较大的促进作用,能够为学生求知、求识与学会生存创造良好的环境氛围,为教职员工施展才华和才智创造天时、地利、人和的情境,实现师生员工多方面发展,特别是自我价值需求的满足。良好的高校竞技体育品牌是高校发展的助力,可以体现高校强劲的实力,与优秀的教育品牌相结合,会大大提高学校的知名度和美誉度。相反,高校如果没有一个能拿得出手的品牌,无论是教育品牌还是体育品牌,那么人才流失情况往往会比较严重。人才是根本,离开人才,教育品牌便不可能持续生存与发展下去,没有优秀的教育品牌做支撑,体育品牌往往也很难继续存活下去,这在一定程度上适用于一切学校。由此,优秀的教育品牌是学校生存和发展的不竭动力,良好的体育品牌会进一步提升教育品牌,同时也为学校的发展提供无限契机。

（2）良好的体育品牌有利于增强高校的管理能力。首先,良好的体育品牌具有激励导向与目标导向功能,也是高校竞技体育品牌建设者追求的目标。它通过融合个体和部门目标与体育品牌目标,决定高校今后体育发展的方向。其次,良好的体育品牌具有群体凝聚功能。这一功能主要体现在它能强化体育品牌意识,使高校师生自愿自觉地将体育品牌与自身相融合,形成强烈的责任感、使命感和主人翁精神,在此过程中还会建立起互助理解、信任、和谐的群体关系,自觉达成共同的价值信念和取向,形成与增强群体意识,从而对高校管理发挥巨大的整体效应。最后,良好的体育品牌拥有非强制性的软约束规范功能。它通过隐性的方式提出要求,其营造的管理氛围能够使师生自觉地约束自己的行为和思想,维护学校的品牌形象,从而促进高校体育管理的作用。

（3）良好的高校品牌能够有效地整合高校资源，形成教育合力。首先，良好的高校品牌有利于整合协调各项工作，保持各部门的高度一致，将各种教育因素、体育因素、人文因素等集合成一个真正的综合体，形成高校发展合力，建立一套全方位育人系统，最终达到教学育人、管理育人、服务育人全方位的育人效果。其次，良好的高校品牌有助于形成家庭、高校、社会三者的合力，从而达到内外协调的效果。学生的学习，一方面受到家庭和社会的影响，另一方面受到高校教育的影响。由此，育人工作涉及家庭、高校、社会三者，而不仅仅是学校自身的事情。良好的高校品牌有利于家庭、学校与社会三方形成密切关系，互相之间充分交流、沟通，吸收积极因素，摒除消极影响，形成三方均满意的育人系统，增强教育力量，形成教育合力，最终实现有效促进学生成长与发展的教育目标。

2. 是区域经济发展的迫切要求

高校主要具有三项社会职能：一是培养人才；二是发展科学；三是服务社会。高校的这三项社会职能决定了高校自身发展与区域经济发展之间存在着依附关系、利益关系和共生关系。

（1）区域经济发展迫切需要高校创建品牌。首先，高校为区域经济发展提供了雄厚的人力资本，而高校又必须通过增强地方人力资本才能得以发展，到高校接受教育和培训是地方提高人力资本水平的重要途径之一。其次，高校品牌创建带动了区域经济发展。通过高校扩招和增加个人对高校的投入拉动消费，会带来新的就业机会，在不耗费国家财力的基础上，在短时间内可以产生新的经济增长点。再次，地方文化的繁荣发展离不开高校的有力支撑。高校是传播和研究文化的社会机构，且具有优美的校园环境、特有的文化氛围，这无形之中提升了地方的文化内涵，对塑造地域文化、营造城市精神、促进地方文化发展起到引领作用。最后，高校可以为地方经济发展提供强大的科技支撑。高校可以通过研究所在地的资源情况、产业结构、主导产业，实行校企合作的产学研经营模式，实现高校科学研究与区域经济发展的对接，从而为区域经济发展提供强大的科技支撑。

（2）创建高校品牌是地方经济发展的迫切要求。地方经济的发展为创建高校品牌提供物质基础。我国一些高校是通过合并、共建、合作等方式组合而成的，在发展过程中需要的大量的人力、财力、物力，离不开国家财政的支持，但更重要的是需要地方政府的支持，这样地方经济就起到了尤为重要的作用。只有地方经济稳步增长了，地方政府的财政收入才会提高，地方教育部门才能提供发展高等教育的雄厚资金、土地等物质条件。

3.对高校发展具有重要意义

随着社会的发展和经济水平的提高，体育运动的内涵得到拓展，并被赋予了文化意义。但凡世界著名大学，无不把体育精神纳入大学精神的培养内容。高校可以根据自身的情况，选择合适的学科办出自身的特色，并把这种特色发展为办学优势进而成为品牌。品牌具有增值性，体育作为学校教育的重要组成部分，如果进行品牌建设，将会对学校体育工作的开展起到促进作用。高校体育品牌可以凭借自身的美誉度和影响力，在学生和体育之间建立起良好的关系，对学生的观念和行为产生潜移默化的影响，让学生对体育建立起浓厚的兴趣，并积极主动地参与到体育课程和课余活动中，确实提高教学质量和课余活动的有效性，从而推动学校群众体育活动的发展。

高校对经济的发展与转型、文化的传承与创新，特别是在满足高等教育大众化需求等方面作出过巨大贡献，并将持续发挥这方面的作用。但受区域位置和地方财政投入的限制，加之办学历史短和办学规模小等诸多不利因素的影响，相对于部属、省属高校而言，地方高校的社会影响力明显不足，尤其表现在生源上，少数地方高校的招生越来越困难，已成为不争的事实。那么，地方高校应如何保持活力，提升办学竞争力，从而扩大影响，吸引生源，进而获得可持续发展，这是每一位地方高校管理者必须思考和回答的问题。

（三）创建高校竞技体育品牌对高校发展的积极作用

创建高校竞技体育品牌在理论与实践方面均具有积极作用。在理论方面，随着我国体育体制改革和教育体制改革的不断深入，既要充分发挥学校体育在增强学生体质方面、校园文化建设方面的功能，又要为竞技体育提供后备人才，同时还要通过学校体育品牌的塑造，打造高校品牌，实现高校内涵式发展和品质提升。在实践方面，后备人才缺乏是制约我国竞技体育发展的关键问题，学训结合虽是解决这一问题的合理路径选择，但尚需在制度建设和实施环节不断推进。随着日益加剧的全球人才、科技和教育竞争，增加应用型、技能型、复合型人才的供给，创建高校品牌，已经成为各高校面临的紧迫任务与课题。通过创建竞技体育品牌塑造高校品牌，并推动高校在招生、培养、师资管理、资源获取和使用方面的改革，建设校园文化，重塑大学精神，具有重要实践意义。

（四）商业赞助与高校竞技体育品牌发展

随着我国体育事业的蓬勃发展，商业赞助已经成功介入职业体育和竞技体育的各种赛事活动中，并形成了一套有效的运行机制和模式。但就目前各大高校的竞技体育赛事现状来看，各高校在体育赛事的开展过程中都或多或少地存在资金问题，但商业赞助能够有效地弥补这一不足。高校竞技体育品牌对高校竞技体育的发展起着至关重要的作用，同时也是吸引商企赞助的亮点所在。下面从商业赞助对高校竞技体育发展的重要性入手，通过调查企业对高校高水平运动队的赞助现状，重点讨论高校竞技体育品牌效应在吸引商业赞助过程中的作用。

1. 商业赞助对高校竞技体育发展的重要性

现代体育不再只承担政治功能，多元化是其发展的大趋势，群众对体育的追求也从民族精神更多地转向文化享受，体育成为一种生活方式和休闲方式。因此，高校可通过承办或举办各类别的高水平赛事，不断吸引学生关注体育运动。同时，让更多学生投入各种体育项目中，体验参与体育运动带来的满足感和价值感，才是切实提高学生体质、推动高校群众体育发展的关键所在。

我国高校体育市场是以大学生为主的特殊市场，育人是其重要使命，同时，作为高等教育一部分，具有教育和体育的双重性，因此，高校竞技体育市场也可称为"双育市场"或复合型市场。随着我国经济体制改革的不断深入，开放体育市场取得了明显成效，面向大学生开发的市场不断扩大。我国高校体育市场的开发和发展水平，关系到在校大学生的课外体育活动、体育文化生活和身心健康，关系到高校高水平运动员培养体制的改革，关系到大学城区域经济的建立，关系到我国绿色经济的可持续发展，关系到未来大学体育的发展。高校体育市场有其独特的特点，根据消费决定市场的逻辑关系，目前高校体育市场是由竞赛表演、体育培训、体育保险三个市场构成的。其中，竞赛表演是主体市场，体育培训和体育保险则隶属于竞赛表演市场，其发展水平和规模明显受到后者的制约。因此，企业主要对高校竞技赛事市场进行赞助。而高校竞技体育品牌作为高校的一个闪光点，是吸引企业对其进行赞助的有利因素。

对于企业来说，他们在寻找能够撬起增加自身经济利益的未来消费主流群体的支点。大学生是一个特殊的群体，他们思维活跃，容易接受新鲜事物，是我国培养的高等教育人才、未来社会的中坚力量，这也决定了他们将会是未来的高收入阶层，所以企业如果能使大学生形成品牌认知，就能够影响到大学生的未来消费趋向，这就等于抓住了未来消费的主流人群。企业通过赞助高校体育比赛，可以将自身的形象和商品信息及时地传递给学生群体，促使学生产生一定的消费倾向，从而将学生发展成为消费者，以实现短期的经营利益。

高校竞技体育向纵深发展，将是未来高校体育发展的重要特征。但是，我国对高校的投入尚未赶上高校自身发展的速度，导致高校开展体育活动所需经费得不到有力保证，对高校竞技体育活动的发展产生了不利影响。现实把高校体育推向了市场，企业介入高校体育竞赛成为一种必然。虽然有不少高校尝试通过体育场馆有偿对外开放等做法来解决体育资金短缺问题，但收效甚微。新发展阶段，高校体育要实现持续稳定的发展，吸引商业赞助不失为一个最佳选择。

2. 高校竞技体育与商企合作的互动效应

一直以来，我国高校体育经费的来源渠道较单一（主要由固定的训练竞赛经费和省市教育主管部门的少量专项经费支持），一些好的创意、策划和活动因经费不足而无法得到实施，体育场馆设施的保养、修缮也无法得到保障，制约了校园体育竞赛活动的开展。而体育与商业开展合作，可以吸纳商家的经费赞助，开拓校际体育竞赛市场，为激活校园体育竞赛组织资源提供平台。高校体育竞赛活动集竞技、健身、文化、交往于一身，备受公众关注，而且高校体育竞赛活动成本低、受众针对性强，企业通过与其合作，能快速有效地宣传自己，扩大自身影响力，提高知名度，最终在激活校园体育竞赛组织资源的同时，大大地激发企业对体育进行经费赞助的积极性。

高校在与商企合作的过程中，不仅可以提升自身竞技体育品牌的知名度，还可以提高企业及其产品的社会知名度。体育是一种文化，对于教育者来说，竞技体育的影响力非学校体育所能代替的，而这种影响力在很大程度上取决于它所引起的公众反应。高校体育竞赛形式和竞赛内容的丰富多彩，使得高校体育赛事越来越成为社会热点，成为一种社会品牌。知名度、美誉度和印象度是现代企业形象战略和品牌建设与开发所关注的三个主要指标。与一般的体育与商业的合作相比，高校体育与商业的合作具有较强的公益性，对合作企业的品牌形象塑造具有更大的促进作用。通过对高校体育活动的赞助，可以使广大学生认识、接受和认可合作企业及其品牌，进而产生和增强好感，无形中达成了企业形象战略和品牌建设与开发的三个指标。

高校体育与商业的合作，使高校体育赛事呈现出一种市场化的公益行为，打破了原有高校体育竞赛的单一模式，变少数人的竞赛为多数人的主动参与，保障了体育竞赛的健康持续发展，在改变传统体育竞赛结构的同时，顺应了企业品牌市场定位的需要。每一个企业品牌都有其特定的市场定位，所谓定位，就是建立一个与目标市场相关的品牌形象的过程和结果。它主要针对潜在顾客的心理采取行动，有助于潜在顾客记住企业品牌所传达的信息，并对该品牌产生正确的认识，进而产生品牌偏好和购买行动，它是企业信息成功通向潜在顾客的一条捷径。企业品牌能够得以生存并得到发展，只有知名度还不够，还需获得消费者的忠诚度。忠诚度能使企业品牌成为消费者生活中表达情感和施展个性非常重要的组成部分，是促使消费者重复购买的重要因素。目前，广告数量越来越多，不但分散了人们的注意力，也容易引起人们的反感。而体育赞助属于软广告，比较隐蔽，商业性和功利性不明显，不仅具有自然、亲和的属性，还具有较强烈的感情色彩。高校学生尚处于人生的初级消费阶段，是社会群体中人数众多、最具活力和朝气的一个消费群体，被认为是对企业产品或服务产生长效影响的群体。高校学生作为相对集中、理想且目标明确的受众群体，顺应了企业品牌市场定位的需要。高校竞技体育作为体育的组成部分，不仅具有体育的功能，也具有文化的功能。体育赛事活动的开展无疑能够有效促进高校文化底蕴的加深。企业与高校竞技体育的合作、对高校竞技体育赛事的公益赞助，不仅是对企业及其产品的推广，也是对企业文化的展示。

二、高校竞技体育品牌的主要载体及核心要素

高校竞技体育品牌以学校某个具有代表性的竞技体育项目为基础，该项目以其独特的个性和强大的实力，受到社会的广泛认可，已成为促进高校综合实力发展和知名度提升的实体。

（一）高水平运动队是高校竞技体育品牌建设的主要载体

高水平运动队是学校建设的重要组成部分，它在带动学校体育发展，提高学校知名度，以及培养学生对学校的自豪感，增强学校的凝聚力等方面具有重要的作用。

1. 带动学校体育开展

体育是学生增强体质、增进健康的重要阵地。学生通过体育运动体验超越与成功的喜悦、失败和受挫的懊恼以及必要的忍耐与毅力，有利于健全人格的培养。学校体育在培养学生的竞争精神、创新能力及交往能力、团队精神、人际沟通等方面发挥了其他课程或学科不具有的作用。

开展高水平运动队建设不仅可以帮助高校确立特色体育项目，也可以增强学生对体育的兴趣，还可以增加学生的体育参与度，进而对学校体育活动的普及起到促进作用。例如，中国大学生篮球联赛举办期间，受篮球文化的熏陶，一些大学生产生了从事篮球运动（或其他健身活动）的倾向，从而表现出敏锐的观察力、丰富的想象力、克服困难的意志力及高涨的热情等。参与篮球沙龙、大学生体育志愿服务等活动，有利于大学生从课业负担中走出来，参加到生动活泼的课余活动中去，达到强身健体、陶冶情操的目的。另外，高校高水平运动队之间展开的各项比赛，可增强大学生运动员的战术能力，提高他们的竞技水平。

2. 提高学校知名度

高水平运动队在高校竞技体育品牌建设中起着核心作用，不仅可以推动学校竞技体育水平的提升，还有助于学校知名度和声誉的提高。通过展现优异的竞技体育成绩，吸引更多优秀人才加入，并与学校教育目标相结合，高水平运动队成为连接学校与社会、体育与教育的重要桥梁。这一切共同构成了高校竞技体育品牌建设的独特价值和重要意义，使其成为现代高校发展的关键部分。为此，许多有高水平运动队的高校结成体育联盟，展开校内和校际比赛。例如，中国大学生篮球联赛在全国范围内得到了广泛认可，是全国公认的第二大篮球赛事，吸引了数以万计的高校学生、教师、工作人员的参与，得到了众多媒体的大力支持，包括充分的宣传、报道。

3. 培养学生对学校的自豪感，增强学校的凝聚力

人们总是为自己所属地域的球队取得的成绩振奋不已，尤其是当这些球队与自己有着某种联系的时候，这种"沐其荣誉"的心理更加突出，所以高校高水平运动队比赛获胜可以培养学生对所属学校的自豪感，增强所属学校的凝聚力。因此，高校应当认识到高水平运动队建设对增强学生的自豪感、荣誉感的作用，通过高水平队伍建设增强学校的凝聚力、向心力。

（二）竞技实力是高校竞技体育品牌的核心要素

1. 高校体育竞争实力的表现

高校竞技体育实力的评判标准往往是其在各类赛事中取得的成绩，因此高校高水平运动员的竞技能力与其参赛成绩息息相关。同时，高校是否能在分区赛中脱颖而出，决定着其是否有资格参加全国性大赛。例

如，中国大学生篮球联赛设置了西北赛区分区赛、东北赛区分区赛、东南赛区分区赛和西南赛区分区赛。因此，高校竞技体育实力主要通过高校高水平运动员的竞技能力、高校分区赛参赛成绩及高校全国性赛事参赛成绩来表现。

大学生运动员与专业运动员在能力结构上存在较大区别。专业运动员以提高运动成绩为目标，并以此为中心进行资源配置，以使自己在竞赛中创造优异的运动成绩，挖掘和表现人类身体、精神的巨大潜力，为国家和民族争取荣誉。

专业运动员的竞技能力主要由体能、技能、心理能力、运动智能及战术能力构成，并综合地表现于专项竞技过程中。其中，体能是通过力量、速度、耐力、协调、柔韧、灵敏等运动素质表现出来的人体基本的运动能力，是运动员竞技能力的重要构成因素，是所有项目运动员进行专项训练和参加专项竞技比赛的自身物质条件。在竞技活动中，运动员的体能水平集中地表现于力量、速度、耐力三种基本运动素质，以及三者之间的各种组合性运动素质的发展水平，人体的形态及机能状态是决定运动员运动素质水平的基础条件。人体的形态学特征是人体能的质构性基础，人体的机能特征是人体能的生物功能性基础。技能是运动员掌握和运用运动技术的能力。合理、有效的动作技术不仅有助于运动员在技能竞赛中获胜，也能让运动员更有效地发挥其体能，还能让运动员更合理、更积极地参与竞技战术的组合与实施。运动员技能水平的高低可从技术的合理性及稳定性两方面予以判定。运动员的心理能力包括其心理特征和心理过程，主要表现在训练动机、心理控制、竞技意志诸方面，是所有项目运动员进行专项训练和参加专项竞技比赛的自身精神条件。运动员的运动智能包括其对科学知识特别是专项竞技知识的掌握和运用，这对提高训练效益、取得竞技胜利有着重要的影响，在高水平竞技活动中常常发挥着更加突出的作用。运动员的战术能力则表现在力求出色地发挥自身的体能、技能及心理能力，在规则允许的范围内干扰对手竞技能力的发挥，以及对比赛结果的评定行为施加合法的影响等方面。高度发展的协调能力是运动员掌握合理运动技术的重要先决条件，而除了技术基础外，运动员的智力状况及知识水平也对其战术能力的发挥和提高有着重要的影响。运动员的心理能力涉及广泛的领域，在竞赛中集中表现为运动员的参赛情绪及竞技意志。为了成功地参加比赛，需要以积极的手段激励参赛选手，有效地调动参赛选手的生理、心理系统，同时又要将对参赛选手的情绪激励水平控制在适度的范围内。

高校运动员以高校为依托，这决定了他们运动训练的业余性，他们首要的目标是完成学业，成为合格的大学生。当代大学生应该具备学习能力、适应环境能力、社会交际能力、语言表达能力、动手能力、竞争能力、沟通能力、创新思维能力、团队合作能力等能力，以达成自己的目标，实现自己的价值。大学生运动员在综合能力和素质的培养方面与普通大学生是一致的。在此基础上进行运动训练，培养他们的竞技能力。虽然大学生运动员要不断提高竞技能力，不断翻新运动成绩。但与专业运动员相比，他们在训练时间、训练场馆设施、训练监测、教练员能力和水平、经济实力等方面都有一定的局限性。

2. 竞技实力在高校竞技体育品牌中的地位

竞技实力是高校竞技体育品牌的核心要素，也是发展高校竞技体育品牌的核心竞争力。

核心竞争力，指的是组织具备的应对变革与激烈的外部竞争，并且取胜于竞争对手的能力的集合。核心竞争力是企业竞争力中那些能使整个企业保持长期稳定的竞争优势、获得稳定超额利润的竞争力，是将技能资产和运作机制有机融合的组织能力，是企业推行内部管理性战略和外部交易性战略的结果。现代企业的核心竞争力是以知识、创新为基本内核的企业某种关键资源或关键能力的组合，是能够使企业在一定时期内保持现实或潜在竞争优势的动态平衡系统。

高校竞技体育的核心竞争力能够为高校竞技体育带来比较竞争优势资源，并优化资源的配置与整合方式。随着资源的变化及其配置与整合效率的提高，高校竞技体育的核心竞争力也会发生变化。凭借着核心竞争力产生的动力，高校的竞技体育就有可能在激烈的竞争中脱颖而出，使高校竞技体育的价值在一定时期内得到提升。

高校只有具备强悍的竞技能力，才能在众多高校中脱颖而出获得更多的关注，进而逐步建立自身的竞技体育品牌。由此可见，竞技实力是一所高校在竞技体育领域中的核心竞争力，同时也是高校在建立高校竞技体育品牌过程中的核心要素。

三、高校竞技体育品牌建设的战略思考

（一）关于高校竞技体育品牌建设目标定位的战略思考

1. 培养全面发展的优秀竞技人才，为国家职业竞技体育队伍输送优秀后备人才

高校竞技体育品牌建设目标为通过科学化的训练，培养全面发展的优秀竞技人才，为国家职业竞技体育队伍输送优秀后备人才。这些人才不仅需具备出色的运动技能，还需拥有健康的体魄和良好的心理素质。与国家队开展密切合作有利于推动高校成为国家竞技体育后备人才的重要渠道，进而推动整个竞技体育事业的健康发展。

2. 提高学校知名度，促进学校整体形象的提升

如今，越来越多的大学领导班子都在积极地思考如何通过创建高校竞技体育品牌来提高学校的知名度和宣传学校形象。例如，太原理工大学、华侨大学、天津财经大学等高校的篮球高水平运动队，通过中国大学生篮球联赛这个平台进行比赛交流和媒体直播宣传的同时，也对学校

的办学理念、特色、精神风貌、历史、规模等进行了广泛宣传，从而提升了学校的整体形象和知名度，进一步走进社会公众的视野。

3. 促进学校体育的开展，使普及与提高相结合

高校开展竞技体育品牌建设不仅可以帮助学校确立特色体育项目，而且可以通过独具魅力的竞技体育品牌来调动学生对体育运动的兴趣，提高学生参与校园体育活动的积极性，进而对学校各类体育活动的推广起到明显的促进作用。此外，高校高水平运动员与普通大学生之间开展各类比赛，不仅能够丰富普通大学生的比赛体验和实战经验，而且能够提高普通大学生的技战术能力和竞技水平，使普及与提高有机结合。

（二）关于高校竞技体育品牌建设综合实力的战略思考

1. 增强自身造血机制，通过多种渠道吸纳经费

经费是高校高水平运动队建设的重要部分，为高校高水平运动队高效、顺利地开展工作提供了重要保障，对加快高校竞技体育品牌的形成起着举足轻重的作用。为了保证高校高水平运动队工作顺利开展，教育部门和体育部门应该加大对体教结合工作的资金投入力度，为其提供必要的资金保障。在高校竞技体育品牌形成的过程中，高水平运动队必须努力提高自身的竞技水平，以优异的比赛成绩扩大自身的社会影响力，积极引入市场机制，以吸引企业和社会的资金投入，促进经费来源结构的多元化、多样化，增强自身的造血机制，拓宽资金来源渠道，形成学校、企业和社会相结合的多元化投资局面。同时，充分利用社会有效资源，加大对高水平运动队教练员和运动员的激励力度，提高整体运作效益。

2. 不断完善高校竞技体育训练的硬件设施，提高训练的科学化水平

用于训练的硬件设施是高校高水平运动队建设与发展的重要物质保障。随着高校对高水平运动队建设的日益重视，用于高水平运动队训练的体育场地和设施得到了全面的完善和更新，这对高水平运动队的训练效果和运动成绩的提高起着不可估量的作用。但仅仅场地和设施的完善还无法满足高水平运动队训练与竞赛日益增长的实际需要，许多高校还不断配备和更新训练所需的体育器材、训练辅助设备、运动康复器材、医务理疗仪器等，为高水平运动队的训练提供全方面的保障，也为科学化的训练打造硬件基础。一些高校还专门设立了为高水平运动队训练和竞赛服务的科研团队，负责对队员的各项训练指标进行研究和分析，解决训练和竞赛过程中存在的现实问题，不断创新科学训练的手段，运用科学的方法快速消除学生运动员在训练和比赛中产生的疲劳感，减少学生运动员可能出现的运动损伤，以此来提高学生运动员的训练质量和效率，让学生运动员有更多的时间接受文化课学习，助力其全面发展。

3. 加强对教练员和运动员的教育与培训，提升团队的整体竞技实力

高校竞技体育要保持持续蓬勃发展，除了需要物质资源的保障外，更关键的是需要人力资源的培养与投入。教练员和运动员是竞技体育中最核心的要素，其专业程度和能力直接影响整个团队的表现和发展。因此，高校应加大对教练员的培训力度。教练员不仅指导技能，更是团队的领袖和灵魂。一个有经验、有眼光、有教育情怀的教练员，可以在关键时刻为团队带来转折。而要想获得这样的教练员，除了直接引进外，更重要的是培养。高校可以与体育学院合作，为教练员提供系统的培训和进修机会，更新其教学观念，提升其技能水平。对运动员的培训也不能忽视。除了常规的技能训练外，还需要加强其心理、营养、伤病防治

等方面的知识教育。只有全面发展的运动员，才更可能在比赛中超常发挥。因此，高校应为他们提供更加全面的培训资源，如引入心理咨询师、营养师等。除此之外，团队的凝聚力也很关键。通过组织团队建设活动、心理健康课程等方式，增强团队间的沟通与合作，对提升团队整体竞技实力具有积极作用。

（三）关于高校竞技体育品牌建设运行模式的战略思考

1. 高校与中小学直接挂钩，形成"一条龙"的运行模式

高校高水平运动队实行的"一条龙"运行模式是指高校与中小学直接挂钩，建立小学—中学—大学三位一体的训练层次，一起承担竞技体育人才后备力量的培养。小学和初中作为竞技体育人才选才的主要场所，向有合作的高中输送有运动潜力的学生，让他们参加进一步的系统、科学、专业的训练，以扎实专项技术，高中再将技术水平高的学生运动员输送到高校，形成一个完整的竞技体育后备人才培育的三级网络。

"一条龙"运行模式的成功代表当属清华大学。清华大学从创建跳水队之时就开始积极探索体教结合的培养方式，充分发挥高校、中学和小学优势教育资源的突出优势，保证学生运动员的知识学习。清华大学跳水队的建设由学校全权负责，尤其注重抓好教练员的聘用以及学生运动员的招生、学习、训练和管理等工作。招收的学生运动员大多来自合作的小学和中学。这种"一条龙"的运行模式通过和具有一定优势的中小学合作，挑选固定的体育项目，建立定点基地培养有运动潜力的学生，对高校建设竞技体育品牌的选才具有一定启发意义。

2. 高校与企业直接合作，创建"校企结合"的运行模式

高校高水平运动队每年的主要经费来源于高校自身的拨款，但这些经费对于开展更高质量的训练而言显得杯水车薪。为了突破这个瓶颈，理想的措施就是主动对外联系，与相关企业展开合作。在国外，企业资助高校高水平运动队的现象较普遍。虽然我国的这一现象也普遍，但大多资助是一次性的，那种长期稳定的校企合作较少。但是，也有一些高校在积极探索校企合作模式。从学生运动员的角度出发，"校企结合"模式应提倡以人为本，有利于培育高竞技水平、高文化素质的复合型人才。从高校的角度出发，"校企结合"模式既有利于解决高水平运动队资金短缺问题，又有助于企业进行品牌宣传，能够促进双方的互利共赢，加快我国普通高校高水平运动队培养模式的探索步伐。

3. 开展"校体企"三结合的运行模式

"校体企"三结合的运行模式是在深入研究高校体教结合培养高水平运动队的基础上，归纳总结校企结合运行模式和体企结合运行方式之后被提出的。"校体企"三结合运行模式的内涵至少体现在两个方面：一方面是确立高校在竞技体育后备人才培养中的主导地位，以体育部门和合作企业的优势资源为辅助，努力加快高校高水平运动队建设，实现竞技人才培养目标。另一方面是高校、体育部门和有关企业开展密切合作，共担责任、共享资源、优势互补、互惠共赢，一起培育具有高竞技水准和文化素质的学生运动员。在关于如何培育全面发展的高校竞技人才方面，高校、体育部门和合作企业各有优势，其中高校在学生运动员文化知识的学习上有着天然的优势资源；体育部门拥有高水平、执教经验丰富的教练员团队，以及配套的科研技术和设备等方面的优势；合作企业的优势在于不仅可以为高校高水平运动队提供充裕的资金保障，还能安排学生运动员毕业后的就业岗位。

4. 开展"竞教结合"的运行模式

"竞教结合"运行模式在实践过程中始终坚持以竞促教、以教养竞、竞教结合的发展理念，有利于解决高校高水平运动队运动训练与学校体育教学互相偏离、教练员短缺、竞技体育后备人才不足等实际问题。这种独特的培养模式能够起到将高校高水平运动队的培养和校园精神文化建设结合在一起的作用，通过加强高校高水平运动队建设来取得优异的竞赛成绩，进而影响和丰富校园精神文化，同时浓厚的校园精神氛围又潜移默化地影响高校竞技体育人才的培养环境，形成"竞教结合、层块互哺、交融发展"的独特培养模式。总的来说，"竞教结合"的运行模式为高校创建自己的竞技体育品牌提供了全新的思路和成功经验。

5. 开展"体教结合"的运行模式

"体教结合"的运行模式，是指高校在建设高水平运动队过程中与省市专业队开展合作，平时的日常训练与学习还在高校内，省市专业队定期对高校高水平运动队的训练进行指导，还提供一定的经费。学生运动员既可以代表所在高校参加比赛，也可以通过省市专业队参加相关比赛，增加了学生运动员参赛的机会，有利于丰富学生运动员的实战经验。

四、高校竞技体育品牌建设可持续发展策略

（一）合理解决高校高水平运动队的发展问题

1. 以科学发展观为指导培养竞技体育人才

科学发展观是按照"统筹城乡发展、统筹区域发展、统筹经济社会发展、统筹人与自然和谐发展、统筹国内发展和对外开放"的要求推进各项事业改革和发展的一种方法论，也是中国共产党的重大战略思想。科学发展观的第一要务是发展，核心是以人为本，基本要求是全面协调

可持续发展，根本方法是统筹兼顾。[①] 在这一视野下，"体教结合"的运行模式将满足人的全面需求、促进人的全面发展作为竞技体育的出发点和落脚点，是一种统筹兼顾人的身心发展的竞技人才培养方式。在培养运动员的过程中，应以运动员为主，确立运动员的主体地位，他们不仅需要接受训练、参加比赛，还需要接受文化教育，以使他们成为全面发展的人，为社会作出应有的贡献。为达到这一目标，教育系统和体育系统应统筹兼顾、协调发展。

2. 深化管理体制，明确分工，协调发展，合作共赢

政府需要统筹协调体育、教育等有关部门，在充分调研的基础上，制定相应的政策与制度。体育部门主要负责规划高校高水平运动队的结构布局、梯队和网络建设，以及与传统项目学校合作培养竞技体育人才，确保运动员的课余训练得到有效开展。教育部门主要负责竞技体育人才在学校的管理工作，包括运动员的文化学习、思想教育、日常生活管理和课余训练等。两个部门应统一协调，建立相互间合作共处的联合体，加强管理体制创新，将两个部门的分置力量有机整合为一体，形成目标一致的合力，在尽可能不伤及对方利益的情况下，适当进行机构调整，履行各自的责任和义务，以实现优势互补、资源共享，为竞技体育人才的全面发展构造多部门协调互助的多元化运动员成才体系。

从学校内部来说，应建立"分合模式"。"分"是指在学校领导的统一部署下，各职能部门分工负责，力求圆满完成自己的本职工作。"合"是指各职能部门在完成本职工作的同时，还要相互沟通、团结合作，使产生的效益大于各部门独立工作时的效益，力求使高校高水平运动队建设工作高效、协调运转，从而实现预期目标。

"分合模式"是系统化管理模式的一种，这一模式把高校高水平运

[①] 杨楹，吴苑华，蒋海怒.关于"科学发展观"的哲学解读[J].华侨大学学报（哲学社会科学版），2009（4）：17-30.

动队建设看作一个大系统，学校体育运动委员会是该系统的控制中心，该委员会按照层次划分法，把与高校高水平运动队建设密切相关的招生、运动员文化课学习、训练与竞赛、日常生活、思想教育、后勤保障以及相应的管理措施等定为子系统，分别由不同的部门单独或联合负责。在高校高水平运动队建设这一大系统的运转过程中，那些子系统既相对独立又相互联系，共同作用于系统目标。各系统的运转能否协调、流畅，决定着高水平运动队建设的总目标能否实现，同时也是衡量对高校高水平运动队的管理成功与否的标准。要使各子系统协调运转就必须使系统内外的信息及时反馈到系统控制中心，系统控制中心要及时进行调整，以使各子系统在大系统中平衡、流畅地运行。

3. 完善竞赛体制，发挥赛事的杠杆作用

体育部门通过多年的运作，已经形成了较为成熟的竞赛体制，而教育部门的竞赛体制相对于体育部门来说，还处于初级阶段。体教结合模式就是要发挥各自的优势，取长补短。例如，体育部门已经有相对完整的竞赛体制，那么教育部门就无须再建一套自己的竞赛体制。体育部门应将教育部门纳入已有的竞赛组织体系，按照总体部署安排年度竞赛计划，组织各类体育竞赛并将各级学校列入参赛名单，所有参赛者不用区分运动员和非运动员的身份，只要达到基本要求即可参赛，并按照培养不同层次体育人才的任务，制定合理的竞赛制度、竞赛规程和考核达标办法，充分发挥赛事的杠杆作用。具体措施有两项：①积极组织专业队与一、二线运动队的训练比赛，以加强教练与教练、运动员与运动员之间的相互交流和相互借鉴；②增加高校高水平运动队参加高水平比赛的次数，以赛代练。高校高水平运动竞赛主要有全国大学生运动会、全国性大学生单项体育竞赛等。

4.科学合理地安排运动员的学习与训练

运动员在成长过程中既要接受文化教育以提高综合素养，又要参加竞技训练以取得优异的运动成绩，由此形成了难以调和的学训矛盾。这个矛盾存在于学生运动员成长的不同阶段，需要得到科学合理的解决。首先，学生运动员需要转变思想认识，端正学习态度。体育部门的领导、教练员，以及教育部门的领导、教师及家长要耐心做好学生运动员的思想工作，关心他们的学习、训练和生活等各个方面，使其深刻认识到全面发展的重要性和必要性，从而为成为德智体全面发展的竞技体育人才而努力。其次，高校需要建立适合高水平运动员学习和训练的管理模式。在无赛期或比赛准备期，教练员应对运动员的文化课学习多加督导和帮助，对于比赛期延误的课程应有计划地进行补课。每门课程考试前应做好准备，不懂的问题及时向任课教师请教。再次，高校需要加强青少年运动员的文化课学习，确保其文化课成绩，做到学习和训练的制度化和规律化。文化学习是青少年的主业，是学生运动员的根本任务。成立由学校主管领导、班主任、教练员、任课教师组成的业余训练学习管理小组，负责对学生运动员进行综合管理，确保学生运动员的文化课成绩跟上班级学习进度。利用课余、节假日等时间科学地安排训练，努力做到学习和训练两不误。最后，教练员需要精简训练时间，加强科学训练。例如，可以通过增加训练的科技含量来缩短训练时间，提高训练质量和效率，以让学生运动员有更多的时间参加文化课的学习。

（二）准确定位高校竞技体育品牌的创建模式

品牌定位必须考虑产品本身的特点，突出产品特质，使之与消费者需求相匹配。所以，高校竞技体育品牌定位应以品牌定位的心理基础和市场细分为基础，两者是高校进行品牌定位的必要条件和理论前提。高校竞技体育品牌定位如同企业品牌定位一样，实质都是营销战略工具和沟通工具。第一，作为营销战略工具。品牌定位是树立品牌形象的一种有效方式，是设计有价值的产品的行为，以使细分市场的产品购买者了解不同竞争者间的差异。产品和品牌是用来满足各个细分市场中存在的差异化需要和欲望的载体。因此，对产品和品牌进行定位的实质是为目标市场提供一种差异化利益。第二，作为沟通工具。目标市场中的差异化利益要有效地与目标市场契合，以在消费者心中占据特定位置，只有这样，才能使营销战略富有竞争力，使选定的市场成为目标市场。因此，定位也是一种沟通战略。定位的基本原则不是塑造新奇的东西，而是了解人们心中原来的想法，目的是要在消费者心中占据有利的地位。只有如此，才能在市场竞争中赢得先机。

对品牌的定位既决定了高校竞技体育的发展方向，也决定了高校能否成功地创办竞技体育品牌。因此，品牌定位的准确性程度直接关系到品牌建设能否顺利进行。一些高校只是空想自己要建立一个强大的竞技体育品牌来迅速满足其全面、多方位的综合性发展需求，这样的想法是不合逻辑的。建立高校竞技体育品牌的前提不是建立听起来完美却无法实现的品牌，而是应从实际出发，使之既满足学生的基本要求，又能符合学校的实际情况。如果高校对竞技体育品牌定位问题不加以重视，又缺少品牌定位的理论研究基础，那么高校竞技体育品牌建设将会缺少针对性，甚至导致竞技体育品牌建设的失败。因此，高校在建设竞技体育品牌的过程中应加强对品牌定位的重视程度，对品牌定位问题进行深入思考与分析。总之，高校要顺利地创办竞技体育品牌，就必须谨慎地对品牌进行定位。

对品牌进行定位是高校需要长期坚持的任务。在进行品牌定位时要考虑到定位的层次问题，不要只是为了短期的利益而把定位的重点放在表面上，尤其是当品牌有了一定的市场影响力以后，要不失时机地挖掘品牌文化、丰富品牌的内涵，巩固高校竞技体育品牌地位，并把品牌定位引向更高的层次，从原先的高校硬件设施定位发展到情感属性或自我表现属性上，用品牌的价值观和品牌文化与公众进行沟通。

(三) 建立学习型高校竞技体育品牌建设团队

建立学习型高校竞技体育品牌建设团队是品牌建设与发展的内在要求。高校可借助体育教师的力量组成一个品牌建设团队，进行竞技体育品牌建设。体育教师是高校体育服务的直接供给主体，是体育教育团队的重要构成要素，随着高等教育的发展，其在体育教育团队中的地位和作用不断提升。高等教育的发展在提升体育教师的地位和作用的同时，也对其提出了一系列新的要求。首先，随着时代的不断发展，为了完成本职工作，体育教师需要不断更新知识，而唯一理性的行为选择就是进行终身学习，将持续不断学习作为自己的日常行为方式。其次，高校体育的发展客观上要求体育教师不断学习新的知识，将工作与学习有机结合起来，在工作中学习，在学习中完成工作。同时，随着社会的发展，人们对于工作的认识从单纯的工具性层面向精神性层面转变，即工作不仅是谋生手段，更是一种自我实现的方式。最后，随着高等教育的发展，体育教师被赋予了更多的自主权，组织结构的扁平化、动态合作频率的不断提高，要求高校体育教师必须具备较强的学习能力、信息处理能力、团队合作能力、竞争能力、沟通能力、领导能力等。因此，随着高等教育发展要求的不断提高，在建设高校竞技品牌的过程中，必须建立一支学习型的高校竞技体育建设团队。

1. 加强教练员队伍建设，大力提高教练员的执教能力和水平

在现代竞技体育中，教练员对运动员竞技水平的提高具有重要的作用，甚至是关键作用。教练员的综合素质、能力和水平直接关系到运动员的科学训练水平和运动成绩，因而应通过多种形式加强对教练员队伍的建设。首先，体育部门应加强对教练员的培训和管理。体育部门在多年的管理过程中形成了相应的教练员等级制度和培训制度，保证了运

动训练的可持续发展和竞技水平的不断提高,这一制度应向教育部门拓展,以加强对教练员的培训和认证。其次,依托体育院校培养优秀教练员。我国的体育院校不仅承担着培养体育师资、运动员的任务,同时承担着培养专业教练员的任务。各学校应依据自身的独特资源,开展不同项目教练员的培训工作,为教练员队伍建设做出应有的贡献。再次,建立由省专业队教练和业余体校教练组成的项目教研联组,每年定期进行体育专项技术讲座和竞赛规则信息咨询,并对全省青少年选才标准、训练手段、竞赛规程进行研讨。最后,提高教练员自学能力,鼓励各地引进高职称、高学历、高水平的教练员。其中,上海市关于教练员的做法值得学习和借鉴。体育系统根据教练员的能力(知识结构、带队成绩)挂牌,教育系统根据自己的需要摘牌聘任,聘任期内完成学校交给的训练和比赛任务,如果不能完成任务,可以解聘;如果双方都满意,可以续聘。根据教练员的意愿,经主管部门的同意,经过一定的考核,教练员也可以转入教育系统,确立教师身份。

2. 学校领导应重视高校竞技体育团队协同创新能力的提高

高校竞技体育团队在培养协同创新能力的过程中,学校领导应给予重视。一所高校的竞技体育团队是否能完成学校的考核目标,和学校领导的用人、经费及相应的奖励政策,即领导的重视程度是密不可分的。学校领导对竞技体育工作的重视,是调动竞技体育团队参与者工作积极性的前提。学校任命的竞技体育团队负责人的综合能力直接关系到竞技体育团队的发展前景。只有具备德才兼备的团队负责人、充足的体育活动经费、良好的场地设施、一系列科学有序的管理办法等,才能使团队在协同创新方面得到良好发展。综上所述,高校竞技体育团队协同创新能力的发展离不开高校领导的重视和支持,只有在学校领导的重视下,高校竞技体育团队的创新能力才有可能得到最大限度的发挥。

要加强高校竞技体育团队的协同创新能力,就需要对团队负责人进行培养。团队是否具有协同创新能力，团队负责人起着关键作用。如果团队中缺少德高才卓、成果显著、众人诚服的领军人物，缺少得力的、有奉献精神的组织者，会直接影响到团队内部的凝聚力和协作频率，很难形成实力与特色俱佳的团队，协作活动也只能在较低的层次上徘徊。在培养和选择高校竞技体育团队负责人的过程中，必须坚持德才兼备的原则，同时还应考虑到年龄结构、专业知识结构、学历层次、职称及个体气质等因素，努力构建一支具有行为规范、素质过硬、廉洁自律、开拓创新的管理班子，率领团队成员实现团队目标，并为实现目标制定切实可行的规章制度。在实现目标过程中，团队负责人应以身作则，知人善任，充分激发团队成员的斗志，为实现团队目标而共同努力。只有德才兼备的高校竞技体育建团队负责人，才能率领团队成员完成协同创新能力方面的各项工作任务。

3. 高校竞技体育团队成员之间的关系需要妥善处理

从管理层面上讲，任何一项规章制度的出台都必须得到团队大部分成员的认可。管理机制的不完善，其中一方面就表现在团队内兄弟意识较浓，制度意识较弱。高校竞技体育团队是由不同的个体组成的，个体间品行修养、知识素养、身体技能、心理品质等的高低，个体是否有团结协作的集体意识，以及个体的理解力与执行力等，都直接影响团队协同创新能力的发挥。如果缺乏良好的团队文化、团队精神和人际氛围，团队成员在工作的过程中、在与其他成员的沟通交流中就得不到精神上的满足感，也得不到彼此的理解与关怀，尤其是因为项目或者课题走到一起的成员，如果在团队组建初期缺乏对团队强烈的认同感和归属感，再加上个人时间安排不当或者交流平台匮乏，团队中老中青成员之间的互相搭配和传帮带机制尚未完全建立起来，资源共享、优势互补的氛围尚有欠缺等问题，很多团队成员的积极性就得不到完全激发。这样，进入一定的团队发展阶段后，成员就容易产生失望、厌倦等情绪，从而使团队的凝聚力逐渐下降。虽然从表面上看团队仍在正常运转，但是人文氛围的缺失，会导致团队的可持续发展面临严峻挑战。因此，高校竞技体育团队成员之间应该团结协作、互帮互学，树立正确的世界观、人生观、价值观，通过各类培训、研讨与论坛等，充分发挥自身的积极性、主动性，从而提高团队的协同创新能力。

4.高校竞技体育团队的激励机制需合理

随着我国高校体育教育改革的向前推进，很多优秀的体育团队涌现出来，为从众多体育团队中脱颖而出，团队激励机制的重要性更加凸显。我国在高校体育教育改革及相关的体育团队建设方面取得了一些成果和进展，但是传统的个人绩效评价、个人激励制度等已不利于团队的建设，因此，除了根据教师个人的教学业绩进行考评和奖励外，学校还应考虑结合团体的绩效，实行团队激励机制，两者按一定比例共同决定教师的薪酬。只有将团队成员个人层面的绩效考评和团队整体层面的考核绩效相结合，并根据团队自身特点和发展规律，以业绩为核心、以同行认可为重要指标，建立公平、公正、公开、透明的考评指标体系，通过把定性考评和定量考评结合起来，探索出一套有效的绩效考评激励制度，才能实现对团队成员和整个高校竞技体育团队的有效激励。利益分配直接关系到团队的稳定性，为了解决道德风险可能造成的利益损失，在成立团队时，就要优先考虑通过制定利益分配机制来影响团队成员的后续行为。从学校层面出发，要制定有利于高校竞技体育团队发展的激励政策，对于有突出贡献的团队带头人和团队成员，要给予适当的物质待遇、职称方面的支持与鼓励，从而为高校竞技体育团队的健康发展营造一个具有竞争性的政策环境。

5.良好的内外部环境是高校竞技体育团队协同创新建设的重要前提

高校内部环境中，特别是竞技体育团队的学习氛围是否融洽、人际关系是否和谐、场馆设施是否齐全、体育经费是否充足是很重要的因素。高校外部环境中，特别是各种体育信息的交流与传递是否顺畅、体育人才是否能合理流动、能否参加国内外的各种体育学术大会等，也会对竞技体育团队的发展形成制约。良好的内外部环境是体育团队协同创新建设的重要前提，只有在良好的内外部环境的作用下，协同创新能力才能得到有效提升。

6. 制定明确的团队目标

缺乏共同的团队建设目标是高校竞技体育团队建设中面临的一个问题。高校竞技体育团队在组建之初就应形成明确统一的团队目标，以为团队的建设和发展指明方向，这是非常重要的。为塑造一个知名的高校竞技体育品牌，高校竞技体育团队需要加强对竞技体育文化、品牌竞技赛事及其推广路径的研究，促进高校竞技体育领域内的研讨和相关经验的交流，开发品牌竞技赛事，推进高校竞技体育的品牌化进程。

（四）充分保障高校竞技体育品牌的建设资金

1. 拓宽高校竞技体育品牌建设的资金渠道

充分保障高校竞技体育品牌的建设资金是促进体育发展的关键环节。通过增强自身造血机制，可以持续地为体育项目的发展提供资金。通过采取多元化策略，可以从多种渠道（如合作伙伴、赞助商、政府补贴等）吸纳资金。这样的策略不仅增加了资金来源的渠道，降低了依赖单一资金来源的风险，还有助于提高体育项目的竞争力，从而更好地推动高校竞技体育的全面发展。各级体育、教育行政部门要加大对体教结合的投入力度，为体教结合工作提供强有力的物质保障。在高水平运动队建设中，高校要主动寻求企业赞助，以提高运动队的自我造血机制。因而，体教结合不但应在体制上实行开放，也应在融资渠道上通过对运动员实行有偿训练、有偿培养等方式，拓宽资金来源渠道，形成国家、社会、企业、个人的多元化投资局面。同时，充分利用社会资源，加大对教练员、运动员的激励力度，提高团队整体效益。

2. 创新激励机制，形成良性循环的育人环境

认真落实现有的激励政策，在进行精神奖励的同时，体育部门、教育部门应统筹有关专项经费，通过以奖代补的办法，加大物质奖励力度。对坚持参加系统训练并取得优异运动成绩的优秀运动员，在入学、升学等方面给予照顾（但对文化课的成绩应有底线控制），以消除学生和家长的后顾之忧。对积极开展体教结合工作并取得优异成绩的各级各类学校给予奖励，把学校运动队参加各类竞赛的成绩作为对学校工作综合考核的重要内容，调动学校开展体育训练的积极性，鼓励学校通过多种渠道、多种形式培养更多的优秀体育人才。

3. 政策支持与税收优惠

对于国家来说，高校竞技体育不仅是一项推动青少年身心健康发展的活动，更是一种文化和精神的展现，其影响远远超出了单纯的比赛和锻炼。为了促进高校竞技体育的进一步发展，各级政府都应采取有力措施，其中最为直接和有效的方式便是政策支持与优惠。

高校竞技体育在培养学生的体育素质、团队精神和竞技水平上起到了不可替代的作用，为国家输送了大量的体育人才，也为国家在国际体坛赢得了荣誉。正因为如此，各级政府更应充分认识到，对高校竞技体育的投资不仅是对经济的支持，更是对国家未来的投资。

税收优惠是激励更多资源流向高校竞技体育的重要方式。通过给予高校或与高校有合作的企业税费减免，可以大大减少它们的经济压力，增加用于训练设施建设和科研的资金。

第二节　高校高水平运动队发展建议与对策

高校高水平运动队建设是高校体育教育工作的重要组成部分，是高校发展竞技体育的重要工作，也是我国竞技体育健康可持续发展的重要途径。高校高水平运动队建设是一项比较复杂的系统工程，以下提出相关建议和政策，旨在使我国高校高水平运动队得到更好的发展。

一、在新发展阶段体育思想的指导下，明确建队目标，发挥引领和示范作用

2021年发布的《"十四五"体育发展规划》点明了2035年体育强国建设的远景目标和"十四五"时期体育发展的主要目标，为我国的体育事业指明了发展方向。2035年体育强国建设远景目标将分步实施，即"通过未来5年努力，各领域、各项目、各区域实现较大发展、取得重要成果，体育发展的基础更加坚实，体育强国的四梁八柱基本形成。到2030年，体育整体发展质量和效益显著提升，形成政府主导有力、社会充满活力、市场规范有序、人民积极参与、与基本实现社会主义现代化相适应的体育发展新格局。到2035年，建成社会主义现代化体育强国，体育的制度生命力、大众亲和力、国际竞争力、经济贡献力、文化软实力、世界影响力充分彰显，体育治理体系和治理能力实现现代化，体育成为中华民族伟大复兴的标志性事业"。"十四五"时期体育发展的主要目标则分为八个方面，分别是全民健身水平达到新高度、竞技体育实力再上新台阶、青少年体育发展进入新阶段、体育产业发展形成新成果、体育文化建设取得新进展、体育对外交往作出新贡献、体育科教工作达到新水平和体育法治水平得到新提升。

《"十四五"体育发展规划》是我国高校高水平运动队确定功能定位

和发展目标的根本依据和指导原则。首先，教育主管部门要进一步明确新发展阶段我国高校试办高水平运动队的发展目标和定位，加强引导，从宏观政策层面规划高校高水平运动队发展路径的顶层设计。各试办高校则需根据国家教育主管部门出台的目标发展规划和设计方案，出台本校关于进一步加强和明确试办高水平运动队的目标及达成目标的具体可操作手段等政策性文件，从而形成上下统一协调的目标认知格局和目标发展策略。其次，作为具体执行者的高校，要给予高水平运动队建队足够的重视，根据国家要求和学校自身特点设定高水平运动队发展的长远目标和短期目标。长远目标就是"不忘初心，牢记使命"，这个"初心"就是将高校高水平运动队作为培养国家竞技体育人才的基地和摇篮，服务国家的奥运争光计划，并主动承担起参加世界大赛的任务，从而为国家竞技体育的可持续发展作出应有的贡献。各高校在这一长远目标上应当保持高度一致，并且必须按照目标要求去执行和遵守。在此前提下，各高校可结合自身实际情况设定符合本校体育传统和能够彰显本校体育特色的短期目标，做到"以长为主，以短为辅"，使长期目标和短期目标和谐并存、共同发展。再次，体育主管部门和高校要采取有效措施加强高水平运动队在引领群众体育发展和校园文化建设方面的示范作用。高校高水平运动队在体育育人及校园体育文化建设方面起的积极作用，是我国高校高水平运动队新时代建设目标的有益补充和重要组成部分。最后，高校要加强高水平运动队与普通生体育竞赛的融合与交流，使高水平运动员参与到群体活动中，发挥他们的组织、示范和指导作用；也要加大对高水平赛事的宣传力度，使普通生关注并支持学校高水平运动队的比赛，形成学校竞技体育与群众体育互相促进、相互影响、共同发展的良好局面。

二、加强体教结合，建立阶梯联赛，提高培养质量

国家教育部门应加强顶层设计，从宏观政策层面对高校试办高水

平运动队的效果和质量进行有效评估和督查，试办高校也应专门制定提高本校办队质量的具体操作办法。首先，加强体教结合，创造开放、自由和平等的连接高校与职业体育运动队的人才双向输送管道。体教结合最好的结果就是打开高校高水平运动队通往职业运动队和职业联赛的大门，因此，教育部门和体育部门要努力创造开放、自由和平等的人才双向输送管道。其次，国家层面要建立"小学—中学—大学"的体育人才培养体系和阶梯联赛制度，保证运动员在成长过程中接受专业化和科学化的训练，以及保证竞赛的连续性和系统性，从而保证高校招收的高水平运动员拥有较高的竞技水平和运动能力，进而才有可能与职业联赛接轨。再次，增加高校高水平运动员参加高水平赛事的机会，加强高校优秀竞技体育人才的梯队建设，并建立国家层面的高校竞技体育人才储备库。中国大学生体育协会主导的体育竞赛数量和锻炼效果毕竟有限，高校应通过与职业队的合作，给高水平运动队提供质量更高的竞技舞台，以在全国高校范围内培养一批竞技水平"高、精、尖"的后备人才库。对这样竞技水平较高的学生运动员，应加强特训和集训，提供与国外高水平运动员同场竞技的舞台，从中选出一部分精英成立"学生运动员国家队"。后备人才库的学生运动员在完成学业和高校常规赛事的基础上，还应接受专业训练，参加国际性的学生赛事和专业赛事，与项目职业联赛接轨，经过不断历练和成长，成为国家队成员的候选人。这样我国高校高水平运动队才能真正实现办队质量和办队效果的双向提高，从而实现为我国培养竞技体育人才的目标。竞技体育人才的质量提高了，参加比赛的运动成绩自然也就提升了。

三、淡化学校排名，重设评估指标，注重培养过程

首先，中国大学生体育协会主导的学生体育竞赛系统应淡化甚至取消学校的竞赛排名和积分排名，转而突出运动员或运动队成绩的横向对比，对于那些成绩优异或进步明显的运动员，应加大对其本人及其教练

员的宣传和奖励力度，这对那些非重点高校的起点较低但经过刻苦训练运动成绩显著提高的运动员及其教练员，是巨大的鼓舞和认可，也是我国高校试办高水平运动队从重成绩的急功近利思想向重培养的高瞻远瞩理念转变的重要举措和手段。其次，调整教育部门对高校高水平运动队的评估指标体系，增加过程性指标的比重，降低结果性指标的比重，改变过去只有获得相应的名次才有得分，否则为零分的做法，更加重视能够反映高水平运动队每年竞技运动成绩变化情况的指标。这种评价机制更能考虑到那些高水平运动队培养效果较好但名次较差的学校，也能在一定程度上消除高校轻训练重招生、轻培养重现成、轻过程重结果的急功近利现象。再次，高校要将运动员的成绩和能力作为教练员业绩考核、岗位聘任、年终奖金和职称晋升的一项重要参考指标，这样可以极大地调动教练员训练的积极性和工作的务实性，也给那些学校名气较差、招生不占优势的高校教练员提供进步的机会和发展的平台，从而改变我国高校高水平运动队基层教练员浮躁消极的训练态度和急功近利的思想，树立脚踏实地的务实训练态度，形成立足当下、着眼未来的发展思想。

四、合理分配资源，优化项目结构，促进均衡发展

《教育部关于进一步加强普通高校高水平运动队建设的实施意见》要求各地在原有高水平运动队建设高校的总量框架内，按照突出重点、发挥优势、利于竞赛、动态调整的原则，不断优化高水平运动项目的规划布局。也就是说，试办高水平运动队的高校数量在总体上不做大的变化和调整，基本维持不动，但是要对高水平运动队的项目进行合理调整，调整的基本原则就是利于地方竞赛的开展和体现地方的优势与传统。

首先，根据国家教育部门设定的区域高水平运动队试办高校比例标准，对全国各个区域的试办高水平运动队的高校数量进行调整。在控

制总量的前提下，教育部门可以通过优胜劣汰的机制适当淘汰华北和华东地区试办高水平运动队的高校数量，通过政策支持和资源倾斜增加华中、西南和西北地区试办高水平运动队的高校数量，使高水平运动队试办高校在区域分布及发展数量方面保持平衡。其次，在控制试办高水平运动队高校数量的前提下，适当降低学院高校和非重点高校试办高水平运动队的标准和门槛，增加一部分此类高校；同时，提高大学高校和重点高校试办高水平运动队的要求，加大考核和评估力度，适当淘汰一部分此类高校。最后，对项目结构进行优化和调整，逐步停止一些群众基础较差、不便于开展的项目的招生，并向国家重点发展项目如足球以及增强体质效果较好、校园普及性较强的项目进行调整。为实现国家奥运争光计划，优先保留并重点发展我国在奥运会上的优势项目，同时适当支持非奥运会项目和国家竞技体育非优势项目的发展，从整体上保证我国高校试办高水平运动队项目在相对平衡和有所侧重的前提下有序发展。

第三节　构建高校高水平运动队管理协同模式

我国高校高水平运动队的发展与教育部有关文件设定的建队目标仍然具有较大的差距，这些差距在管理层面上具体表现为目标定位冲突等冲突或矛盾。要缓解这些冲突或克服这些矛盾，就需要借助管理协同理论的方法，明确我国高校高水平运动队管理协同的要素，进行协同机会与价值的识别，从而为实现高校高水平运动的管理协同指明方向。

一、高校高水平运动队管理协同的要素

确定管理协同的要素是建立管理协同运作模式的前提。所谓管理协同要素，是指能够在高校高水平运动队协调发展过程中起到重要作用的

因素。如果缺乏这些要素，高校高水平运动队的管理协同无从发生。

（一）目标要素

目标一般是指组织活动的出发点或其指向的终点。高校高水平运动队目标可分为社会目标、学校目标与个人目标。其中，社会目标要求高校将竞技体育与高等教育完美结合，培养能承担世界大学生运动会比赛任务的高文化水准的运动员。学校目标是培养既有运动才能又有文化素养的大学生运动员。个人目标是指运动员个体在参加运动队时对自身发展的期望。运动员除了在体育上追求卓越外，还希望能平衡学业、人生规划等方面的发展。如果学校仅将其视为"比赛工具"，很可能会忽略他们的一部分需求，导致运动员心理出现落差，影响其在学校的整体发展和成长。依据目标的导向功能，高水平运动队的目标要素对其他组织要素具有重要的引领作用，并且深入每一个管理要素之中，构成了多种管理协同机会。例如，目标与项目就可形成项目布局目标的管理协同。因此，目标要素是高水平运动队管理协同的首选要素。

（二）项目要素

项目是实现高水平运动队管理协同的一个构成要素。高校高水平运动队项目设置关系到运动队人才选拔、比赛成绩、市场化经营及广告宣传等方面，并与学校办队目标、地方竞技体育优势项目分布、经济水平、该项目的群众基础、教练员水平等息息相关。我国高校高水平运动队的项目布局呈现不均衡状态，表现为体育部门和教育部门对高校运动项目的布局没有进行统一规划。从全国已有的高校高水平运动队项目来看，大多数高校都选择了田径、"三大球"等热门项目，拳击、射击等项目无人申报。如何优化和协调高校高水平运动项目的布局，是实现管理协同的一个重要方面。首先，项目设置应以学校办队目标、教师的数量和专长、学校的竞技体育基础为依据，尽可能地使高水平运动队开展的项目和本地区重点开展的项目相一致。其次，要考虑生源、经费、场地、器材等客观因素。所以，高校高水平运动队的项目设置应从高校的具体情况出发，积极开展有一定基础的、切实可行的运动项目，并逐步使该项目成为该高校的运动品牌。

(三) 人员要素

人员要素在高校高水平运动队管理中具有特殊意义，事关运动队人力资源管理这一重要问题。大学生运动员是高水平运动队的主体，对大学生运动员的管理除了包括加强训练比赛管理和文化学习管理外，还包括制定相应的管理制度，加强自我监督和自我管理教育，促使他们养成良好的学习和生活习惯。加强对大学生运动员的管理首先是加强对优秀运动员的管理，由此可以带动一般运动员奋发向上，抓好一般运动员的管理也有利于促进和鞭策尖子运动员的成长。教练员是高校高水平运动队的主导。目前，我国高校教练员大多由体育教师担任，其高水平运动训练经验不足，且缺乏学习和提高的机会。因此，对高校高水平运动队教练员的管理可采取以下措施：一是实行教练员聘任制，对教练员的训练工作和比赛成绩采取目标管理制，并进行年终考核，依据考核结果及时调换或解聘不称职或未达到目标的教练员；二是提高教练员的业务水平，鼓励教练员外出培训以加强自身的业务水平；三是聘请国家级高水平教练员来校执教；四是设立运动训练教研组。此外，高校高水平运动队的主管领导及管理人员也是人员要素中不可忽视的因素。教练员尤其是主教练是运动队管理教育工作的第一责任人，必须发挥主导作用。同时主管领导和其他管理干部也负有督促检查、配合主教练抓好运动队管理工作的责任，因此应做到齐抓共管，相互协调。

(四) 经费要素

经费是办好高校高水平运动队的重要经济基础，经费管理实际上指的就是运动队财务管理,是运动队高效、顺利开展的保障,对加快我国高校竞技体育发展起着举足轻重的作用。目前,我国高校体育竞赛仍存在高水平赛事少、参赛运动队水平低、宣传力度不大等问题,导致赛事的社会影响力小,较难吸引企业赞助。加之高校高水平运动队的自我造血能力较弱,运动队的经费主要依靠学校和上级行政管理机构的拨款,具有明显的行政色彩,导致很难对高校高水平运动队进行市场化运作或者作为产业来开发,使得高校高水平运动队的发展显得力不从心。所以,高校高水平运动队必须努力提高其竞技水平,多参加全国性及世界性比赛,从而获得较大的社会影响力,积极引入市场机制,按照互惠互利的原则把运动队推向市场,更多地吸引企业的经费赞助,努力形成经费结构多元化格局。特别应当指出的是,经费要素是实现高校高水平运动队管理协同的唯一经济杠杆,对协同管理效应的实现具有至关重要的作用。

(五)训练要素

训练是高校高水平运动队管理的关键环节之一,对运动员来说是其大学学习阶段的"主要课程"。在训练的过程中,第一,要充分发挥运动员的积极性和主观能动性,这样才能保证训练的效果。第二,要努力提高科学化训练程度,因为科学化训练已成为现代运动训练的主要标志。教练员要制订科学训练计划,注意合理安排训练的内容、运动负荷和运动强度。第三,要保证训练的时间。为避免与文化课学习相冲突,运动队的训练一般宜安排在下午,以保证训练的顺利实现。运动训练是一个循序渐进、不断深化的过程,运动成绩的提高既需要科学的训练方法,又需要充足的训练时间和一定的训练负荷作保证。我国高校高水平运动队科学化训练起点较低,还需努力去探索适合大学生运动员科学化训练的新途径,进一步明确训练在高校高水平运动队管理协同中的关键地位。

（六）竞赛要素

竞赛在高校高水平运动队建设中扮演着主要的角色。竞赛是检验训练结果的重要方式，训练的主要目的就是参加比赛并在赛场上展示出最佳的竞技水平。同时，以赛代训能够促进运动员技战术的提高和实战能力的增强，运动员只有通过比赛才能全面地检验训练的成果，找出不足，从而提高训练的针对性。目前，我国高校高水平运动队参加的比赛主要是中国大学生体育协会每年举办的各项目比赛、各省每年举行的各项目比赛等，很少再有其他的赛事。要采取增加赛事、定期比赛、优化赛事、提高赛事关联度等一系列必要措施，强化竞赛在高校高水平运动队建设与发展中的核心地位。

（七）学习要素

学习是运动员的两大主要任务之一，也是创办高校高水平运动队的初衷。我国高校高水平运动队的一个普遍现象就是运动员的文化基础较差，这主要是因为运动员担负着学习、训练双重任务，而且他们一般从小就开始从事竞技训练，不能像普通学生一样接受全面而系统的文化教育。所以对于高校来说，其重要工作之一就是要协调好运动员的文化学习与训练比赛，做到学习与训练两不误。一方面，在安排文化课程的时候，要有针对性，保证运动员通过努力既能够顺利完成学业，又能够达到学校教育的培养目标。另一方面，要充分发挥运动员刻苦勤奋的学习精神，为其提供课外辅导服务，以保证他们完成学校规定的学习任务。与此同时，还可制定一定的学习政策，如适当地延长学习年限、实行弹性学制等。目前，国内高校对高水平运动队的文化学习与运动训练的管理一般有两种形式：一种是统一编班，即所有的运动员入校后按专项进行分班，统一专业。这样便于组织教学和训练。训练时间一般安排在下午课余时间，这样既保证了文化学习，又不耽误运动训练。另一种是按照学生志愿，分别录取在各系，随不同的专业班上课。两种形式各有其优缺点，前者有利于合理安排运动员的学习与训练时间，后者有利于尊重学生的个性发展，真正体现他们大学生运动员的身份，使他们和普通大学生无异，真正接受到校园文化的熏陶。此外，实行学分制的高校，可根据运动员对本校的贡献来给予学分奖励。实行学时制的高校，则可通过免修部分课程、增加补考机会等办法，来减轻大学生运动员的学习压力。应当指出的是，学习是高校高水平运动队办队特色之一，离开这一要素，高校高水平运动队亦不存在。

二、管理协同模式构建的依据

高校高水平运动队管理协同模式的构建必须符合社会需求、教育需求、体育需求和管理需求，因此其构建依据可以相应地划分为社会依据、教育依据、体育依据与管理依据。

（一）社会依据

高校高水平运动队的创建背景与我国社会经济、文化教育与体育事业发展密切相关。从根本上看，改革开放后我国社会的发展促成了高校与竞技体育的"结合"，促成了竞技体育的发展重心向高校的转移。然而，高校高水平运动队的现实发展状态与其建设目标尚有较大差距，根据社会发展的新需求，采用新的管理理论构建高校高水平运动队管理协同模式成为一种历史必然。

（一）教育依据

随着我国高等教育国际化进程的加速，竞技体育落户高校已成为大学教育与国际接轨的一个重要标志。办好高水平运动队、发展竞技体育事业、提升学校影响力与地位，成为当下我国众多高校领导的一种共识，成为广大师生的一种诉求，成为丰富校园文化的一种需要。高等教育有条件也有能力避免传统竞技体育体制下专业运动员文化素质薄弱的问题。办好高校高水平运动队并使其逐步承担起参加竞技体育国际赛事的任务,以满足我国高等教育发展需求,不仅必要而且可行。因此,构建高校高水平运动队管理协同模式,促进高校竞技体育事业发展,不仅是社会使然,也是教育使然。

(三)体育依据

为适应我国竞技体育体制改革,国家体委决定将承担世界大学生运动会比赛的任务移交给国家教委[①],这标志着我国体育体制改革进入一个崭新的阶段,迈出了关键的一步。高校高水平运动队要真正承担起这一任务,仍然面临着较多困难。虽然30多年来,我国高校高水平运动队经过艰苦努力,正在逐渐实现这一目标,但高水平运动队自身建设遭遇了改革瓶颈,制约着高水平运动队整体水平的提高。所以,通过构建管理协同模式来缓解高水平运动队的内部矛盾势在必行。

(四)管理依据

管理协同是运用协同学的基本原理和方法,研究管理对象的协同规律并实施管理的一种全新理论。具体来讲,是在系统处于变革或临界状态下,以协同思想为指导,综合运用管理方法和手段,促使系统内部各子系统及子系统内各要素按照协同方式进行整合,相互作用、合作和协调,从而实现一致性和互补性,进而支配系统向有序、稳定的方向发展,并使系统产生的整体作用大于各要素作用之和的系统管理理论。这一理论对高校高水平运动队管理矛盾的解决极富现实意义和针对性,可作为协调高校高水平运动队各组织要素、整合高校高水平运动队各方合力的有力工具。

[①] 张元耕."大运会"能给我们带来什么:承办第5届全国大学生运动会效益初探[J].西安体育学院学报,1993(3):15-16,28.

三、协同内容

从当前高校高水平运动队的管理实际情况看，要增强管理的整体效应，就必须着重抓住并抓好下述八大协同内容，这些协同内容即高校高水平运动队管理模式的基本构成。

（一）目标定位与组织管理的协同

目标定位与组织管理这两个协同要素都是决定高校高水平运动队建设水平的无形力量，是高校高水平运动队建设的重要抓手，它们渗透于高校高水平运动队管理的方方面面。任何一个协同要素的提升或协同机会的产生，都与这两个要素相关。这两个要素之间同样也存在着密切的协同关系，主要体现在两个方面：一方面是办队目标与管理体制的协同。高校高水平运动队的办队目标应瞄准世界大学生运动会，并与此相匹配，高校高水平运动队的管理体制也必须符合这一目标。要树立为国争光的志向，提升管理目标层次，建立与办队目标相适应的管理体制，具体体现在要明确高校高水平运动队的管理权限，建立相应的管理机构，以协调各相关管理部门的关系，消除管理上的权力冲突与部门冲突等。另一方面是办队宗旨与管理制度的协同。要培养既有高水准体育特长又有良好文化素质的大学生运动员，制定相关的管理制度是必不可少的。如果没有管理制度作保证，高校高水平运动队的办队宗旨就无法实现。此外，涉及高校高水平运动队的国家目标、学校目标与个人目标的协同，组织内部各要素的目标协同等也是这种协同关系的具体表达。

（二）项目开发与项目布局的协同

项目开发与项目布局是建设高校高水平运动队独具特色的内容。高校高水平运动队的发展对项目开发与项目布局有着特别的依赖。从一定意义而言，项目开发与项目布局是决定高校高水平运动队能否出成绩的关键。在项目开发与项目布局协同方面，高校高水平运动队要特别重视以下两项工作：一是要保持项目布局与项目开发并重。高校高水平运动队的领导与教练员要认真分析本队的实力及学校情况，以及对手及省内外该项目的设置现状，进行必要的可行性研究。在此基础上，进行项目设置、项目布局及新项目的开发等工作，切忌随心所欲、一哄而上。二是要保持传统优势项目与开发新项目并举。对于已有的传统优势项目要通过再开发来不断保持其竞争优势，同时要根据项目的最新发展，寻找项目新的生长点，善于开发新项目。

（三）招生选拔与人才培育的协同

高校高水平运动队人力资源的主体是大学生运动员，因此对大学生运动员的招生选拔与培育是高校高水平运动队的一项常年工作任务。在当前生源紧张的状态下，做好招生选拔工作显得尤为重要。同时，对在校大学生运动员的培养也不可忽视。招生选拔与人才培育的协同是大学生运动员成长的必然要求。在该方面，高校体育部门主要应抓好以下三项工作：一是要积极开拓生源渠道，根据高水平运动队的项目布局建立稳定的人才输送基地，基地可设于体育系统或教育系统。要定期与基地相关人员进行沟通，制定相关支持政策，及早发现并培养人才苗子。二是要加大人才培养力度。大学生运动员具有可塑性与运动潜能，教练员要根据他们的具体情况进行有针对性的训练，以提高他们的竞技水平，力争在大赛中取得优异的运动成绩。同时，应加强对大学生运动员的思想政治教育和文化教育，使他们在德智体诸方面得到均衡发展，成为社会所需的合格人才。三是要提升教练员的素养和能力。教练员是高校高水平运动队人力资源的主导因素，在招生选拔和人才培育中发挥着关键作用，所以，必须采取有力措施提高教练员的素养，特别是提高教练员的训练水平和指挥比赛的能力，从而使教练员能适应高水平运动队训练与比赛的高要求。

（四）经费筹措与经费利用的协同

高校高水平运动队建设需要的投入大，运营成本高，所以经费筹措与经费利用的协同意义重大。经费筹措与经费利用是一个相辅相成的经济活动过程。当前多数高校高水平运动队的经费来源主要为学校拨款，自我造血功能偏弱，所以高校高水平运动队要特别重视开源节流，大力抓好两方面工作：一方面是拓宽经费来源渠道。首先应取得校方的支持，争取学校加大资金投入力度，使学校拨款成为运动队发展的稳定来源；其次应利用学校优势或体育优势与企业、体育俱乐部、行业体协、上级主管部门等加强联系，争取获得它们的经费支持，从而使办队经费实现多元化与社会化。另一方面是合理使用办队经费。为解决高校高水平运动队经费短缺问题，除拓宽经费来源渠道外，还需高效、合理运用经费。用于高校高水平运动队比赛的场地设备资金投入量特别巨大，应争取单独立项申报该项经费。高校高水平运动队日常运作开支应当注重节流，在保证正常训练与比赛的前提下，积极倡导厉行节约与艰苦奋斗。

（五）训练水平与竞技比赛的协同

训练是比赛的前提与准备，比赛是训练的动因与诊断。从核心竞争力看，训练水平与竞技比赛是高校高水平运动队得以生存与发展的核心能力，所以，两者的协同即高校高水平运动队竞争优势的确立与获得，其重大意义之于高校高水平运动队的建设与发展不言而喻。要整合训练水平与竞技比赛的协同，必须做好以下两方面工作：一方面是提高训练水平。高校高水平运动队的训练具有课余性，且时间有限，要在有限的时间内进行训练更应当加强科学化训练。科学化训练应成为高校高水平运动队训练的指导思想和具体行动，贯穿训练的全过程与全方位。另一方面是力争比赛取胜。竞技体育的最大目标就是在比赛中取得胜利，高校高水平运动队作为竞技体育的一个组成部分自然也不例外。竞技比赛取胜受多种因素的影响，但主要受训练水平的影响，所以加强科学化训练始终是取得优异运动成绩的充分与必要条件。为了获得比赛优胜，高校高水平运动队要特别重视赛前训练，使运动员保持最佳比赛状态，同时要增加参赛次数，使运动员积累丰富的比赛经验等。

（六）文化学习与训练比赛的协同

当前高校高水平运动队面临的一个突出问题就是学训矛盾。对这一问题的出现，应有一个清醒而科学的认识，从根本上看，文化学习机制与竞技体育机制之间的冲突是造成学训矛盾的主要原因，因此不断协调文化学习与训练比赛的关系是逐步解决这一冲突的主要出路。在该方面，主要应采用以下措施加以缓解：一是合理安排时间，大学生运动员的文化学习时间与训练比赛时间要安排得相对集中。因为时间是学训矛盾产生的焦点。只有合理安排好时间，才能既满足大学生运动员的文化学习需求，又满足他们的训练比赛需求。二是加强学习管理。高校对大学生运动员的文化学习管理已取得了许多成功经验，如单独编班、加强教育、个别辅导、减免学分等。对这些成功经验，各校要根据本校实际状况予以吸取或创新。三是及时解决矛盾。文化学习与训练竞赛之间的冲突随时可能出现，因此高校高水平运动队的管理干部、教练员对此要有充分的思想准备，并制定预案，以保证当学训矛盾出现时能及时进行妥善解决。

（七）科技创新与科技服务的协同

随着科学技术的发展，现代科学技术的最新成果被逐步运用到竞技体育的训练比赛中。高校高水平运动队教练员与运动员同样是现代科技成果的受益者，这可以从他们使用现代科技设备得到证明。但由于种种主客观原因，高校高水平运动队教练员虽有科技意识却未有较强的科研创新能力及科研服务能力，致使高校高水平运动队的科技创新与科研服务水平尚停留在低层次。因此，大力提高教练员的科研创新能力和科研服务能力是促进高校高水平运动队发展的一项重要任务。在该方面，主要是采取有力措施提高教练员的科研能力，充分将现代科技成果运用于训练比赛中，以提高高校高水平运动队的软实力等。

（八）文化建设与品牌打造的协同

文化建设涉及多个层面，包括精神文化、制度文化与行为文化。文化建设的重要目标之一就是打造文化品牌。竞技体育本身就是一种文化，所以高校高水平运动队的文化建设必须与打造高校竞技文化品牌相一致。打造高校竞技文化品牌固然与文化建设息息相关，但也受到训练水平、科技创新、运动成绩等因素的深刻影响，因此高校竞技文化品牌打造是管理协同诸多要素共同作用的结果，体现出管理协同的综合效应。加强文化建设与品牌打造的协同，对于高校高水平运动队而言，最重要的是做好以下三方面工作：一是要提高运动技术水平，取得优异的运动成绩，吸引师生关注，使运动队成为活跃校园体育文化的主力；二是要建设好队内文化，树立良好的队伍形象；三是要加强运动队的品牌建设，使运动队在广大师生中及社会上获得良好的美誉度。

四、协同模式的构建

（一）协同模式

按照系统论的观点，高校高水平运动队管理协同模式是一个多维复杂的动态结构。对这一模式的基本构造与运作状况可作如下概述：高校高水平运动队的建构依据主要有社会依据、教育依据、体育依据和管理依据，它们共同作用于高校高水平运动队的办队宗旨与办队目标。然而，高校高水平运动队在发展过程中与上述办队宗旨之间，势必会产生冲突或差距，对这种冲突或差距的评估，便产生了构造管理协同模式的内在需求。这一过程被称为管理协同的形成机制。为了实现高校高水平运动队的管理协同，需要分析与提取系统内部的协同要素，并进行协同机会及协同价值的识别，进而确认高校高水平运动队管理协同模式的构建依据与协同内容，由此构建高校高水平运动队的管理协同模型，并将该模型应用于实践进行验证，如果结果与目标不一致，必须进行反馈校正。这一过程被称为管理协同的实现机制。如果该理论模型应用于实际，达到了结果与目标的一致，那么管理协同的效果，即"2+2>4"的效果得到实现。这一过程被称为管理协同的效应机制。至此，一个相对完整且相对先进的高校高水平运动队管理协同模式得以构建（图5-1）。

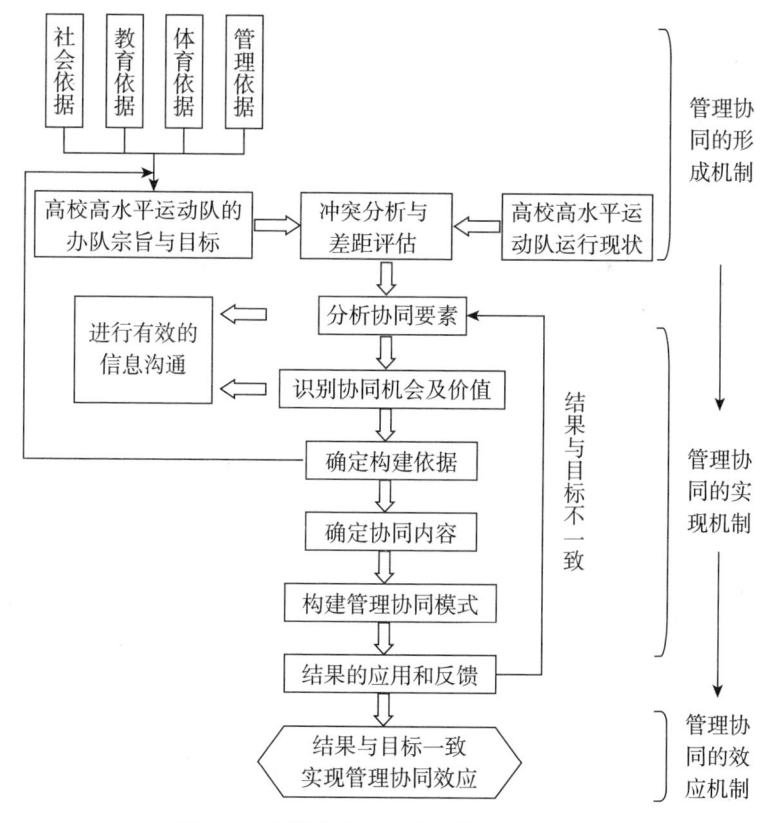

图5-1 高校高水平运动队管理协同模式

（二）运行机制

从图 5-1 可见，高校高水平运动队管理协同模式的运行机制主要包括管理协同的形成机制、管理协同的实现机制与管理协同的效应机制。这三大机制既相互联系，又对应着模式构建的三个过程，对保证管理协同模式的正常运行与及时调整起着重要作用。

1. 管理协同的形成机制

形成机制主要解决的是模式形成的动因问题，这种动因主要来自由社会依据、教育依据、体育依据与管理依据确定的高校高水平运动队办队宗旨与高校高水平运动队现实发展状况之间的差距。

2. 管理协同的实现机制

实现机制表达的是管理协同模式的构建过程，其内容主要包括分析协同要素、识别协同机会及价值、确定构建依据、确定协同内容、构建管理协同模式、结果的应用与反馈。这一机制保证了高校高水平运动队管理协同模式的实现。

3. 管理协同的效应机制

效应机制主要指管理协同的效果评价与管理目标的实现程度，因此该机制具有诊断与评价功能。它既是对管理协同形成机制与实现机制运行情况的评价，也是对管理协同模式运行状态的诊断。

上述三大机制之间相互联系、相互独立、相互作用，发挥各自的功能和作用，共同促进高校高水平运动队管理协同目标的实现和管理协同模式的运行。

（三）主要特征

对图 5-1 所示的高校高水平运动队管理协同模式作进一步分析，可以发现该模式具有如下五个特征。

1. 科学性

高校高水平运动队管理协同模式的科学性特征既体现在该模式符合社会发展需求、教育发展需求、竞技体育发展需求及管理实践需求等构建依据上，也体现在运用的研究方法可靠、逻辑推导科学、理论运用得当等方面。

2. 完整性

高校高水平运动队管理协同模式内涵丰富、外延明确、逻辑严密、层次分明，既包括管理协同的形成机制、实现机制与效应机制等三大机制，也涵盖高校高水平运动队的目标定位分析、现实差距分析、管理冲突分析、协同要素分析、协同价值及机会分析、构建依据分析、协同内容研究、协同模式构建等，因而具有完整性。

3. 目的性

高校高水平运动队管理协同模式的构建具有很强的目的性，主要体现在高校高水平运动队管理协同的最大目标是要解决办队过程中出现的管理矛盾与冲突，使管理协同的各要素按一定的协同方式相互作用，使系统向有序方向发展，最终产生协同效应。

4. 非线性

高校高水平运动队管理协同模式的应用效果不是各协同要素功能的简单相加，而是通过各要素之间的协同运作，得到"2+2>4"的效果。

高校高水平运动队组织系统各要素之间的联系和作用是复杂的，因果关系交叉，具有非线性特点。

5. 动态性

高校高水平运动队管理协同模式的动态性特征主要体现在两方面：一方面，从高校高水平运动队系统内部看，各个机制、各个步骤与各个要素相互联系与反馈，始终处于动态变化之中；另一方面，从高校高水平运动队系统外部看，高校高水平运动队管理协同要素的提取、协同机会的识别、协同内容的确定等，受外部影响因素的制约，也始终处于发展变化之中。

综上所述，高校高水平运动队管理协同模式的研究为高校高水平运动队的建设提供了一种全新的管理思路与方法，对于办队过程中管理冲突的消除、组织要素的协同、组织功能的提升、办队目标的达成、整体效应的放大等，具有重要的理论意义与现实价值。

第四节　构建高校高水平运动队网络化管理平台

高校高水平运动队的建立突破了体育竞技人才只能由专业的体育机构训练的单一模式，有利于体育育人功能的充分发挥和高素质竞技体育人才的培养。在当前体育走向市场的背景下，高校高水平运动队的管理工作量和难度比以前更大。如何运用网络技术、数据库技术，对高校高水平运动队进行科学的信息化管理、提高工作效率和管理水平，已经成为高校高水平运动队管理工作亟待解决的问题。

一、网络化管理平台构建分析

(一) 可行性分析

1. 我国高校高水平运动队管理体系具有可调序列性特征

系统管控具有可调节性,具体是指在保证日常训练及正常教学的情况下,根据高校高水平运动队的实际,不断调整管理的结构和功效。可调节性之所以是正确的,是因为它把人本思想看得很重,在运用时,能够针对不同的要素构架进行微调、修改和补充。传统管理模式过度强调教练员的权威,所以教练员承担了主要责任,其他成员大多是依令行事,很多时候他们都是以应付的心态在工作,个人积极性很低。在传统的管理模式下,有效的调整必须符合教练员或者大赛组织者的要求,管理上以领导者为根本。竞技赛场上瞬息万变,但一些教练员不能很好地把握时局变化,采取合理的调整措施,导致比赛失利。传统管理模式存在的这些缺陷,导致团队体制不健全、决策没有人性化、系统没有灵活性。而新型的管理模式充分考虑人的因素,要求全员有效参与,在工作上讲求科学,所以是一种科学的管理模式。

2 高校高水平运动队管理体系具有相关性与整体性特征

新型的管理模式内部各个因素之间是相互依存、互相牵制的关系,也就是人们说的相关性。这包含两个很重要的点:第一,全部跟单体的关系。主系统是子系统的根本,它的发展决定着子系统的发展。例如,在高校高水平运动队管理体系中,要想实现人、事、物的有机结合,必须服从校内主管理体制的管理。第二,各个分支或者因素之间的关系。其中一种因素的变化会影响另外因素的变化,在这当中,各个因素之间、分支与总体之间的相互关系,都需要服从全局,分支的有效结合,能够促使整体效益的大幅度提升。

要实现团队发展的良性循环，就要增强整个团队的管理技巧，还要了解每个团队成员的思想状况，实现团队和个体的完美结合。上述所讲的管理模式，要求构成高校高水平运动队的人、事、物之间是相互制约的，同时也是互相促进发展的。此外，人、事、物系统不是三方面的简单叠加，而是按照功能要素有机组合、互相促进的关系。① 只有如此，管理模式才能充分发挥自身的优势和作用，高校高水平运动队的管理水平才能提升，以更好地满足当下环境的需要。

3. 高校高水平运动队管理体系具有动态发展性特征

高校高水平运动队的管理模式是动态的，是根据需要不断变化的。② 高校高水平运动队管理系统的核心就是发展变化，作为一个科学体制，整个管理系统要随时代的变迁而不断改进，特别是系统内部各子系统之间的位置和关系是千变万化的。外部环境（包括国家政策、训练计划、训练技巧、训练技术和竞争对手）的变化对高校高水平运动队管理模式提出了更加严苛的要求。但面对外部环境变化，高校高水平运动队管理体系和信息系统无法适时反馈势态变化并做出处理，导致其滞后于时代发展。物理－事理－人理（Wuli-Shili-Renli，简称WSR）系统管理模式作为开放式体系，能够适时根据内外部环境变化，迅速进行信息处理并发布解决措施，从而有效地摒除传统管理模式的痼疾。

4. 高校高水平运动队管理体系具有复杂性特征

在高校高水平运动队管理体系中，信息是无处不在的，因此运动队管理人员需要具备辨识和提炼有价值信息的能力。高校高水平运动队的管理者、教练员、助教和运动员都是信息获取—识别—保存—传递过程中的重要参与者，获取的信息需要在他们中间进行充分的交流。系统管

---

① 韩开成. 体育管理学[M]. 重庆：重庆大学出版社，2019：125.
② 马定国. 高校公共体育管理[M]. 北京：北京体育大学出版社，2006：27.

理模式的引入，促进了我国高校高水平运动队管理系统信息化网络和高效信息处理机制的建立。系统管理的特点是既包含数据的系统化，也包括数据的传输。数据系统主要是对内部命令和管控结果进行反馈。数据传递的过程就是教练员跟运动员之间的有效协商。

21世纪，科学技术日新月异，信息技术推动了社会经济的大发展。高校高水平运动队管理的系统化、科学化和合理化需要管理者具有现代化意识和眼光，合理调节人、事、物，从而使其成为有机整体。在信息大爆炸时代背景下，信息化是不可逆转的趋势，系统管理模式引入高校高水平运动队管理有效提高了信息处理效率和运动成绩。

（二）需求分析

为从整体上全面提高运动员的成绩及团队竞争力，迫切需要一套适合高校高水平运动队的管理系统，通过这套系统，运动员可以查询自己的相关信息以及各项成绩，从而更加全面地认识自己在学习、生活以及训练中的表现及状态，进而及时地进行自我调整。同时，教练员可以通过这套系统维护和更新运动员的相关信息，并通过分析这些信息，获得运动员最近的状态，从而采取更有针对性的措施，制订出更适合运动员的训练计划。开发出一套这样的管理系统，在提高运动员素质、促使运动员取得优异的运动成绩、增强团队核心竞争力方面具有重要意义。

1. 功能需求分析

基于Web的运动队管理系统的主要功能就是满足教练员的训练需要，该系统具体具备的功能包括以下几项：一是对运动员的各项信息进行更新与维护，运动员可以自行登录系统对自己的信息进行查询、添加和更新等操作。二是后台管理员可以对数据库进行管理，这样能够及时地对系统内的信息进行更新与维护。三是具备信息确认功能，当学生提交信息后，需要教师确认通过才能正式出现在系统中，这样保证了信息的可信度与准确性。四是后台修改功能，如后台管理员可以利用这个功能对信息进行随时更新与维护。五是成绩分析功能，这项功能主要是为教练员服务的，教练员可以利用此项功能对学生的各项信息进行分析，了解学生的训练成果，并及时地调整训练方案，以提高运动员的成绩。六是密码修改功能，基于系统的安全性考虑，当学生忘记自己的密码可以上报后台管理员进行修改。七是报表生成功能，该系统可以将运动员的信息以表格的形式呈现出来，并可导出表格。

2.非功能需求分析

（1）性能需求。第一，系统要具有易操作性。针对用户的界面，需要具有易操作性的特点，文字信息全部使用中文，且页面的功能热键要与整个系统的保持一致，便于用户记忆和操作。第二，系统要具有可扩展性。系统会因为用户的操作而发生变化，所以在开发系统时需要对系统的环境变化和使用能力进行设置，当用户需求改变时，系统能够满足需求的变化。当系统发生变化时，需要指明适应这些变化需要用户做的事情和相应的软件设计。第三，系统要具有足够的处理能力。第四，系统要具有可维护性。参数集中设置和系统日志都是系统维护的手段。第五，系统要具有可靠性。第六，系统要具有兼容性。会有一些用户使用非主流的浏览器和特殊的操作系统，系统要具有兼容性，以满足这些用户的操作需求。

（2）安全性需求。第一，用户在执行系统功能时需要先在登录页面进行登录，随后才能跳转到系统服务页面。第二，不同的用户具有不同的操作权限。第三，数据库要对用户的密码信息进行加密处理，以保证密码的安全性。第四，系统应该具备处理结构化异常信息的功能。第五，系统要保证数据在传输和使用过程中的安全性。

高校体育作为高校教育的一部分，在管理上与其他教学部门的管理具有一定的相似性，但是体育自身的复杂性和独特性又使得体育管理与其他教学管理存在差异性，表现在对教师的信息管理具有封闭性，但对学生的体育信息管理具有开放性；既要对教师和学生进行管理，又要对体育教育所需的场所和器材进行管理。人才缺乏是高校体育管理的现状，这一现状造成体育信息管理上的困难，所以应完善高校高水平运动队信息管理系统。高校高水平运动队信息管理系统主要对教练员和运动员的信息进行统一管理，如对这些信息进行查询、储存和修改等。为了用户能够更好地对体育信息进行管理，系统会给予不同类型客户不同的操作权限。

高校高水平运动队信息管理系统应该具备的主要功能有以下几项：能对教练员和运动员的相关信息执行输入、查询和修改操作；训练计划的录入以及更新与修改；比赛信息的更新；总结信息的录入；相应的权限管理。

（三）平台组织结构分析

高校高水平运动队网络化管理平台是面向高校高水平运动队所有职能角色、用于管理和监督训练活动的计算机软件系统。该平台的参与和监督主体包括系统管理员、运动队管理者、教练员、运动员、生理实验室人员五类，也是平台赋予的五种用户角色。

1. 系统管理员

系统管理员是平台用户中具有最高权限的用户，负责创建运动队管理者、教练员和运动员账号，也可创建与其同级的管理员账号，可以对所有用户的用户名和密码进行添加、修改、删除等操作。

2. 运动队管理者

运动队管理者是指高校高水平运动队的总负责人，负责录入和修改教练员的出勤信息，根据运动员的身体机能数据为运动员制订训练计划。运动队管理者可分年度查看和打印全年训练大纲、全年训练计划、学期训练工作总结、学期运动员训练日记、学期训练大纲、学期训练计划、学期训练教案、比赛计划、比赛总结、比赛音像资料等信息；也可查看和打印运动员的基本信息，包括学籍、出勤记录等信息。

3. 教练员

教练员是指高校高水平运动队的教练团队成员，包括体能教练、助理教练等所有负责运动员训练的教练员。他们在系统中的主要任务是录入所负责的运动队的运动员的学号、姓名、性别、所在运动队、每周的应出勤次数和实际出勤次数等信息，其中出勤信息可以随时修改和查看；录入、修改、查看、打印全年训练大纲、全年训练计划、学期训练工作总结、学期运动员训练日记、学期训练大纲、学期训练计划、学期训练教案、比赛计划、比赛总结、比赛音像资料、运动员比赛成绩等；查看和打印运动员的基本信息；查看和打印运动员身体机能数据；查看和打印运动队整体的身体机能数据。但教练员只能对自己队的信息进行相关操作。

4. 运动员

运动员指高校高水平运动队的运动员，其账号由运动队管理者或教练员创建。运动员登录平台后可完善个人基本信息、查看训练计划、提交训练总结等，运动队管理者、教练员、生理实验室人员进行的功能操作都建立在运动员的用户档案之上。

5. 生理实验室人员

生理实验室人员负责在训练活动中收集运动员的生理生化指标数据，并录入管理平台，进行处理和统计，对运动员身体机能信息和运动队身体机能信息进行管理。

(四) 数据流程分析

高校高水平运动队信息管理系统的业务流程：用户输入用户名及密码登录处理程序，之后可以对信息进行两种操作——查询修改与一般查询，不管哪种操作通过相应的处理程序和报告生成程序均可以生成结果报告，且可以导出该报告。如图 5-2 所示。需要说明的是，对信息系统的修改能对信息数据库产生直接影响，而一般查询不能对信息数据库产生实质性的影响。

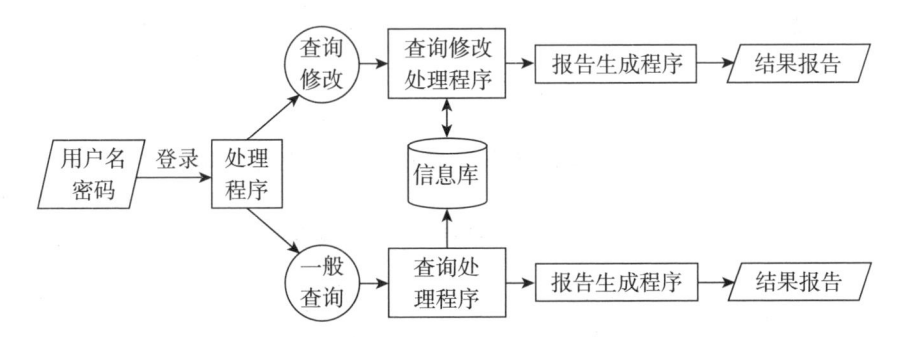

图 5-2 高校高水平运动队信息管理系统的业务流程

关于系统数据流程，图 5-3 为高校高水平运动队信息管理系统数据流程图，表 5-1 为高校高水平运动队信息管理系统数据流程图有关数据的定义，图 5-4 为高校高水平运动队信息管理系统数据处理定义。

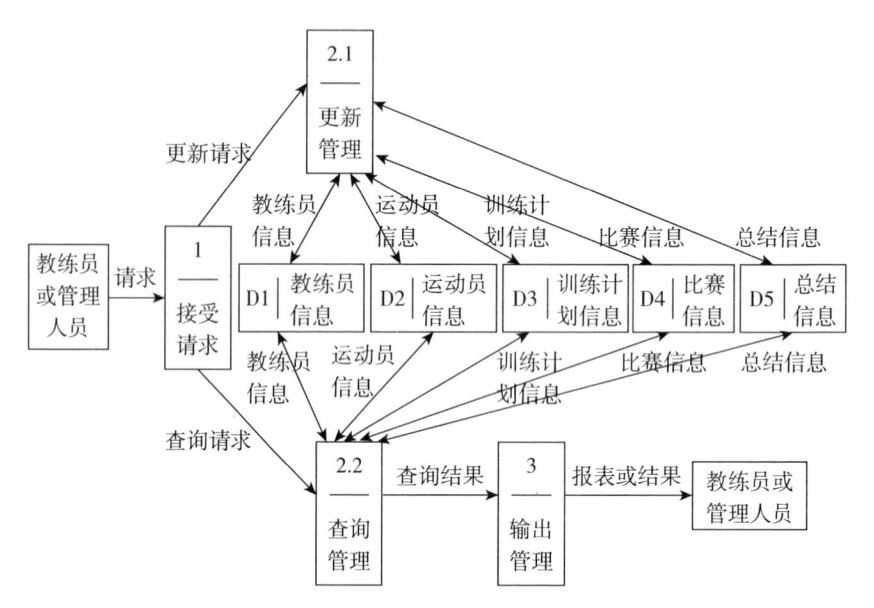

图 5-3　高校高水平运动队信息管理系统数据流程图

表 5-1　高校高水平运动队信息管理数据流程图有关数据的定义

序号	名称	定义	描述	定位
1	请求	管理员密码	对进入系统需要提供密码的要求	请求管理模块
2	查询请求	查询项目	教练员为了查询相关信息的要求	查询模块
3	更新请求	修改或添加请求	管理人员为修改或添加信息提出要求	更新模块
4	教练员信息	教练员信息	教练员的各项信息表	查询管理模块
5	运动员信息	运动员信息	运动员的各项信息表	查询管理模块
6	训练计划	训练计划信息	训练计划信息表	查询管理模块
7	比赛信息	运动队比赛信息	比赛信息表	查询管理模块
8	总结信息	运动队总结信息	运动队总结信息表	查询管理模块

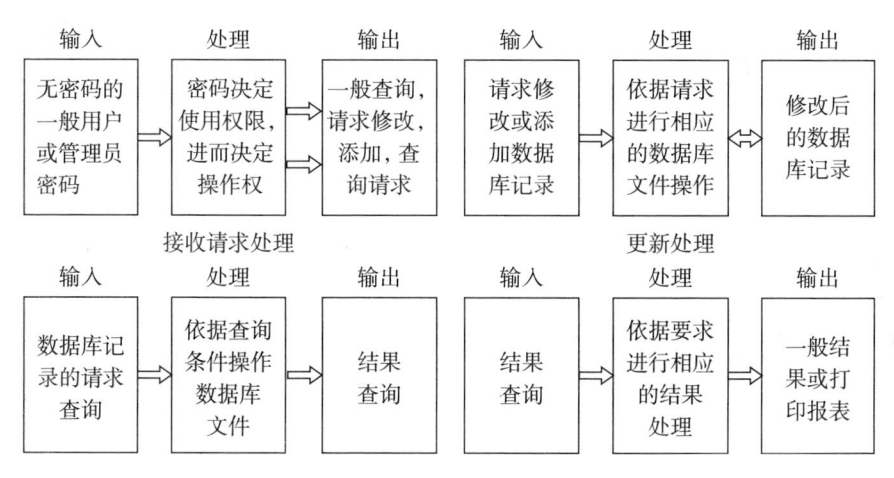

```
输入              处理              输出              输入              处理              输出
┌────────┐     ┌────────┐     ┌────────┐     ┌────────┐     ┌────────┐     ┌────────┐
│无密码的│     │密码决定│     │一般查询│     │请求修改│     │依据请求│     │修改后  │
│一般用户│ ──▶ │使用权限│ ──▶ │请求修改│     │或添加数│ ──▶ │进行相应│ ⇔ │的数据库│
│或管理员│     │进而决定│     │添加，查│     │据库记录│     │的数据库│     │记录    │
│密码    │     │操作权  │     │询请求  │     │        │     │文件操作│     │        │
└────────┘     └────────┘     └────────┘     └────────┘     └────────┘     └────────┘
                 接收请求处理                                  更新处理

输入              处理              输出              输入              处理              输出
┌────────┐     ┌────────┐     ┌────────┐     ┌────────┐     ┌────────┐     ┌────────┐
│数据库记│     │依据查询│     │        │     │        │     │依据要求│     │一般结  │
│录的请求│ ──▶ │条件操作│ ──▶ │结果    │     │结果    │ ──▶ │进行相应│     │果或打  │
│查询    │     │数据库  │     │查询    │     │查询    │     │的结果  │     │印报表  │
│        │     │文件    │     │        │     │        │     │处理    │     │        │
└────────┘     └────────┘     └────────┘     └────────┘     └────────┘     └────────┘
```

图5-4 高校高水平运动队信息管理系统数据处理定义

二、高校高水平运动队网络化管理平台的设计

（一）功能设计

根据系统使用权限的不同，整个系统由五个子系统组成，分别为系统管理员子系统、运动队管理者子系统、教练员子系统、运动员子系统、生理实验室人员子系统。系统管理员的用户名为Admin（1—X），运动队管理者的用户名为Manager（1—X），教练员的用户名为Coach（1—X），运动员用自己的学号作为用户名，生理实验室人员的用户名为Researcher（1—X），每位用户的初始密码都是11111，每个子系统都有一个功能选项是系统管理，用于用户密码的修改，每一位用户都只能访问自己的信息页面，也只能对自己的信息页面进行相关操作。

1. 系统管理员子系统

（1）系统用户管理功能。可实现对所有用户的用户名和密码的添加、修改、删除等操作。

（2）教练员信息管理功能。分年度查看所有教练员的出勤记录、全年训练大纲、全年训练计划、学期训练工作总结、学期运动员训练日记、学期训练大纲、学期训练计划、学期训练教案、比赛计划、比赛总结、比赛音像资料，并打印出相关信息。

（3）运动员信息管理功能。分年度查看所有运动员的基本信息、学籍信息、出勤记录等，并打印出相关信息。

（4）运动员身体机能数据管理功能。以运动员的学号为搜索关键词，查询到该运动员的所有身体机能数据，可以对运动员的每一项身体机能数据进行曲线图分析，也可以根据运动员的身体机能数据为运动员开出训练处方。生成的数据曲线图和训练处方可以打印出来。

（5）运动队身体机能数据管理功能。以运动队名称+运动员性别为关键词，查询到运动队的所有身体机能数据，可以对运动队的每一项身体机能数据进行曲线分析，也可以根据运动队的身体机能数据为运动队开出训练处方。生成的曲线图和训练处方可以打印出来。

2. 运动队管理者子系统

（1）教练员出勤管理功能。通过选择教练员的姓名对教练员每周应出勤次数和实际出勤次数进行录入，录入的信息可以随时修改。

（2）教练员信息管理。分年度查看所有教练员的出勤记录、全年训练大纲、全年训练计划、学期训练工作总结、学期运动员训练日记、学期训练大纲、学期训练计划、学期训练教案、比赛计划、比赛总结、比赛音像资料，并打印出相关信息。

（3）运动员信息管理功能。以运动队名称为关键词，查询到该队所有的运动员，包含运动员的姓名、学号、性别、年级等字段，通过年级字段可以对该队的年级结构进行统计，即每一个年级有几名运动员。还可以逐一查看运动员的基本信息、学籍信息、出勤记录等，并打印出相关信息。

（4）运动员身体机能数据管理功能。以运动员的学号为搜索关键词，查询到该运动员的所有身体机能数据，可以对运动员的每一项身体机能数据进行曲线图分析，也可以根据运动员的身体机能数据为运动员开出训练处方。生成的数据曲线图和训练处方可以打印出来。

（5）运动队信息管理。以运动队名称为关键词，查询到某一运动队的所有队员的信息。

3. 教练员子系统

（1）运动员出勤管理功能。录入运动员的学号、姓名、性别、所在球队、每周应出勤次数和实际出勤次数，其中，出勤信息可以随时修改和查看。需要指出的是，教练员只能录入、查看、修改本队的出勤情况。

教练员子系统具体包括以下功能：①全年训练大纲的录入、修改、查看、打印功能。②全年训练计划的录入、修改、查看、打印功能。③学期训练工作总结的录入、修改、查看、打印功能。④学期运动员训练日记的录入、修改、查看、打印功能。⑤学期训练大纲的录入、修改、查看、打印功能。⑥学期训练计划的录入、修改、查看、打印功能。⑦学期训练教案的录入、修改、查看、打印功能。⑧比赛计划的录入、修改、查看、打印功能。⑨比赛总结的录入、修改、查看、打印功能。⑩比赛音像资料的录入、修改、查看、打印功能。

（2）运动员信息管理功能。以运动队名称为关键词，查询到该队所有的运动员，包含运动员的姓名、学号、性别、年级等字段，通过年级字段可以对该队的年级结构进行统计，即每一个年级有几名运动员。还可以逐一查看运动员的基本信息、学籍信息、出勤记录，并打印出相关信息。

（3）运动员身体机能数据管理功能。以运动员的学号为搜索关键词，查询到该运动员的所有身体机能数据，可以对运动员的每一项身体机能数据进行曲线图分析，可以根据运动员的身体机能数据为运动员开出训练处方。生成的数据曲线图和训练处方可以打印出来。

（4）运动队身体机能数据管理功能。以运动队名称+运动员性别为关键词，查询到运动队的所有身体机能数据，可以对运动队的每一项身体机能数据进行曲线分析，也可以根据运动队的身体机能数据为运动队开出训练处方。生成的曲线图和训练处方可以打印出来。

（5）运动员比赛成绩加分管理功能。

无论在哪个功能模块，教练员都只能对自己队的信息进行相关操作。

4. 运动员子系统

（1）基本信息管理功能。新生运动员在入校半年内将个人基本信息，包括学号、姓名、性别、身份证号、年级、所在运动队、运动等级、籍贯、入学前学校或单位录入系统，半年内可以随时对个人信息进行修改，半年后就只能查看个人基本信息了。

（2）学籍信息管理功能。新生运动员在入校半年内将学籍相关信息，包括姓名、姓名全拼、曾用名、性别、出生日期、民族、身份证号、政治面貌、健康状况、血型、住址、联系电话、家庭住址、邮政编码、国籍、电子邮箱、火车始发站、火车终点站、学号、入学时间、学院、专业录入系统，半年内可以随时对信息进行修改，半年后就只能查看信息了。

（3）运动员身体机能数据管理功能。以学号为搜索关键词，查询到自己的所有身体机能数据，可以对每一项身体机能数据进行曲线图分析，也可以根据身体机能数据开出训练处方。生成的数据曲线图和训练处方可以打印出来。

（4）运动队身体机能数据管理功能。以运动队名称+运动员性别为关键词，查询到运动队的所有身体机能数据，可以对运动队的每一项身体机能数据进行曲线分析，也可以根据运动队的身体机能数据为运动队开出训练处方。生成的曲线图和训练处方可以打印出来。

5.生理实验室人员子系统

（1）运动员身体机能信息管理。录入运动员的姓名、性别、学号、测试时间、身高、体重、肺活量、跳远成绩、握力、心率、血色素等。录入各项身体机能的理想值，并可以进行修改。以运动员的学号为搜索关键词，查询到该运动员的所有身体机能数据，对运动员的每一项身体机能数据进行曲线图分析，也可以根据运动员的身体机能数据为运动员开出训练处方。生成的数据曲线图和训练处方可以打印出来。

（2）运动队身体机能信息管理。录入运动队的名称、运动员性别、测试时间、身高均值、体重均值、肺活量均值、立定跳远成绩均值、握力均值、血色素均值，可以对上述信息进行修改。以运动队名称+运动员性别为关键词，查询到运动队的所有身体机能数据，可以对运动队的每一项身体机能数据进行曲线分析，也可以根据运动队的身体机能数据为运动队开出训练处方。生成的曲线图和训练处方可以打印出来。

（二）数据库设计

数据库设计首先是进行概念结构设计，然后进行逻辑结构设计，最后进行物理结构设计。物理细节是在数据库设计时需要特别注意的一个方面，但是不需要人为控制，因为可以由数据库管理系统（Database Management System，简称DBMS）自行处理，所以这方面不需要工作人员的过多考虑。下面主要对概念结构设计和逻辑结构设计的相关问题进行解释。

1.数据库概念结构设计

数据库设计过程中的一个关键步骤，就是绘制数据流程图和数据字典，然后结合数据规范化理论，建立一个概念数据模型明确地表达出用户的数据需求。

数据库设计的主要阶段是第一、第二阶段，有一种方法比较适合这两个阶段的设计，这种方法就是实体—联系方法（Entity-Relationship Approach）。在该方法中，降低数据冗余的程度是必不可少的步骤，人们通常用范式定义降低数据冗余的程度。众所周知的是，第一范式冗余程度在五个范式中是最大的，第五范式冗余程度在五个范式中是最小的。所以，随着范式级别越来越高，就需要分解更多的表来存储同样的数据，性能将会随之下降。在大多数情况下，人们都会选择第三范式，因为第三范式是最为实用的一个范式。下面是第一至第三范式的要求。

第一范式：确保每列的值都是不可分割的原子值，每一列都应该代表一个具体的属性。

第二范式：关键字对非关键词的属性有决定作用，并且这个范式需要满足上一个范式的条件。

第三范式：非关键字的属性不单是对另一个非关键字属性的进一步描述，还带有其他意义，并且这个范式需要满足上一个范式的条件。

2. 数据库逻辑结构设计

为了将概念数据模型转换为DBMS能接受的数据模型，可以根据概念数据模型及所选定的DBMS的特性，按照一定的转换规则完成数据库逻辑结构设计所要完成的任务。因此，根据上述概念模型，高校高水平运动队网络化管理系统可以用七张表组成，如表5-2至表5-8所示。

表5-2 教练员信息表

序号	名称	数据类型	描述
1	Coach-id	Int	序号
2	Coach-name	Char（10）	姓名

续表

序号	名称	数据类型	描述
3	Coach-sex	Char（10）	性别
4	Coach-date	Date	出生日期
5	Coach-body	Varchar（40）	身体状况
6	Coach-work	Varchar（40）	出勤情况
7	Player-home	Varchar（40）	家庭情况

表 5-3　运动员信息表

序号	名称	数据类型	描述
1	Player-id	Int	序号
2	Player-name	Char（10）	姓名
3	Player-sex	Char（10）	性别
4	Player-date	Date	出生日期
5	Player-join	Date	入队日期
6	Player-body	Varchar（40）	身体状况
7	Player-work	Varchar（40）	出勤情况
8	Player-home	Varchar（40）	家庭情况
9	Player-train	Varchar（40）	训练情况
10	Player-game	Varchar（40）	比赛情况
11	Player-school	Varchar（40）	学籍情况

表 5-4　训练计划表

序号	名称	数据类型	描述
1	Id	Int	序号
2	Class-id	Int	类别序号
3	Class-id	Int	教练员序号
4	Time	Date	日期
5	Content	Varchar（40）	内容

表5-5 比赛信息表

序号	名称	数据类型	描述
1	Id	Int	序号
2	Class-id	Int	类别序号
3	Class-id	Int	教练员序号
4	Time	Date	日期
5	Content	Varchar（40）	内容

表5-6 总结信息表

序号	名称	数据类型	描述
1	Id	Int	序号
2	Class-id	Int	类别序号
3	Class-id	Int	教练员序号
4	Time	Date	日期
5	Content	Varchar（40）	内容

表5-7 训练关系表

序号	名称	数据类型	描述
1	Player-id	Int	运动员序号
2	Class-id	Int	教练员序号

表5-8 用户名密码

序号	名称	数据类型	描述
1	Account	Varchar（10）	用户名
2	Passwort	Varchar（10）	密码

（三）界面设计

1.设计原则

用户界面是用户和系统对话的通道，是设计阶段重要的工作之一。用户界面的核心设计任务是关注如何把信息提供给用户以及如何从用户那里获取信息。无论是从物理意义，还是从感知意义来讲，用户界面都是用户使用系统时所接触的全部内容。因此，对于用户来讲，用户界面就代表了系统本身，所以界面简单、美观、高效就显得尤为重要。根据经验，在设计用户界面时应遵循以下四个原则。

（1）关注基本目标。用户界面的基本目标就是友好、简洁、易操作。

①给界面上的按钮和图标加上明显的标签。按钮应该选择用户容易理解的图片，如保存就是以硬盘样式的按钮来显示。除此之外，控件按钮的标签要指向明确的含义。

②界面的提示信息应尽可能具体、友好。例如，在登录界面，对在用户名中输入无效的数据时，系统应能提示用户输入正确的数据类型。

③对于暂时不可操作的菜单项，需要"灰化"那些暂时不可用的命令。

④提供符合逻辑的界面组织机构或者树状图。

⑤允许撤销动作。这样用户就不用担心因为操作上的失误而造成无法挽回的损失；在进行删除操作时，提示用户是否确认删除；当数据不小心被删除时，应该提供数据恢复的方法，同时提供安全措施防止重要数据被误删除和改变。

（2）为用户提供反馈。各种反馈信息会使用户放心没有出现任何错误，并使他们感到是自己在指挥系统，而不是被系统指挥，但系统也不能显示太多的对话框并要求用户回应，因为这样会降低用户的工作效率。例如，用户需要导出训练的汇总信息时，系统弹出显示"正在导出Excel表格，请稍候……"对话框，这样的提示会让用户放心，确定系统已经接收了自己发出的命令。

（3）友好的错误提示。设计用户界面的重要目标就是防止出错，一旦出现错误，其代价可能是严重的。一方面，当用户操作出现错误时，错误提示语应尽可能地让用户感到亲切，同时尽量做到错误消息每次以大致相同的格式或布局来表示，这样用户就会清楚地意识到出错了，而不会误当作其他某种信息。另一方面，系统还应该简化错误处理。例如，客户在输入无效的运动员 ID 且系统提示错误后，最好继续显示文本框中的错误信息，这样用户看到错误可直接编辑修改而不用完全重新输入。

（4）设计完整的对话过程。系统的每一次对话应该有个明确的次序：开始—处理—结束。任何定义完好的任务都应该有这三部分。如果用户在使用中有疑问需要查询信息，也应该是以关键字查询开始，接下来是信息交换，最后查询结束。有一个完整的对话过程，用户在使用过程中思路才更清晰，使用起来才更得心应手。

2. 系统界面

（1）主界面设计。系统首页是默认用户首先进入系统的界面，相当于高校高水平运动队的门面。当客户进入首页时，可以直接查看到系统里面的资源，并且可以进行相关的操作。主界面主要由以下两部分组成：①用户登录相关的导航条；②会员登录（包括管理员、运动员、教练员等）。

（2）系统信息查询界面。该界面主要由教练员信息、运动员信息、文件信息、运动队信息、用户信息等部分构成。

3. 输入设计

（1）输入的正确性控制设计。输入设计的首要任务就是确保用户能向系统输入新的、无差错的数据或无差错地更新数据。在输入设计中，重要的不是如何纠正差错，而是不要出现差错，因此应尽可能地获取原始数据，尽可能使用电子设备和自动输入，尽可能重复使用计算机内已有信息，同时在输入信息时，对数据进行检验和更正，这些都有助于减少输入信息的错误。

（2）输入的方便性设计。方便性设计的大多数原则是基于界面设计的基本准则的，其目标是使用户能方便地、容易地完成输入工作。

①定位数据输入的光标位置。例如，在添加一个客户信息时，当界面出现时，光标最先定位在第一个数据输入点的客户编号处，当操作完成后，光标移到下一个数据输入点，依次完成客户信息的添加工作。

②如果客户必须以指定的格式输入一个字段值，应该给出相应的样板格式。例如，提供说明让用户知道系统识别的日期格式为YYYY-MM-DD。

③避免让用户输入一些意义不大的字段。将编号设置为自动添加，因为编号仅是作为唯一性标识，本身并没有太大的意义。

④显示所维护字段可接收值的列表。当用户输入系统不可接收的值时，系统应提示有意义的错误信息，同时说明可以接收的字段格式，或可提供一个下拉菜单，允许用户通过单击选中一个字段。

4. 输出设计

输出设计的主要目的是在适当的时间和地点为适当的人提供适当的信息。提供输出信息的最普遍的两种方式：报表输出和图形输出。

（1）报表输出。设计报表应该针对不同客户的特点，提供具有针对性的信息。一般来说，报表类型包括明细报表、汇总报表、异常报表和决策报表。

①明细报表用来记录每天的活动或者训练过程。

②汇总报表通常用来对周期性活动进行扼要综述。

③异常报表用于监视各队伍或者个人的运作情况。

④决策报表通常是高层管理人员使用的报表，用来评估组织的整体运行情况。

（2）图形输出。用图形表示是信息时代最大的优势，对于用户而言，图形更直观、易懂，比文字更有价值。同时，允许数据以图形的方式表示，使得电子格式的信息报表用户界面更加友好。另外，如今的系统通常维护的是海量数据，远远超过了人们能够想象的程度。使用这些数据唯一有效的方法就是对它们进行总结并以图形的方式表示。

在报表设计过程中，原则是很重要的。作为系统的设计者，首先要确定报表的使用者及这些使用者的目的，因为这是确定报表内容与格式的依据。同时，生成反映数据库中数据结构和格式的报表是让人很感兴趣的，也能提高用户的工作效率。反之，当用户搜索一条特殊信息时，如果搜索引擎返回大量的结果，用户就会觉得系统使用不灵活，也降低了用户的工作效率。除此之外，报表的格式也很重要，它的标题应该足以说明报表的内容。任何报表都应提供有意义的信息而不仅仅是数据，同时要以一种易于阅读的格式来呈现报表，表5-9给出了报表在设计过程中应遵循的原则。

表5-9 报表设计原则

原则	描述
使用有意义的标题	明确而具体的问题：用来描述报表的内容和用处； 修订日期：报表最近一次更新或修改的时间； 生成日期：报表是何时生成的； 有效日期：在什么时期内报表内容有效
包含有意义的信息	只显示所需信息； 提供的信息是加工好的，不用修改就能用
布局合理	布局清晰、匀称； 合理的间隔和页边距
有明确的导航	明确何时向前移动和向后移动； 明确当前所处位置

第五节　高校高水平运动队教练员素养及对运动员感情的培养

教练员实质上是心理学家和教育学家，因为他们不仅对运动员的运动技能施加影响，而且对运动员的意识、心理施加影响。教学和教育的统一、教学的教育性这些教育学原则，对运动训练过程有着直接的影响。教练员在对运动员进行指导时，同样也在践行着这些原则。无论是在教学实践上还是在品德教育上，都存在着教练员和运动员两方面的因素。教练员不仅是运动专家，还是教育学家。在高校高水平运动队的建设过程中，教练员的综合素质也是一项不可忽视的方面，教练员需要加强对自身素养的提高和对运动员感情的培养。

一、教练员的综合素质

（一）教练员的职业素养

教练员的职业素养是在运动训练实践活动和各种教育活动中所形成的较为稳定的身体、精神方面的基本特质，是驱动教练员胜任工作和成功执教的各种个性特征的集合，直接影响着教练员执教生涯的成功与否。

教练员的职业素养受到文化差异、地区差异、运动的内外部环境、教练员对运动训练基本问题的认识等因素的影响，因此，不同国家对教练员职业素养的内涵有不同的认识。

竞技体育教练员的任务是要培养高水平的、有理想、有道德、有文化、守纪律的优秀运动员。在训练理念上，教练员的职业素养应表现为促进运动员的成长，爱护运动员；在职业道德上，应表现为坚持公正竞争原则、发扬正气、互相支持与团结协作、以身作则为人师表；在职业态度上，应表现为忠诚于体育事业，富于开拓精神；在职业意识上，应表现为对人热忱、为人正直、宽容克己、性格坚毅等。

（二）教练员的心理品质

1. 事业心

事业心是指人们为从事的事业努力奋斗的精神和热爱本职工作、希望取得良好成绩的一种积极的心理状态。具有事业心的人能在工作中不断克服困难，不断实现制定的事业目标。

教练员职业具有长期性、艰苦性的特点，且工作的回报相较于付出来说是微薄的，甚至在许多时候需要他们牺牲家庭生活，这就需要教练员具有强烈的事业心，热爱自己的事业，把自己的生命与所从事的事业紧密地联系在一起，只有这样，才能克服工作和生活上的困难，带领运动员不断攀登竞技高峰。在我国竞技体育的发展过程中，无论是运动队取得的优异成绩还是运动员获得的优异成绩，都离不开背后那批具有强烈事业心的优秀教练员。具有强烈的事业心是教练员在艰苦环境中奋斗不息的保障，是抵御各种诱惑的力量源泉。

2. 责任心

责任心是指个人对自己和他人、家庭和集体、工作、国家和社会所负责任的认识、情感和信念，是遵守规范、承担责任和履行义务的自觉态度。责任心是一个人的基本素养，是健全人格的基础，具有责任心的人能够意识到工作的重要性，并把实现工作职责作为自己的目标。

目前，我国竞技体育领域普遍采用教练员聘任制。所谓教练员聘任制，是指教练员要通过竞争上岗，被聘任的教练员与单位签订工作合同，成为完成合同的责任人，必须以完成合同的责任心进行训练和竞技比赛。虽然教练员聘任制还存在不完善的地方，但随着我国相关法规的逐渐健全，教练员聘任制必将更加完善。

3. 敬业精神

敬业精神是事业心、责任心的交融。事业心强，必然责任心强，敬业精神也必定突出。若教练员对体育事业有着执着的追求，不甘落后，必将在诸多方面表现出超群的能力。21世纪，敬业精神又被赋予了新的内涵，这就要求教练员要善于学习，刻苦钻研业务，既汲取前人的经验又不拘于前人经验，大胆创新，始终保持一种不满足于现状、持之以恒地向新目标追求的心理状态，这就是进取心。

在运动训练创新实践中，进取心是极其可贵的精神，强烈的进取心促使教练员充满着实现目标的强烈欲望，而这种欲望作为创新的内在动力，能够不断促进教练员创新思维的发展。运动训练是创造性劳动，不能一成不变地按一个模式进行，作为运动训练的指导者，必须善于学习，勇于实践，敢于突破旧框架的束缚，通过自己的研究探求新的解决途径，始终走在竞技体育发展的前列。如果教练员安于现状，因循守旧，不思进取，得过且过，缺乏主动思考问题和解决问题的积极性，必将严重阻碍训练的发展。强烈的事业心和责任心、高度的爱国主义、民族自尊和自信心、对事业的执着追求，是21世纪崇尚的敬业精神。

（三）教练员的思维品质

思维是一种心理过程，是通过分析综合而在头脑中获得的对客观现实更全面、更本质的反映过程。思维有三种基本形式：逻辑思维、形象思维和灵感思维。而创造性思维是基本思维形式的有机组合，是创造活动的实质和核心。对于教练员而言，创造性思维是进行训练创新的基础和构成创新能力的最重要因素。在运动训练实践中，训练创新是不断提高运动成绩的前提和必要条件，通过创造性思维不断探索适合运动员个体的训练手段和方法，采用发散思维、逆向思维、联想思维等思维方式，寻找有效的、针对性强的训练手段。只有这样，运动员才能取得更优异的成绩。

（四）教练员的品质修养

1. 教练员的思想修养

首先，教练员要有明确的政治导向，树立为祖国、中华民族努力执教、拼搏争光的理想和信念。其次，教练员要提高自制能力，善于控制自己的情绪，在任何场合对待运动员的态度和行为都不能偏激，不放任自己的情绪，不迁怒于运动员。最后，教练员要注意言行举止。教练员的一言一行、一举一动都会不经意地在运动员的心里留下印象并影响运动员的言行举止。教练员职业具有社会性，教练员在生活、训练、比赛过程中的言谈、举止、手势、表情、衣着等外在形象影响着运动员和观众，并对运动员道德心理和审美心理的发展均起着潜移默化的作用。

2. 教练员的文化修养

（1）重视文化知识学习。文化水平是教练员知识体系的基础。现代理论及科学成果层出不穷，教练员不仅要重视提高专业素质，也要多学习新知识、新观点并尝试将其运用到自己的实践领域，还要广泛收集国外技战术资料，博众家之长，不能靠吃老本，要逐渐成为学习型教练。

（2）重视思考。现代竞技运动正朝着"高、精、尖、难"的方向发展，新的训练内容、方法手段不断出现，许多高科技被运用于运动训练实践。教练员要对关联学科有所了解和研究，运用不同的思维方式，独立思考，分析和解决训练实践中出现的问题。文化知识基础不足的教练员，只会模仿，不会创新，更谈不上超越他人。

二、教练员对运动员感情的培养

（一）教练员与运动员的沟通方式与技巧

在当前激烈的竞争环境下，运动员取得优异的运动成绩并非仅靠技战术训练本身就可以实现，教练员对运动训练发展的前瞻性判断、对运动员的了解程度、对运动员的服务水平等均深刻影响着运动训练过程，这个过程从服务营销的角度来看，实际上运动员是教练员的客户，运动员创造成绩和客户购买商品是一致的，如果服务营销是成功的，客户就会不断地购买商品，对商品的态度会从满意上升为忠诚。同样，如果教练员与运动员的沟通是顺畅的，运动员便会不断地努力，直至成功。因此，教练员在服务运动员的过程中，必须掌握沟通的方式与技巧。

管理运动员如同管理客户一样，要具备良好的沟通前提，必须建立运动员资料管理系统。目前大多教练员对运动员的相关信息掌握不全，甚至认为这不应该是教练员所做的事情。因此，这也就成为大多教练员从平凡到优秀的瓶颈。掌握运动员的资料并能够在任何场合准确地说出来，至少可以带来以下几个方面的效果。

（1）对运动员的尊重，而且这种尊重会让运动员感知与感动。

（2）在运动员最需要动力的时候，充分掌握运动员资料可以帮助教练员在某一个关键点上实现转折。

（3）影响运动员成长的一种手段运动员的训练环境相对封闭，教练员作为特定的交流对象，其言行举止对运动员的影响是潜移默化的，优秀的教练员往往是以对运动员的卓越服务来影响运动员成长的。

（4）运动训练可持续发展的一种润滑剂。教练员成为一名优秀的档案员，看似很容易，其实能做到的非常少。如果每一名教练员都按照这样的标准来要求自己，运动训练的过程就会优化，提高运动员的积极性就不再困难。

（二）竞技体育中教练员与运动员有效人际关系的建立

1. 教练员与运动员人际关系的构成

（1）由封闭走向开放。职业体育的快速发展，让处在运动训练中的教练员和运动员都意识到开放的沟通形式有助于两者之间建立融洽的关系。竞技体育的国际化发展趋势表明，竞技体育的成绩最终是由人来决定的，怎样使人保持长期的能动性，无异于一项巨大的工程。长期以来，教练员在运动训练过程中并不太重视与运动员之间的人际关系，且教练员的权威性和对金牌追求的功利性造成了他们的"难以接近性"，这也导致我国职业体育持续发展的动力机制出现问题。

（2）由命令式教育走向信任和尊重。从现代竞技体育发展潮流来看，如果教练员和运动员之间没有信任和尊重，那么运动训练过程将不可想象，因为信任和尊重既是运动员获得自信的来源，也是教练员有效执教的基本动力。信任和尊重不仅能改善教练员与运动员的人际关系，更能提高教练员实施训练计划的效益。这也反映出信任和尊重可以促使运动员尽快进入运动状态、增强注意力及提高计划执行能力。

（3）尊重运动员的兴趣。随着现代社会的快速发展，运动员与外界的联系不断增加，给运动训练管理带来一定困难。有部分教练员总是对运动员的这种与外界联系的行为横加干涉，并把这种干涉演绎成运动训练的构成内容，实施监督和管理。实际上，大家都明白，这种干涉不仅很难取得好的效果，而且会增加运动员的反感，导致相互之间信任和尊重的程度降低，甚至不断恶化相互之间的人际关系。

（4）定期与运动员展开对话。每隔一段时间教练员主动与运动员展开对话，有助于教练员了解训练进程的变化以及运动员对球队发展的思考。大多数运动员都经历过运动训练的低谷期，而与教练员进行定期对话有助于缩短低谷期的时间。因此，若想产生高效的教练员－运动员人际关系，无论运动员处在积极或者消极状态下，教练员都要始终保持与运动员的定期对话，且对话中展现出的教练员的个性特征，如同理心等，恰恰是教练员－运动员人际关系的重要纽带。教练员与运动员定期开展对话，对教练员的执教能力提出了更高要求，需要教练员始终把运动员放在非常重要的位置上，严格遵循"以人为本"的管理思想，这样才能实现对话应有的效果。

2. 教练员－运动员人际关系的价值

基于信任和尊重的教练员－运动员人际关系可以有效地改善运动队氛围，继而使运动员更加重视教练员在运动训练中给予自己的反馈。有效的教练员－运动员人际关系就是要充分契合每个人的特点，调动每个人的能量，确保运动训练管理水平的提升以及运动员在运动训练中实现成长。教练员与运动员建立深层次合作关系的过程就犹如挖井的过程，虽然付出了汗水，但得到的是源源不断的"财富"。

（三）教练员对运动员社会矛盾与冲突的化解

竞技体育水平的快速提高，让世界看到了我国体育发展的步伐。我国体育的崛起既是体育人奋发向上、努力拼搏的结果，也是国家经济发展、社会进步的生动表现。与此相应的是，对竞技体育发展的强烈需求使得竞技体育职业化潮流正逐步嵌入我国竞技体育的发展之中，倒逼着我国竞技体育的发展突破专业的范畴，走向专业与职业的融合。职业体育对专业体育的改造是一个系统工程，在相对封闭的专业体育发展年代里，运动训练的目的被浓缩为在世界综合性或单项运动会上争金夺银。当这样的目标已经实现，竞技体育势必要调整发展走向，其内生性发展元素的萌动伴随时代的特征必将突破现有的樊篱，凸显竞技体育的社会与市场效应。

1. 教练员要正确认识冲突视角下的竞技体育职业变迁

竞技体育的职业变迁源于竞技体育的内生动力，是不以人的意志为转移的。但竞技体育在职业变迁的过程中因有限的资源和声望而产生的斗争却是必须面对的一种社会现象。只有竞技体育构成各要素相互冲突，打破现有的平衡，新的稳定秩序才会产生，竞技体育才会得到进一步的发展。在这样的前提下，职业教练员应当充分认识到"师徒矛盾"的内在积极性，探索如何从一名以传授技术为核心的专业教练员向更好地为运动员提供服务的职业教练员转型。长期以来，在我国专业运动训练中，教练员与运动员的师徒关系或多或少带有上下级关系、命令与服从关系，这很容易让教练员把这种关系简单地理解为一种规则或制度，所以，一旦教练员与运动员发生冲突，最终会以惩罚运动员来解决冲突所导致的秩序问题。实际上，问题远没有这么简单，受到惩罚的运动员或者会酝酿更大的冲突，或者会以更消极的态度来对待训练，甚至会强化运动员"要我练，我偏不练"的意识，这种颠覆竞技体育职业发展主体的做法，实际上是在对冲竞技体育职业化发展的正能量，教练员要充分认识到问题发展的后续效应，从思想上、心理上和行为上接受职业教练员应有的服务意识和大局观。

2. 教练员要通过重塑共享定义加强与运动员的社会互动

教练员与运动员的社会互动，首先应体现教练员与社会的有效互动。教练员与社会的有效互动，是教练员认知社会发展、理解竞技体育变革背景的重要途径，如果教练员对竞技体育发展的共享定义认识不足，而运动员能够认知这种共享定义，那么教练员根本无法与运动员产生社会互动。

我国竞技体育的发展要尽可能地避免商业化对运动员的影响，以使运动员能够安心训练，在世界竞技体育的舞台上创造优异的运动成绩，为国争光。这种想法是我国在某一个历史阶段的社会共享定义，但随着市场经济的到来，其已不是现阶段竞技体育发展真正的共享定义，市场对竞技体育的冲击并不是你要或者不要的问题，竞技体育的职业化也不是你愿或者不愿的问题，在这样的情况下，就需要重新定义竞技体育发展的社会共享定义。

教练员需要加深对社会发展的理解、对竞技体育职业化到来的重新认知，如果一味地躺在"唯技战术论"的教练员使命中，那么失去的可能不仅是运动员，还可能是自身，成为远离竞技体育发展的孤岛。所以，教练员要学会与自己交流，加深对竞技体育发展情境的把握，形成新的、与运动员互动的共享定义。

3. 教练员要在竞技体育变迁中重新塑造自己

运动项目的市场化运作，从根本上说，就是要产出符合社会需求、具有市场效应的产品，使职业竞技体育作为一种文化被社会品鉴。但现实是，这种文化尚没有形成。教练员如何在竞技体育的变迁中重新塑造自己？需要转变几方面的意识。

（1）从单纯传授技战术的专业教练员向提供包含技战术在内的竞技体育服务的职业教练员转变。

（2）从上下级命令式的专业竞技体育管理向合作型探讨式的职业竞技体育管理转变。

（3）从沉默面对竞技体育职业化洪流向积极投入迎接竞技体育职业化到来转变。

（4）从长期以来的墨守成规向承认并尊重竞技体育不断变迁的事实转变。

（5）从教练员技术构成团队向包含技术在内的竞技体育职业管理团队转变。作为一名职业教练员，必须尊重市场，否则很难在这样的职业中成长与发展，职业教练员非常重要的使命就是要珍惜运动员这一宝贵资源，尽自己所能，让这一资源的潜能发挥到极致。我国竞技体育职业化的发展道路充满荆棘，不妨将教练员的改造作为一个突破口，不断推进竞技体育职业化进程。

第六章

高校竞技体育人才培养体系的构建策略

第一节　高校竞技体育人才培养中教体关系模式的演进

根据辩证唯物主义，事物的发展是有规律的，是相联系的。从教育部门和体育部门之间关系演进的角度，对不同时期的高校竞技体育人才的培养模式进行回顾，能够从整体上把握高校竞技体育人才培养模式的发展规律，找出阻碍竞技体育人才培养的根本原因，进而提出解决问题的办法。

我国的体育发展紧紧围绕着国家核心利益的调整在不同时期担当不同的战略角色。回顾我国高校竞技体育人才的培养历程，根据教育部门与体育部门的关系，可以将我国高校竞技体育人才的培养分为三个阶段：第一个阶段，20世纪初—1951年，以教育部门培养为主的教体一体化阶段；第二个阶段，1952—1986年，以体育部门培养为主的教体分离阶段；第三个阶段，1987年至今，是教育部门、体育部门合作培养的教体结合阶段。通过对不同阶段历程的回顾与反思，发现竞技体育人才的培养既离不开教育部门也离不开体育部门，因此应构建有利于竞技体育人才全面发展的体教融合培养模式。

一、教体一体化阶段的历程与反思（20世纪初—1951年）

（一）教体一体化阶段的历程

这一阶段的表现形式为竞技运动员的培养主要依赖于学校。20世纪初期，我国仍处于闭关锁国状态，信息的传播不发达，国民对竞技体育的认识依赖于官员和知识分子在外"取经"归国后对竞技体育文化的传播。为了与国际接轨，提升我国竞技体育的知名度，一些知识分子开始探索我国竞技体育建设之路。

我国早期的现代体育竞赛开始于1898年的天津学堂联合运动会，这也是全国首次校际体育运动会。该运动会的成功举办，加强了各高校学生之间的交流，深化了学生对体育竞赛的认识，对竞技体育起到了宣传作用。而后各地的学校陆续举办了校际体育运动会。竞技体育在我国不断呈现出良好的发展态势，为了进一步与国际接轨，加深与外国的交流，1913年我国与菲律宾、日本发起了一个地区性国际比赛——远东运动会。我国获得了第二届远东运动会的举办权，并取得了优异的成绩。第二届远东运动会在上海举办，总领队是时任天津南开中学校长张伯苓，参赛选手主要是从各高校选拔出来的学生。

（二）教体一体化阶段的反思

在该阶段，教体一体化表现为体育是依附在教育部门发展的。教体一体化促进了现代体育在我国的发展，使竞技体育在我国得以萌芽，开启了我国体育外交的新大门。高校培养出了大批的竞技运动员，这些运动员对之后我国竞技体育的发展作出了历史性的贡献。但是，在当时的历史背景下，从国家到社会大众对体育的内涵、竞技体育的内容、竞技运动员的培养等方面的认识还不够准确和全面，培养竞技运动员仍在摸索阶段，再加上当时的社会较动荡，国民政府对竞技体育的发展并没有给予相当的支持，虽然成立了专门的体育协会管理国内的体育竞赛，但是并没有对竞技运动员进行专门、系统的培养。

二、教体分离阶段的历程与反思（1952—1986年）

（一）教体分离阶段的历程

这一阶段的主要表现形式是高水平竞技运动员由国家进行专业化集

中培养，教育部门不再承担高水平竞技运动员的培养任务。

中华人民共和国成立后，为了加强与世界其他国家的联系，使世界重新认识中国，国家领导人开始寻求对外交流的渠道，竞技体育适时地出现。因此，全国上下开始大力发展竞技体育，以发挥提升国家实力、进行外交宣传、打造国家形象的作用。

发展竞技体育的初期，我国仿照的是苏联模式，建立起了培养竞技体育后备人才的各级青少年业余体校，拉开了我国竞技运动员培养政府包办的专制化培养模式的序幕。

1952年，中央体训班成立，在中央体训班的影响下，我国的各个行政区也相继成立了体育训练班，由此高水平竞技运动员的培养逐渐脱离了学校。1963年，竞技体育举国体制的训练体制走上了规范化和建制化。70年代末期，集文化学习和训练为一体的体育运动学校出现。到1982年，我国形成了体育运动学校—体校—专业队的三级训练网体系。

（二）教体分离阶段的反思

这一阶段实行的举国体制和三级训练网体系，是依据我国当时所处的社会环境做出的正确选择，是发展竞技体育、树立国家形象、提升国际地位的有效方式，是具有中国特色的竞技体育后备人才培养体系。在这一阶段，在举全国之力办体育方针的指引下，我国的竞技体育事业实现了迅猛发展，取得了许多显著的成就，但是随着市场经济的不断发展，一些弊端也逐渐暴露出来，主要表现在以下几方面：①国家投入大、人才产出少；②项目发展的不均衡导致一些体育项目发展出现倒退；③训练方法不科学，大量运动员受伤；④竞技运动员就业困难导致后备人才持续短缺。

三、教体结合阶段的历程与反思（1987年至今）

（一）教体结合阶段的历程

这一阶段的主要表现形式是教育部门与体育部门合作培养高水平竞技运动员。1982年，党的十二大提出我国的经济改革方针为"计划经济为主、市场调节为辅"。经济体制结构的改变提高了社会生产力水平，同时改变了社会对人才的需求。1984年，国家对经济体制进行改革，鼓励社会力量办体育，这表明政府一家办体育的方式已成为过去式。与此同时，党的教育方针开始强调培养德智体全面发展的人才，更加重视学校体育。1987年，《国家教育委员会关于部分普通高校试行招收高水平运动员工作的通知》发布，拉开了体教结合培养高水平竞技运动员的序幕。

2010年，《国务院办公厅转发体育总局等部门关于进一步加强运动员文化教育和运动员保障工作指导意见的通知》发布，国家以政策文件的形式对运动员文化教育给予重视，旨在解决仍然存在的、未得到根本解决的有关运动员文化教育及运动员保障工作的问题，使教体进一步深度结合。

（二）教体结合阶段的反思

体教结合模式推行30多年来，对竞技运动员培养的多方面进行改革，但是取得的效果不太理想，根本原因在于以下几方面。

1. 培养目的不合理

目的决定行为的方向。体教结合的提出是为了解决举国体制下体育部门独立培养竞技运动员、片面发展竞技运动员的竞技能力导致的运动员文化水平较低等问题。所谓体教结合，实质上还是体育部门在培养高水平竞技运动员，和教育部门合作，更多是为了给竞技运动员寻找退役后的出路。体教结合培养竞技运动员仍然以为国争光为目的，体育部门仍然将提高运动员的竞技能力作为培养目标，这就造成两部门按各自方式、秉持不同目标对运动员进行培养的局面。其中，学校培养竞技运动员是以带动学校的体育运动氛围、提升学校的知名度为目的的，而体育部门培养竞技运动员仍以拿金牌为主要目的。

2. 旧有体制的阻碍

学校是以提高学生成绩为主要目标的，而社会和家长关注的重点也是学生的分数，这就造成了学校主要关注的是普通学生的培养，而没有将竞技运动员的培养作为学校的重点工作，也没有制定专门的关于竞技运动员的培养制度。而体育部门仍然将"培养高水平竞技运动员，为国争光拿金牌"当作自己的看家本领，仍然掌控着高水平竞技运动员的选拔、各项目国家队的组建、训练及管理、高水平赛事的组织等权力和资源。这就造成了体育系统一些部门通过设置参与重大赛事的门槛、限制学生运动员参赛来抢夺教育系统培养的竞技运动员的现象。这种旧有体制对体教结合的实行产生了消极影响，同时阻碍了对高水平竞技运动员的培养。

3. 资金短缺

竞技运动员在营养、训练、竞赛、医疗方面的特殊需要，决定了竞技运动员的培养需要大量资金的支持。中华人民共和国成立初期，我国竞技运动员的培养由国家包办，资金来源于国家财政投入，尚不存在资金短缺的问题。我国竞技体育发展规模不断扩大，但政府资金投入有限，体育部门没有足够的资金来发展运动项目，只能采取缩减运动项目的方式来应对。教育部门培养竞技运动员的经费主要来源于学校的教学经费，而教学经费的有限投入也限制了学校运动队的规模，加之教育部门培养的学生运动员参加不了重大赛事，无法创造经济效益，打击了教育部门培养竞技运动员的信心。

4. 教练员水平较低

教练员在竞技体育的选才和训练方面起着重要作用，是竞技运动员的引路人，因此教练员的训练水平对竞技运动员的竞技能力起着直接作用。体育部门的教练员大多是在体校受专业训练的退役运动员，文化水平较低，在对竞技运动员进行训练指导时仍然照搬体育系统的那套训练方法，用高负荷、高强度的训练方法来提高运动员的竞技能力，训练时间长、训练效果好，但是效益不高。教育部门培养竞技运动员的教练员主要是学校的体育教师，文化水平较高，但竞技能力较差，参与重大赛事的经验少，训练水平没有体育部门的教练员高。因此，应提高教练员的综合能力，以推动竞技运动员的培养。

四、教育与体育部门在高水平竞技运动员培养方面的历史经验和教训

20世纪初以来，教育与体育部门对我国竞技体育的发展作出了许多贡献，在高水平竞技运动员的培养方面均发挥着重要作用。20世纪初—1951年，教育部门集人才和资源优势为一体，因此政府与民间资金大量投入教育部门，形成了以教育部门培养高水平竞技运动员为主的模式，但是由于缺少专门负责竞技体育发展的体育部门的帮助，加之社会形势不安稳，竞技体育的发展受到严重影响，导致我国竞技体育发展水平没有得到较大提升，竞技运动员在国际赛事中取得的成绩较少。1952—1986年，第二次世界大战结束后，各国为展现国家综合实力，在竞技体育赛事中的竞争日益激烈。中华人民共和国成立后，我国开始学习苏联模式，以举国体制发展竞技体育，力争在国际赛事上争金夺银，由体育部门培养竞技运动员具有时间短、见效快的特征，因此逐渐

形成以体育部门培养高水平竞技运动员为主的模式。但是，体育部门和教育部门的分离，导致体育系统培养的运动员出现文化水平低、与社会要求脱节等诸多问题，再加上举国体制暴露出一些问题，充分说明体育部门单方面培养竞技运动员的效益不高。1987年至今，我国改革计划经济体制后，竞技运动员退役后的就业等问题日益凸显，为探索竞技运动员退役后的职业发展之路，教育部门承担了部分体育部门培养竞技运动员的工作。高校开始招收高水平运动员，标志着教育和体育部门结合培养高水平竞技运动员的模式诞生。体教结合实行30多年来，教育和体育部门在联合培养竞技运动员方面做了多方面的尝试，但是两部门之间在体制、机制上的不协调，导致难以达到所定目标。高校在高水平竞技运动员的培养上存在着管理体系不健全、教练员训练水平不高、缺乏训练设施、高水平运动员参与重大赛事机会较少等问题；体育部门在培养高水平竞技运动员上存在举国体制路径依赖、运动员文化水平较低、体系不科学、竞赛安排不合理、人才流动困难等问题。其根源在于教育和体育部门在运动员选拔机制、教练员流动机制、竞赛体系、训练设施管理、训练体系等方面存在壁垒，导致两部门融合度不够，运动员培养效益不高。

进入新发展阶段，为实现体育强国建设，需要遵循"以人为本"发展理念，通过对不同阶段历程的回顾与反思，发现竞技运动员的培养离不开学校，因此应构建有利于高水平竞技运动员全面发展的体教融合培养模式。

第二节 高校竞技体育人才培养的管理体制和运行机制

一、高校竞技体育人才培养的管理体制

通过查阅文献资料对国外竞技体育管理体制进行研究，本书将其划分为以下三种形式：政府主导型、社会主导型、政府与社会结合型。

政府主导型的主要特征就是政府是管理主体，管理人员都是政府的行政人员，政府设立专门的管理机构，负责决策与制度的制定，执行与管理则是通过行政渠道进行。典型的代表有苏联、朝鲜。美国是社会主导型竞技体育管理体制的典型，日本则是政府与社会结合型竞技体育管理体制的代表。日本文部科学省体育与青少年局是管理高校竞技体育的国家行政机构，但是它的职能仅限于负责解决高校竞技体育的发展方向、水平与规模等政策性问题。

从当前来看，我国高校竞技体育人才培养体制仍为举国体制下的政府主导型，管理体制分为学习训练管理、招生管理、竞赛管理等几个环节，各个环节都需要相应的制度体系来保障该环节工作的顺利开展。我国高校竞技体育人才培养的主管机构理应为中国大学生体育协会，依据《中国大学生体育协会章程》，中国大学生体育协会被定义为非营利性社会组织，它是由全国高校的体育教师和体育工作者等自发组成的，具有全国性、专业性、行业性等特点。但是研究发现，中国大学生体育协会的活动章程相对宏观，管理的范围相对较小。对我国高校竞技体育的组织管理结构和相关政策法规进行分析，并将其与美国、加拿大等国家的高校竞技体育组织管理结构进行对比，发现我国高校竞技体育不管是在组织管理结构的确立上，还是在政策法规的完善上，均存在一些问题，尚不能满足当前我国高校竞技体育发展的管理需求。

通过分析我国高校竞技体育管理体制改革的发展对策，发现应该在举国体制的大环境下，紧跟我国竞技体育管理体制改革和高等教育改革的步伐，建立新发展阶段适应社会主义市场经济体制发展的高校竞技体育人才培养管理模式，归根结底就是管理体制的创新。当前，要推进高校竞技体育发展，应以高校竞技体育发展现状为基础，积极借鉴国外的成功经验，如中国大学生体育协会就可以借鉴美国高校竞技体育中职能独立的管理模式，从而转变管理职能，完善我国高校竞技体育人才培养的制度环境。管理体制的创新要求政府转变职能，推进中国大学生体育协会实体化改革进程，使其能真正成为我国高校竞技体育发展的组织者。只有这样，才能加快高校竞技体育人才管理体制的改革和发展，同时各单项体育协会也能更好地发挥其职能作用来调动高校培养竞技体育人才的积极性、主动性。

二、我国高校竞技体育人才培养的运行机制

（一）我国高校竞技体育人才培养的选拔机制

我国高校竞技体育是在中学竞技体育发展不充分的基础上进行的，同时又是在我国竞技体育由举国体制一元实现形式逐渐向多元实现形式转型的历史条件下展开的。在这样一个特定的历史大环境下以及不同学校体育传统和条件千差万别的情况下，我国高校竞技体育人才的来源渠道和构成模式不是单一性的，而是多样性的。目前，我国招收高校竞技体育人才的途径主要包括以下几个。

第一，招收专业体校和运动队的退役运动员。专业运动员分为现役的和退役的，在我国高校开展竞技体育的初始时期，高校通过招收大量专业运动员的方式来快速提高本校的竞技体育水平，同时可以缓解退役运动员的就业压力。但实际上这些运动员大多是受年龄、伤病困扰的即将退役的运动员或是运动成绩一般未能进入更高级别运动队培养的运动

员，他们的发展潜力和上升空间都较小，或许在短期内能够代表学校参加各类竞技比赛，但是这种过于急功近利的做法既不利于教练员在训练实践中总结经验、合理安排训练周期、创新训练方法手段等，也不利于发展和完善高校竞技体育人才管理制度。

第二，招收专业运动队现役运动员。这类运动员通常是为取得大学学历，基本不花费时间在高校进行文化课学习，训练、生活、管理等均在专业运动队。这批同时具备学生和运动员双重身份的竞技体育人才，可同时代表省市专业队和所在高校参加国内大型赛事和大学生比赛。在我国高校竞技体育人才来源中，专业运动队现役运动员的存在，导致通过高考进入高校的体育生不可能在短时间内超越他们的水平，这在很大程度上影响了部分学生进行训练和参加比赛的积极性。高校往往寄希望于现役运动员为学校夺得名次，实现学校和运动员互利共赢，但是长此以往下去不利于我国竞技体育的稳定与可持续发展。

第三，招收中学体育特长生，即高中体育运动队的成员或参加高中体育训练的学生。国家竞技体育的多级训练网络需要不断地从中学选拔相当数量的优秀苗子来扩充自己的后备力量，但是由于学习任务繁重、训练不系统、训练时间不充分、参与高水平竞赛机会少，这些学生的运动成绩较普通。因此对于大学而言，在高中招收具有较高水平的学生运动员是比较困难的。尽管一些学者对我国竞技体育的举国体制提出各种意见，但是举国体制对高校竞技体育人才培养发挥的作用是显而易见的，清华大学培养的几位高水平田径运动员就是典型的高校培养竞技体育人才的代表，代表了高校竞技体育人才培养的方向。高校处于我国教育的顶层，是综合条件最好的人才培养基地，应当为体育苗子提供较好的训练场地和竞赛保障制度。

（二）我国高校竞技体育人才培养的办队机制

我国高校竞技体育人才的培养主要是通过高校组建高水平运动队实

施的，高校主要通过与外界共同办队及自己组队两种方式建队。高校与外界共同办队指的是高校联合体工队、企业等一起组建高水平运动队，这样高水平竞技人才在代表所在学校参加比赛的同时，还可代表所在省市或单位参加有关比赛，这与前面提到的人才选拔机制中专业运动员挂靠高校获取学历在本质上是一样的，不过不同的是，在联合办队中，运动员不仅需要进行体育训练，还需要在高校进行学习。

（三）我国高校竞技体育人才培养的竞赛机制

高校竞技体育人才获得参加高水平比赛的机会，有利于丰富他们的参赛经历，开阔他们的视野，提高他们的竞技水平，因此完善高校竞技体育人才的竞赛体制是一个亟待解决的问题。

国内举办的规模较大的高校竞技体育比赛较少，已有比赛又存在规模尚不够大、参与人数较少、影响力较小、运动员的竞技能力参差不齐等问题。为了提高高校竞技体育人才的参赛级别，可将其纳入国家体育系统，从而能够和各省市专业队的运动员一起进行训练，进而能够参加一些高水平比赛。可见，建立健全一套能够维持较高水平、赛事举办频繁同时又能保障参赛者数量的竞赛体系迫在眉睫。

（四）我国高校竞技体育人才培养的动力机制

竞技运动同其他体育活动相辅相成，共同构成促进青少年身心全面发展的、不可或缺的重要内容。高校竞技体育是高校体育的重要组成部分，是我国选拔竞技体育后备人才的重要途径，在丰富校园文化生活、推动学校体育活动开展、扩大学校知名度等方面均能起到一定的积极作用。

竞技体育对培养全面发展的人才发挥着积极作用，利用教育系统建立新型的竞技体育人才培养机制将会是未来竞技体育人才培养的主要发展方向。学校培养竞技体育后备人才需要有适度的动力机制，才能保证竞技体育人才培养持续、稳定、健康地发展。而动力来源于三个层面的需要：一是学生运动员个体接受全面教育的需要；二是学校培养全面发展的人才的需要；三是国家和社会的发展对一专多能复合型人才的需要。

要完善高校竞技体育人才培养的动力机制，就需要开展协调、适度且可持续发展的培养活动。当动力适度时，才能较好地满足各培养主体的需要、维持良好的社会秩序和体育运行机制，保证各培养主体在追求合理利益的同时，能够在一定的社会规则和秩序范围内进行正常活动。因此，在构建竞技体育人才培养动力机制时，要用宏观的、系统的思维把握全局，对多种资源进行优化整合，以促进动力机制功能的有效发挥。有中国特色的高校竞技体育人才培养动力机制应该是一种综合性的动力机制，既能充分发挥政策法规等的管理功能，又能激发集体与个人的内在动力，做到内外兼顾。另外，应在不断提高运动员、教练员思想觉悟的同时，做到物质动力与精神动力的协调统一。

总之，要建立有中国特色的、符合我国基本国情的高校竞技体育人才培养动力机制，既不能把集体的、个人的物质利益作为唯一的动力，又不能忽视满足个人物质利益对集体发展的促进作用，要协调物质利益与精神需求的关系，充分调动高校竞技体育人的积极性，充分发挥他们的特长，构建一个综合性、系统化的高校竞技体育人才培养动力机制。

（五）我国高校竞技体育人才培养的激励机制

实现高校竞技体育人才培养激励机制的良性运行有利于激发竞技体育人才的积极性和创造性，引导他们形成符合社会运行目标的价值观念和行为规范。我国体育制度和竞技体育的总目标没有发生根本性变化，高校竞技体育人才的培养目标仍以培养与输送优秀竞技体育人才为主。由于高校竞技体育主体的行为方式更加丰富、价值观念更加多元，所以激励机制要更加灵活。从竞技体育人才培养的激励手段来看，激励手段多种多样，主要体现为由过去的重视精神激励向重视物质激励转变。在物质激励方面，不同高校采用的激励手段各有侧重。从激励过程看，高校在培养竞技体育人才的价值观念和行为方式上与社会经济发展的总目标保持了一致。

激励的标准应综合全面，在具备评判作用的同时又应具备导向作用。因此，激励标准应该符合社会运行和体育运行的总目标，同时评判标准也应综合全面。以往，仅将竞技能力的高低、取得成绩的好坏作为是否奖励的标准，今后，应设计一些能将竞技体育人才综合素质囊括在内的可量化标准，并据此给予运动员相应的物质激励和精神激励，以激发各高校竞技体育人才参与训练和竞赛的积极性、主动性。

激励应体现公平和效率。因此，在对高校竞技体育人才进行激励时，要处理好公平和效率的关系，公平和效率的协调可看作竞技体育人才培养的动力基础，因此在追求平等的同时，应进行差异化激励。对高校竞技体育人才进行激励，旨在使他们享有平等的资源分配权以及平等的提高自身竞技水平的机会，最终形成共同努力、共同提高的良性竞争环境。因此，在激励过程中要引导竞技体育人才树立正确的价值观，避免引发恶性竞争。

（六）我国高校竞技体育人才培养的保障机制

我国高校竞技体育人才的培养存在以下问题：学训矛盾、训练和竞赛的经费不足、训练场馆和设施条件较差等。其中，学训矛盾依然是高校竞技体育人才培养的主要矛盾，这也是高校办运动队考虑的最主要问题。训练和竞赛经费直接决定高水平运动队软硬件的配置水平，如教练员的水平、运动器材和设备的先进程度等。当前大部分高校的运动经费来源渠道单一，大部分是通过行政拨款获得的，而且额度较低，可以通过开源节流的方式改变这点。训练场馆和设施是运动员训练的重要保证。虽然大部分高校具有较为全面的体育设施，但是专业的训练场馆和器材不足，制约了高校竞技体育人才的发展。

虽然举国体制为我国培养了大批国际级运动员，使我国在各种国际赛事上大放光彩。但从长远来看，仅有优秀的竞赛成绩是不够的，运动员退役后的就业问题也需得到妥善解决。因此，高校应立足确保运动员就业，完善运动员的课程体系，如为运动员构建专门的课程体系和特有的学制标准，这样既能保证运动员竞技能力的提高，又能保证运动员文化水平的提高。此外，高校也可组织专家为运动员定制培养大纲、教学计划、文化课知识体系等，并制定特殊的奖惩措施，使运动员拥有自己专门的课程体系，而不受普通学生学习体制的限制，以此来增强运动员的学习效果，为其退役后的就业奠定良好的基础。

高校教练员应由兼职形式向专职化转变，以保证他们全身心投入训练和竞赛工作。此外，高校还可通过聘请专业教练员，来提高教练员队伍的执教水平，优化教练员队伍的结构。高质量教练员队伍是提高运动员综合素质的关键，同时有利于加快高校高水平运动队梯队建设的步伐。教育部门应从宏观上促进管理机构结构的优化，形成学生运动员的输送机制。高校则应加强与中小学的密切合作，加速构建高水平运动队后备人才基地，为充实高校运动员队伍提供人才保证。高校与中小学合作，其中重要的一点是及时发现具有运动天赋的学生，鼓励他们努力学习文化知识，为今后顺利升入大学做好准备，这是开创体育新局面的重要战略措施。

建立物质支持体系。物质支持体系涵盖面较为广泛，包括科研、后勤、医疗，以及与训练相配套的体育器材、运动恢复的相关设施等。有条件的高校应组建各种功能性实验室，以实现对训练和竞赛过程的监督和控制，使高校竞技体育训练和竞赛的方法手段呈现信息化和时代化特征。在后勤和体育设施方面，高校应予以高度重视，加大投入力度，建立完善的管理体制，从而为高校竞技体育人才的培养提供有力的保障。

三、我国高校竞技体育人才培养体制和机制的发展趋势

(一)"以人为本"的管理理念

"以人为本"是今后贯穿我国高校竞技体育人才培养的基础理念，也是高校竞技体育人才培养的最终归宿，它的根本目的是实现高校竞技体育人才的全面自由发展并体现其人生价值。"以人为本"的管理理念能够有效地转变管理者的高校培养竞技体育人才就是拿金牌的思想观念，有利于全新定位高校竞技体育人才的培养目标。参加高级别比赛并取得优异成绩是高校培养竞技体育人才的既定目标之一，但最终目的是实现运动员的全面发展，培养出高素质、高水平的复合型体育人才。

(二)法治化的管理制度

目前，我国正在加快推进各项制度工作的法治化进程，体育工作也不例外。高校要做好竞技体育人才培养工作，就需要建立健全各项体育制度，积极推进人才培养工作的法治化进程。美国之所以能够成为世界体育强国，是因为其高校竞技体育的蓬勃发展及竞技体育人才培养制度的法治化。NCAA作为组织管理与监督机构，在美国高校体育工作中发挥了不可替代的作用。而在我国，中国大学生体育协会的监督机制还不够健全，在高校竞技体育人才培养中发挥的主导作用一般。因此，中国大学生体育协会应该加强对竞技体育人才培养的系统管理，对前期的人才选拔，以及后期的在校学生的训练比赛、文化课的课程安排、对运动员和教练员的管理等工作，都应做好充分准备，各环节都要建立健全相应的制度，并推进各项制度的法治化进程，从而真正能够从宏观层面把控整个高校竞技体育人才培养的全过程，并结合使用法律手段与行政手段进行管理。

（三）社会化、市场化的人才培养机制

社会化、市场化的人才培养机制是我国高校竞技体育人才培养过程中的重要组成部分，需要在运行的过程中对其逐渐规范。

以往，高校是依靠教育部门和体育部门的拨款维持运行的，大多数高校的高水平运动队没有获得企业赞助，也没有市场化的运作方式，更没有自我创造收益的方式，这不利于高校竞技体育人才的可持续发展，因为从高校竞技体育人才的培养过程和发展趋势来看，如要提高人才培养效益，就需要通过少量投入换取大量经济和社会效益。只有这样，高校竞技体育人才培养才会焕发新的活力。因此，教育部门和体育部门在培养竞技体育人才时，要不断解放思想，跟上时代发展的步伐，采取积极措施进行市场化运作和赛事营销，以进一步加快高校竞技体育人才培养社会化、市场化的进程。

第三节 高校竞技体育人才培养模式分析

一、高校竞技体育人才培养的典型模式

（一）体教结合模式

1. 体教结合模式的主要特征

体教结合模式是我国根据特定的现实状况提出的培养竞技体育人才的方式，它与其他国家培养竞技体育人才的方式不同，有着自己的特色。

（1）具有鲜明的时代、地域特色。体教结合模式促进了我国竞技体

育事业的发展。长期以来，在举国体制下，我国发挥社会主义制度能够集中力量办大事的优势，尽全力发展竞技体育，多项体育项目获得斐然成绩，促进了我国竞技体育事业的快速发展。虽然举国体制下我国竞技体育发展较好，但随着我国经济的迅速发展，其种种不足也暴露出来。在遵循科学的发展规律的基础上，体教结合模式成为新时期我国培养竞技体育人才的有效举措，也成为我国高校培养竞技体育人才的有效途径。该模式通过充分发挥教育部门和体育部门的合作优势，优化配置社会资源，极具中国特色。

（2）国家政策的导向性。国家政策在高校竞技体育人才培养中起到了关键性作用。这些政策不仅为体教结合模式提供了明确的方向，确保运动员在提升技能的同时，获得更全面的培养，而且鼓励从资金到场地、从设施设备到医疗等资源的更合理分配。而且，国家制定了一系列奖励在培养运动员方面表现出色的高校的奖励机制。这种综合的支持体系不仅促进了高校运动员竞技能力的提升，更促进了他们的全面发展。借助这些政策，体教结合模式得以深化和完善，有效推进了高校竞技体育人才的培养。

（3）实践地区的分散性。清华大学凭借自身雄厚的经济实力，实行了引进招募或是从中学招收优秀体育竞技人才的运动员培养体系。但是，就全国范围来看，真正做到体教结合的高校并不多，而做得比较好的高校主要分布在高校集中地、经济发达地区等。

2. 体教结合模式的优缺点分析

体教结合模式是根据特定社会阶段的发展需求提出的，它适应了经济社会转型的要求，有着其他模式无法比拟的优势，但在理论和实践方面，它还不是特别成熟，存在着一些不足。

（1）体教结合模式的优点。体教结合是高校竞技体育人才可持续发展的必由之路，是培养全面发展型人才的重要举措。体教结合模式将运动员的竞技能力和文化水平的提升放在同等重要的位置上，这也是培养综合素质全面发展的青少年运动员的关键所在。在运动员的成长阶段，营养是否丰富、训练方式是否得当是运动员体能能否快速恢复与增强的重要因素，体育部门在体育训练方面有专门的教练员，他们专业的训练知识可以帮助运动员在较短的时间内达到最佳的竞技状态，同时，教育部门在塑造运动员世界观、人生观、价值观方面有着不可替代的作用。因此，体教结合模式在一定程度上解决了学训矛盾。此外，提高运动员的文化水平有利于体育部门与教育部门之间的沟通合作，有利于解决运动员退役后的就业问题。

（2）体教结合模式的缺点。首先，体教结合模式的制度不健全，体育部门与教育部门的资源整合不充分，致使双方之间职责不明晰，冲突频发。例如，运动员注册、比赛资格归属、运动员流动机制不合理等问题，导致双方利益博弈达不到均衡。其次，高校中一些教练员片面强调运动员的体能训练，而忽视他们的文化课学习，致使学训矛盾难以调和，体教结合模式也失去了原有的意义。最后，运动训练会消耗运动员的体力，造成运动员身心疲惫，这有可能会直接影响他们文化课的学习效果，最终达不到预期的培养目标。

3. 体教结合模式的可持续发展对策

（1）增强合作意识，促进资源合理利用。要想实现"体"与"教"的真正结合，归根到底在于体育部门与教育部门的合作自觉。具体来讲，教育部门在保证学生能够正常完成学业的同时，更应该重视学生的体育训练需求，可以同体育部门签署相关的训练合作协议，由体育部门全权掌握学生的体育训练活动，并给予其资金支持，以使学生在学习文化知识的同时，可以接受专业的训练，进而促进学生的全面发展。

（2）完善政策法规，推动体教结合。体教结合是一项有利于我国高校竞技体育人才培养的重要发展模式，它的实行不仅要依赖两个部门的自觉合作，还需要政策的正确引导。合理的政策可以规范体教结合模式的具体实施办法，增强相关人员的积极性，为体育和教育事业的长期发展作出贡献。我国制定了一系列相应的政策文件并对体教结合模式进行了实际应用，结果表明，高校制定适应社会改革发展转型的政策是促进体教结合模式有序进行的制度保证。

（3）提高人员素养，解决学训矛盾。作为教练员，除了要对学生进行科学的训练指导外，还要关注学生的学习成绩，鼓励学生全面综合发展。作为学生，在新时代要树立全面发展的观念，摒弃过去只重视学习成绩或者体育成绩而造成发展不协调的急功近利思想，在身体能够承受的范围内，合理安排学习和训练时间，处理好学训矛盾，以促进综合素质的稳步提升。

（二）"一条龙"模式

1."一条龙"模式的主要特征

"一条龙"模式旨在对学生运动员进行学习与训练的共同培养，弥补举国体制下只注重运动员的训练、忽视运动员的文化学习的缺点。此外，"一条龙"模式具有自己独立的组织管理机构，该机构既承担校内的组织管理工作，又承担学校对外相关工作的协调，直属校体育部领导，与体育教研室在业务往来上既相互联系又有所区别。"一条龙"模式的组织机构中有负责具体工作的专职领导干部，与学校体育教师共同构成高校竞技体育人才"一条龙"训练体系。该体系根据小学、中学和大学的不同训练特点，确立了"小学做大、中学做强、大学做精"的人才培养目标定位。

"一条龙"模式能全面地反映管理与训练之间的层次关系，各级运动队的组织管理工作，都直接受其上级领导的监督，从而小学、中学、大学不同阶段运动员的培养与输送工作能够有效地衔接，形成一个环环相扣的动态管理系统。在学校里，学生运动员与普通学生接受同样的文化知识教育，课余时间用来训练，形成"两手抓"的培养模式，这种培养模式极大地提高了学生运动员的综合素质。可见，"一条龙"模式既能保证学校对运动训练工作的独立性管理，又能实现小学、中学、大学各级运动队之间的衔接，从而形成纵向梯队输送模式，这可以在一定程度上解决高校竞技体育人才的生源问题。

竞技体育发展水平在一定程度上影响着我国在世界舞台的地位，虽然举国体制促进了我国竞技体育的发展，但随着社会经济和科技水平的不断提高，其弊端逐渐显露出来，具备高运动技能水平及综合素质的人才逐渐成为世界各国培养的对象。"一条龙"模式顺应时代产生，其有效的组织管理系统为促进我国竞技体育水平的提高提供了强有力的支持，也为我国高校培养高水平竞技体育人才提供了可靠路径。

2."一条龙"模式的优缺点分析

（1）"一条龙"模式的优点。"一条龙"模式为培养学生运动员的综合素质提供了保障，它是在群众体育的基础上，在家庭、社会、学校的共同努力下，以学校为依托培养综合型素质人才及高竞技运动水平运动员的模式。"一条龙"模式将大学、中学、小学三级学校串联起来，中小学不断向其上级学校提供具备高文化素质及高运动水平的综合型人才，三级学校运动队之间相互促进、共同成长，为学生运动员的综合素质提升提供了保障。"一条龙"模式为培养高竞技体育水平人才提供了保障。

（2）"一条龙"模式的缺点。该模式具有连续性和集中性，学生可能长时间面临训练和比赛的压力，这对他们的心理和生理健康有潜在的负面影响。资源过于集中可能会忽视针对个别和特定训练需求的细化。过于封闭的培养体系可能导致与外部的交流和合作受限，从而使学生和教练错过获取新知识和经验的机会。该模式的固定性可能导致培养方法和技术缺乏创新和灵活性。而对于学生来说，平衡学业与体育训练成为一大难题，可能导致学业成绩受到影响。

3. "一条龙"模式的可持续发展对策

（1）依托地方高校的科研与培训实力，促进"一条龙"模式的科学发展。首先，高校是一个由多学科组成的综合系统，其整体科研水平与中小学相比更高，对前沿知识的掌握更及时、更全面，高校应充分利用这些优势，加强对"一条龙"模式的研究，探索更多符合竞技体育人才身体发展规律的方法和手段。其次，经济水平较发达地区的高校可以通过在本校选拔具有项目优势的学生或招收符合本校录取条件的体育特长生，自主举办高水平运动队，这样既能保证学生运动员具备一定的文化素养，又能保证学生运动员具备较高的运动技能水平，还有利于高校成为培养适合当代发展的复合型人才基地。

（2）积极借鉴成功经验。近年来，"一条龙"模式在全国范围内得到广泛传播，各地试点学校在摸索中不断前进，经过几年的时间，涌现出众多能在国内外各类重大赛事中崭露头角的高水平运动员，随着主流媒体的相关报道，引起了全国从事竞技体育事业人士的关注。"一条龙"模式不仅丰富了青少年的课外体育活动，还促进了大学、中学、小学三级学校体育工作的全面开展。各地学校在积极借鉴其他学校培养竞技体育人才的成功经验的基础上，逐渐找到适合自身发展的、具有地方特色的"一条龙"模式。这既有利于促进学生运动员的均衡发展，又有利于早日培养出高质量、高水平的复合型人才，还有利于我国竞技体育事业的可持续发展。

（3）加大对"一条龙"模式的投入力度。"一条龙"模式在全国范围内的广泛开展，是我国体育发展的需要。站在长远利益的角度来看，各高校领导应对"一条龙"模式重视起来，将运动队经费纳入学校经费管理范围，适当加大对竞技体育人才培养的资金投入，通过学校宣传栏或会议的形式,加深教师、学生等对"一条龙"模式的认识,加大对中小学体育的扶植力度,从各方面极力推进"一条龙"模式的实施,以提高竞技体育人才培养工作的效率。

(三)校企结合模式

1.校企结合模式的主要特征

校企结合是高校与企业共同培养竞技体育人才的一种双方共赢的合作模式,高校与企业之间存在着资源互补关系,在相互交换资源的基础上可以实现各自的目标。

纵观现阶段高校与企业共同培养竞技体育人才的模式,主要有综合性合作模式、企业冠名合作模式和资源共享合作模式三种。较之体教结合模式和"一条龙"模式来说,校企结合模式更适合高校竞技体育人才的培养。经费及教练员水平是高校培养竞技体育人才的重要影响因素,二者都需要充足的资金作保障,而现阶段高校竞技体育发展仍旧依靠行政拨款,不能完全满足高校培养竞技体育人才的需求。而高校与企业合作,通过在比赛现场投放宣传企业的LED广告、制作宣传企业的条幅等方式,可以解决资金短缺问题,企业也能在这个过程中获得自己所需的商业价值。可以说,校企合作培养竞技体育人才是一种双赢的、值得借鉴的方法。

2.校企结合模式的优缺点分析

(1)校企结合模式的优点。第一,高校获得资金支持,解决资金短缺问题。一些高校的竞技体育项目由于经费限制难以得到充分发展,与企业建立合作伙伴关系则可以有效解决这一问题。企业的资金赞助不仅意味着更先进的训练设备和更完善的训练场地,还意味着能为教练员和运动员提供更专业的培训和学习机会。企业的资金支持为高校提供了拓展竞技体育项目的可能，以及在更高层次上竞争的机会。更重要的是，这样的合作关系为学生运动员创造了一个更为完善的训练和竞赛环境，使他们能够在最佳条件下追求卓越，最终为国家赢得荣誉。第二，运动员获得更多的参赛机会。训练是为了参加比赛，而参加比赛可以更好地促进训练。要想全面检验训练成果，提高训练的针对性，只能更多地参加高水平比赛。但在某些赛事中，高校运动员的学生身份会受到限制，这对高校竞技体育的发展产生了不利影响。除了篮球、足球等项目有较多的比赛、赛制较为完善外，田径等项目只有全国大学生运动会、全国大学生锦标赛和省市级别的大学生运动会等少量重大比赛，这对高校竞技体育人才的培养和高校竞技体育的发展也产生了不利影响。而高校与企业合作，可以获得更多的参赛机会与资金支持。第三，扩大高校知名度，引进优秀生源。很多高校在体育上都有自己的优势项目，如英国剑桥大学、牛津大学的赛艇队，中国清华大学的跳水队、浙江大学的男子篮球队和三峡大学的男子足球队等。高校优异的竞技体育成绩能在一定程度上提升学校的知名度，从而有利于引进优秀生源。如今，我国高校学生运动员的主要来源为普通高中的体育特长生、青少年业余体校的运动员、俱乐部退役的运动员等，已形成了相对固定的招生渠道，而与企业合作可以在增加经费、提高竞技体育成绩的同时，扩大高校知名度，从而拓宽招生渠道。第四，扩大高校竞技体育人才的就业途径。评价一所高校的办学水平及其效益的重要指标之一是其毕业生的就业质量。文化知识的不足限制了高校竞技体育人才跨专业就业。一些高校并未为竞技体育人才的就业提供所需的服务平台与合理完善的服务等，导致高校竞技体育人才毕业后就业渠道单一，也在一定程度上限值了高校竞技体育的发展。很多高校希望通过与企业的合作，来拓宽竞技体育人才的就业途径。具体来讲，高校竞技体育人才具有较高的竞技水平，而企业拥有广泛的社交关系网，校企结合能为高校竞技体育人才的就业提供更多路径，创造更多机会。第五，优化教练员队伍结构。随着经济的飞速发展，越来越多的高科技被运用到竞技体育领域中，这对竞技体育教练员的科学文化知识、专业技能和心理素质等提出了越来越高的要求。我国高校的教练员多数是由本校体育老师担任的，这些体育老师大多没有参与过高水平的训练和比赛，缺乏专业的战术训练和比赛经验，理论知识大于实践技能，而且体育课已耗费了他们大量的精力，这些因素在一定程度上都影响了高校对竞技体育人才的培养。而校企结合模式可有效改变这点，高校通过与企业合作，可以获得更多资金资助，由此可以从校外聘请职业教练员，从而优化教练员队伍结构，提高教练员执教水平。

校企结合模式能有效促进社会各方面人、财、物资源实现共享，因此，要充分了解高校与社会资源的特征，对优势资源进行有针对性、合理的整合运用，完善高校培养竞技体育人才的模式，促进高校竞技体育的发展。

（2）校企合作模式的缺点。第一，从经济的角度看，虽然与企业合作可以为高校带来资金支持，但这也可能导致高校过度依赖企业的资助。当企业面临经济困境或改变宣传策略时，这种资金支持可能会突然中断，由此对高校竞技体育的发展造成不良影响。第二，校企合作可能会导致利益冲突。高校的核心任务是教育和人才培养，而企业的主要目标是获得利润，这可能导致两者在目标和策略上存在差异。例如，企业可能更关注那些能够带来宣传效果和市场回报的项目，而忽视对学生和高校更重要的项目。第三，校企合作可能对学生产生不利影响。企业为了追求更大的经济回报，可能会过度要求学生参与商业活动，如广告代言、商业比赛等，这会分散学生的注意力，甚至使他们偏离体育训练和文化学习的重要任务。第四，校企结合可能会对高校的决策产生不利影响。企业作为资金提供方，可能会对高校的某些决策产生影响甚至起决定作用，如教练员的选择、训练方式的选择等。这种影响可能会使决策过程更加复杂，甚至可能导致不利于学生和高校发展的决策出现。

(四)"三结合"模式

1. "三结合"模式的特征

"三结合"模式指我国高等体育院校"教学、训练、科研"相结合培养竞技体育人才的模式。该模式目标明确,以培养全面发展的人为本,根本任务是全面提高学生运动员的综合素质。"三结合"模式结构清晰,学校主导理论教学,运动队负责技能训练,对体育领域的科学研究则为教学和训练提供前沿理论支撑,教学、训练、研究工作有机衔接,流程顺畅。"三结合"模式功能突出,学生运动员与其他普通学生一样能获得文凭,还能参与各类大型赛事。"三结合"模式资源利用率高,能够将教学、训练、科研有机结合起来,实现资源融合,从整体提高效益。

2. "三结合"模式的优缺点分析

(1)"三结合"模式的优点。第一,有利于培养全面发展的高素质人才。进入21世纪,我国培养高水平竞技体育人才面临着较大挑战,随着多年来的不断改革探索,"三结合"模式逐渐成为很多高等体育院校甚至普通高校的选择,该模式继承了传统培养模式的优点,摒弃了不适应现代发展的缺点,通过集中与分散相结合的形式,学生运动员可以边学习边训练,从而有利于他们文化知识水平与运动训练水平的共同提高。"三结合"模式充分整合各种资源,如与其他院校共同举办培训班、邀请相关专家进行专业讲座等,以相互交流、相互学习。第二,有利于资源共享,提高培养效益。实现资源的优化配置及各种资源的共享,已成为高校需要解决的主要问题。为使有限的资源获得最大的效益,高校各部门之间开展了各种形式的合作,这为"三结合"模式打下了坚实的基础。随着经济与科技的不断发展,高等体育院校的办学条件不断完善，不断引入各种高新技术设备及先进训练方法。科研人员走进高校，并参与到教学与训练中，将各种前沿的训练理论应用于具体的训练中，使学生掌握了与竞技体育的前沿知识，提高了综合能力，并逐渐与国际接轨。第三，有利于推进高等体育院校建设及其自身改革发展。学校建设关系到学校今后的生存及发展，多年来，我国在竞技体育人才培养之路上不断摸索前进，"三结合"模式为我国的培养之路提供了保障。首先，高等体育院校担负着为国家培养和输送竞技体育后备人才的重要责任，体育部门领导十分重视和支持高等体育院校的培养工作，由此促进了学校的不断发展。其次，"三结合"模式通过整合学校的各种有利资源，将体育与教育有机结合，为科研保驾护航，使教学、训练、科研融为一体，为学校的发展提供了支持与保障。

（2）"三结合"模式的缺点。第一，人才培养规格单一，学科专业优势不明显。改革开放后，单一的体育学专业已经无法满足现代高校改革及现代竞技体育的需要，高校需要不断拓宽专业渠道，提高自身实力，来适应社会发展的需要。经过不断发展，体育逐渐与其他学科出现交叉，由此出现了一批体育相关的交叉专业，如运动人体科学、公共事业管理、运动健康与康复等。但是，由于高等体育院校生源较差、师资力量薄弱等问题，加之普通高校高水平运动队的强劲发展势头，高等体育院校的学科专业优势并不明显。第二，生源质量相对较差，就业渠道仍显不畅。充足、优质的生源是我国竞技体育不断向前发展的重要前提，由于传统观念及办学环境的影响，家长更重视孩子的文化课学习，更倾向于让孩子选择综合类院校，导致高等体育院校的生源质量较差。多年来，我国竞技体育人才培养虽然在发展中不断前进，但依然存在着重视运动员运动成绩的提高、忽视运动员文化知识学习的现象，导致一些运动员退役后，由于文化知识水平有限，难以找到一份适合自己的工作，甚至生活无法自给自足，需要依靠父母，这种情况又加剧了高等体育院校生源质量差的情况，由此形成恶性循环。

3. "三结合"模式可持续发展对策

（1）加强教学、训练与科研的内在结合，优化资源配置，实现资源共享，逐渐改变某一部门单独管理竞技体育的局面，促进各部门之间的合作，为培养全面发展的高素质人才服务。对科研经费、训练设施及教学等实行统一管理，充分发挥资源的效能，为培养全面发展的高素质竞技体育人才提供保障。找出自身不足，与其他同类院校多交流、多合作，扬长避短，结合本校实际情况，充分利用各方面资源，转变传统观念，不断提高认知水平，发挥全校各部门的力量，不断攀登竞技体育的高峰。

（2）创新管理体制，为运动队提供更优的服务。竞技体育项目众多，在转变传统观念的同时，组建负责教学、训练的相关机构，以适应现代体育的发展趋势。在保障运动员正常体育训练的同时，保证运动员的文化知识学习，从长远角度出发，为运动员退役后的就业提供坚实的保障。牢牢掌握体育及教育的发展规律，利用现代前沿知识，不断创新管理体制，为运动员的衣食住行提供全方位的服务，为其将来更好的发展打好基础。

（3）争取各级领导的支持。在处理好学院各级部门关系的基础上，以正确的指导思想为先导，获得各级领导的支持，这是"三结合"模式不断发展的重要保障。有了各级领导的支持，无论是用于训练和科研的资金还是教学设施的完善，都更有保障，从而能促进教学、训练、科研的进一步融合，进而促进高等体育院校的发展。上级领导通过实地考察等方式，可以进一步了解"三结合"模式的运行过程，从而对其中存在的问题给出解决方案或为问题解决提供人、财、物等方面的支持。

二、高校竞技体育人才培养新模式的构建宗旨与要素

（一）高校竞技体育人才培养新模式的构建宗旨

1. 坚持"以人为本"

"以人为本"顺应了目前我国高校发展的科学化走向以及学生运动员发展的主体化和个性化趋势，是培养竞技体育人才的根本保障。只有坚持"以人为本"的理念，在培养理念、培养目标和培养途径等方面实现创新，高校竞技体育人才的培养才能取得实效。培养高校竞技体育人才，首先要把人才的成长放在首位，彻底解决只提升运动成绩而忽视文化教育的问题，充分挖掘学生运动员的各种潜力，尽可能地满足他们成长所需的环境，为他们综合文化素质的协调发展和社会适应能力的提高而努力。其次要做到实践育人，增强学生运动员思想政治教育工作的针对性和实效性，重视他们的全面发展，增强他们的自信心，促进他们人人成才。

2. 坚持培养理念与时俱进

新发展阶段，高校需要尽快培养出社会需要的高技能、高素质人才。我国高校竞技体育人才培养模式的教育理念应紧跟社会、经济的发展，围绕培养对象、培养目标和培养途径等核心问题不断进行高技能人才培养教育理念的创新，与时俱进地培养出高文化、高修养、高技能的"三高型"竞技体育人才。

3. 紧跟人才需求变化

随着市场经济改革的不断深入，社会对人才的价值期望和需求结构也发生了巨大变化，社会各部门对人才的需求呈现多样化趋势，这就

要求人才培养模式也要多元化。高校单一化的人才培养目标已不能适应社会发展的需要，并与多样化的社会需求之间存在着矛盾。为适应社会对人才的多元化需求，高校必须在培养专才的同时，注重复合型人才的培养。因此，我国高校竞技体育人才的培养不仅需要提高他们的竞技水平，还应加强对他们文化教育的重视，努力培养体力、智力和情商全面、和谐、充分发展的人才。

4. 着眼于运动员的职业生涯发展

运动员身份只是运动员人生发展历程中的一个阶段，退役后的去向及发展同样重要。我国高校在培养竞技体育人才时，更多的是将运动员获得的奖牌数作为衡量他们是否优秀的标准，而对他们退役后的职业生涯没有应有的重视，制约了我国高校竞技体育人才的可持续发展。因此，高校在对学生运动员进行专业技能训练的同时，还要着眼于他们的未来，要有为他们长远发展考虑的运作机制，即不断建立和完善相应的服务机制及体系帮助学生运动员正确处理专业训练与文化知识学习之间的关系，从而解决好学训矛盾，为他们退役后的职业发展做好准备。

（二）高校竞技体育人才培养新模式的构建要素

1. 培养理念

培养理念包括"以人为本"理念，全面发展理念和人文、科学、创新相统一的理念。我国高校竞技体育人才培养理念分为宏观、中观与微观层面的教育理念，反映的是培养主体对人才培养的本质特征、目标价值、职能任务和活动原则等的理性认识，以及对人才培养的理想追求和所形成的各种具体的教育观念。

2.培养目标

培养目标是人才培养的标准和要求，是人才培养模式构建的核心，对人才培养活动具有调控、规范和导向作用。高校竞技体育人才的培养可朝着两个目标发展。其一，全面发展的人才培养目标。拥有高水平运动能力或取得出色的运动成绩并不是衡量优秀运动员的唯一标准，优秀运动员还必须拥有较高的文化素质和完美的修养与人格。在我国高校竞技体育人才的培养过程中，运动员除了要进行运动训练以使自己拥有高水平运动技能之外，还要接受文化素质教育，以成为既具有高水平的运动技能，又具有较高的科学文化素质和人文素养的全面发展型人才。在运动员的就业指导上，坚持授人以渔，而非授人以鱼，使他们能够在运动生涯结束后依旧可以在其他领域获得较大发展。其二，多渠道、多样化的人才培养目标。我国高校竞技体育人才培养的运作机制基本上是在政府支持、学校领导重视的情况下实施的，而社会体育资源的作用和地位没有得到真正彰显。随着我国社会主义市场经济体制的逐步完善及高校竞技体育的发展，打破单一的竞技体育人才培养方式势在必行。近些年，"清华模式""南体模式""北理工模式"等成功范例证实了我国高校多元化培养竞技体育人才的可行性。除了体育部门、企业可以与高校联合培养竞技体育人才外，体育俱乐部也可以与高校合作，为高校的竞技体育人才提供参与一切体育健身活动的机会。社区体育活动的广泛开展为体育运动的普及打下了良好基础，同时也为高校竞技体育人才的成长和发展提供了优质的"土壤"。因此，要综合体育部门、企业、体育俱乐部、社区等的优势资源共同培养高校竞技体育人才。

3.培养过程

培养过程是践行培养理念的重要部分，是培养目标得以实现的过程，是为实现一定的人才培养目标而实施的一系列人才培养活动的过程。具体来讲，培养过程就是培养方式与培养措施有机结合的过程。高校竞技体育人才的培养过程是为实现竞技体育人才培养目标，按照一定的竞技体育人才培养规律和培养要求制定的一系列人才培养规划和计划，以及采取的一系列途径、方法和手段的总称，是对培养方案的具体实践流程、各项制度与措施的具体操作。高校应在培养竞技体育人才的过程中遵循"以人为本"理念及全面发展的原则，依据高校的现实情况制定相应的竞技体育人才培养方案，联合多方面的力量，尝试实行高校基地多元化人才培养模式。

4. 培养制度

制度，即人们要一同遵守的规章或准则。人才培养之所以能够持续长久，是因为相关制度可以规范人才培养活动，也只有将人才培养制度化，人才培养模式才能够持续健康发展。要想高校基地多元化人才培养模式长期稳定地发展并持续发挥作用，就需要制定相应的制度，完善体育竞赛体制，制定教练员定期培训政策，设立高校竞技体育人才奖学金制度等。

5. 评价机制

评价机制是贯穿整个高校竞技体育人才培养过程的重要环节，它通过搜集人才培养过程中各方面的信息，依据一定的标准，运用评价技术对人才培养的质量与效益，以及培养目标、培养制度、培养过程，做出客观的衡量和科学的判断，并及时进行反馈和调节。评价高校竞技体育人才培养质量可从校内和校外两个方面进行，校内评价侧重于人才培养目标的实现程度，校外评价则着重于人才培养是否符合社会发展大环境的需要。在评价高校竞技体育人才培养质量的过程中，要将这两方面的评价有机结合起来，用校外评价来弥补校内评价的不足。高校基地多元化人才培养是一项系统工程，要充分发挥校内评价及校外评估的合力作用,就要通过改革教育评价机制和建立社会评估制度,加强科学督导,保证多元化人才的培养质量。

第四节 新发展阶段竞技体育人才培养的方向

一、东京奥运会、北京冬奥会后我国竞技体育转型的必要性

我国体育健儿在东京奥运会和北京冬奥会上均取得了不俗的成绩,同时也暴露了一些不足。在新发展阶段,我国竞技体育要实现战略转型,就要优化促进竞技体育发展和人才培养方面的措施,以推动我国竞技体育的高质量发展。

(一)发展理念制约竞技体育战略转型

发展理念是行动的先导,是发展思路、发展方向、发展着力点的集中体现。长期以来,我国竞技体育发展理念比较局限,在思想上,把竞技体育简单等同于金牌;在行动上,把竞技体育看成是少数运动精英参与的活动;在工作上,割裂竞技体育与群众体育,导致竞技体育的功能定位比较单一。2008年北京奥运会结束后,体育学界开始思考竞技体育发展问题,提出了转型发展的新理念。2014年,《国务院关于加快发展体育产业促进体育消费的若干意见》将全民健身上升为国家战略。2016年,中共中央、国务院颁布《"健康中国2030"规划纲要》,其中第六章提高全民身体素质中提到要完善全民健身公共服务体系,广泛开展全民健身运动。总体而言,2008年北京冬奥会后,我国体育事业以奥运争光为核心的发展理念有了重大转变,竞技体育发展也不断从强调"为国争光单向度赶超发展"逐步向强调"多元化协调发展"转变,但受传统发展理念和路径依赖惯性的制约,竞技体育要实现战略转型进而迈向

高质量发展还有较长的路要走。

（二）发展机制对职业体育发展的制约

职业体育是竞技体育和体育产业中最重要、最活跃的元素，尤其在数字化、全球化成为主要特征的新发展阶段，以数字赋能职业体育新样态将成为促进竞技体育乃至整个体育事业创新发展、高质量发展的关键。由于多种原因，竞技体育职业化与举国体制存在冲突。作为计划经济的产物，具有高度集中、以行政管理和指令为基本手段的特征，而竞技体育的职业化发展需要更宽松自由的环境，因此，为促进职业体育的发展，应该积极建立健全适合社会主义市场经济条件的发展体制，从而为我国竞技体育的竞技水平、经济效益、社会声誉并行发展赋予动力。

（三）科技赋能不足

我国竞技体育发展条件相对落后，主要体现在新科技、新材料、新技术等并未有效融入运动训练全过程，运动训练的科学化、智能化水平不高，科技驱动力量还比较薄弱。竞技体育是以挑战人类潜能为目标的实践活动，是科技应用最广泛的领域之一。每次竞技手段的创新、运动纪录的刷新无不与当时最前沿的科技元素息息相关，这说明竞技体育的发展需要以科技为支撑。当前，我国各级训练单位依然多局限于传统的训练备战方式，运动训练中的科技贡献率不高，加之竞技体育科技资源整合不足，高水平科研创新成果缺乏、科研人才短缺，导致科技引领竞技体育发展的动力不强，这是目前我国竞技体育补短板最重要的任务。

二、新发展阶段我国竞技体育转型发展的新路径

（一）创新发展理念，发挥竞技体育的引领效应

在新发展阶段，我国竞技体育要贯彻创新、协调、绿色、开放、共

享的新发展理念,加速构建新发展格局,为实现高质量发展提供根本保证,这就需要将大竞技观贯穿到发展全过程,实现竞技体育更高质量、更有效率、更可持续的发展。大竞技观,即兼顾体育发展内外系统辩证统一的发展观。从外部看,竞技体育是实现体育强国、文化强国、健康中国互动发展的关键要素;从内部看,竞技体育是推动群众体育、体育产业、体育文化协同发展的重要内容。鉴于竞技体育在体育发展内外系统中的核心地位,以及竞技体育与群众体育、体育文化、体育产业的诸多显性关联,在新发展阶段应树立新发展理念,以转变发展方式为支点,充分发挥竞技体育的示范引领作用,实现大竞技观生态落地,即构建竞技体育引领示范—激发全民运动参与活力—促进全民健康/带动体育产业/丰富体育文化/扩大精英运动人口基数的良性生态循环系统,进而为经济助力、为社会赋能、为文化添彩。

(二)创新体制机制,释放新型举国体制的综合效能

国际竞技体育管理体制的政府主导型趋势日臻强化、我国竞技体育的市场化需求不断增加,再加上新冠疫情常态化防控所引起的体育秩序与赛事格局重组等,这些新情况都要求不断创新体制机制,探索形成具有中国特色的竞技体育发展道路。创新体制机制,需要从根本上改变治理结构,提升治理效能。

1. 凝聚多元主体,勠力同心办体育

从单一地举体育系统之力转变为中央与地方、政府与市场、公办与民办、国内与国外等共同参与办体育的格局,校园比赛、专业比赛、职业比赛多头并进。举各级各类组织之力不断优化竞技体育社会治理,不断推动制度优势向治理效能转化,引导多元主体共同打造共治共享治理格局,进而把治理效能转化为人民群众对社会治理的满意度和获得感。

2.优化竞技体育项目布局,推动职业体育赋能增效

要大力推动奥运与非奥运、夏季与冬季等运动项目均衡发展,在提升优势项目核心竞争力的同时,着力提升基础项目、集体项目、冰雪项目的整体水平和影响力。要借力职业体育赋能增效,进一步推动"三大球"、马术、冰球、高尔夫球等项目的职业化发展,鼓励和支持棒垒球、橄榄球等项目走职业化道路,设计具有中国特色的体育职业化发展模式,不断满足人民群众对美好生活的需求。

(三)创新科技引领,启动竞技体育变革新引擎

当前,新科技革命的核心是数字革命,数字革命的本质是以数字为基础重新定义一切,是一种决策革命和工具革命。新冠疫情催生的线上模式成为社会数字化转型的加速器,全球面临数字化转型、网络化重构、智能化升级。竞技体育发展进程中的诸多困囿,应在数字化浪潮中获得新的解决方案,开拓新的增长极。

1.推进大赛保障数字化转型

大数据科学被认为是一种新的复杂性科学,其具有特色的方法论特征,也给通过复杂性科学解决问题提供了新思路。科技引领运动训练涉及建立集综合性科学训练、科学研究和科技保障于一体的高质量"科技冬奥、科技夏奥"的保障体系,需要控制的因素呈现出多元、多重、异构、混杂等特征,急需进行跨学科、跨行业、跨部门的协同合作。

2.推进训练过程数字化转型

数字化转型可以将运动训练中复杂系统的超维度信息实时映射到数字世界,进而利用数据、算力、算法对复杂训练问题的诸多要素和过程进行状态描述、原因分析、结果预测、科学决策,保证最小化运动损伤

和最优化训练适应,为科学、实时、有效、个性化地组织训练提供了更大可能。

3.推进管理方式数字化转型

放出活力、管出公平、优化服务、激发动力是"放管服"改革的最终目标,也是竞技体育发展和运动项目管理改革的时代之需。借鉴浙江省利用在线协作、数据共享的数字技术实现"最多跑一次"的成功经验,竞技体育同样需要以政府主要体育业务的数字化转型为基础,通过技术融合、业务融合、数据融合,推动形成数据驱动的治理新模式,实现组织架构逐步趋向集约化、扁平化,进而打破认知、体制、技术、法律及管理壁垒,体现出"以人民为中心"的理念,推动降低社会组织与市场组织办竞技体育的制度性交易成本。

三、新发展阶段对竞技体育人才培养提出的新要求

新发展阶段,我国竞技体育发展面临新形势、新问题。竞技体育人才培养、选拔、激励、保障机制需要全面改革创新。

(一)促进竞技运动员的全面发展

体育强国建设,要把人民作为发展体育事业的主体,把满足人民健身需求、促进人的全面发展作为体育工作的出发点和落脚点。新发展阶段将"以人为本"发展理念与体育强国建设相联系,确立了新时代体育事业发展为了人民的价值取向。价值取向的转变赋予了竞技体育新的时代内涵,即竞技体育要从以政治为核心的价值取向转变为以实现人的全面发展、以人民群众身体素质和生活质量提高为核心的价值取向。竞技运动员的培养目标要从为国家争金夺银的单一目标转变为促进人的全面发展的多元目标,从培养具有高水平竞技能力和成绩的高水平竞技运动员向兼具高水平竞技能力和文化素质、社交能力等全面发展的高水平竞

技运动员转变。

教育是实现人的全面发展的重要手段，学校教育作为教育的主要形式之一，对实现人的全面发展起着重要作用。另外，学校的教育目标是培养德智体美劳全面发展的学生，其中体育占据重要地位。因此，学校教育对培养全面发展的高水平竞技运动员具有重要作用。竞技运动员培养回归学校顺应了社会发展的趋势，也顺应了新时代"以人为本"发展理念对我国高水平竞技运动员培养提出的新要求。

（二）开放办体育

为在国际赛场上展现国家综合实力，各国在竞技体育赛事中的竞争日益激烈，竞技体育被赋予了为国争光的历史使命。中华人民共和国成立初期，我国以举国体制发展竞技体育，力争在国际赛事上争金夺银，且为了与他国进行外交，放大了体育的政治功能，将竞技体育建设作为体育事业的主流，对群众体育和体育产业的发展没有给予应有的重视，造成竞技体育与群众体育、体育产业发展不协调的局面。举国体制下体育系统对竞技体育资源的垄断，阻碍了市场力量的进入，导致体育资源的配置效率低下。为了提高体育效益，我国提出了开放办体育的理念。

2016年，国家体育总局在《体育发展"十三五"规划》中提到，我国体育事业发展中存在的管办不分、政社不分、事社不分的体制弊端遏制了体育发展活力，调动社会力量参与体育的政策措施尚不完善。因此，我国需要深化体育管理体制改革，转变体育发展方式，以适应体育强国建设的总体目标。

2019年，《国务院办公厅关于印发体育强国建设纲要的通知》进一步明确了我国体育强国建设的方向，提出要完善举国体制与市场机制相结合的竞技体育发展模式，坚持开放办体育，形成国家办与社会办相结合的竞技体育管理体制和运行机制。

2021年，"建设体育强国"出现在《中华人民共和国国民经济和社会发展第十四个五年规划和2035年远景目标纲要》中。说明国家对体育事业、体育产业发展提出了更高要求，这也是体育发展的必然。未来，建设体育强国理念将成为我国体育发展的澎湃动力，推动着体育事业、体育产业向高质量发展，构建体育产业发展新格局。

从以上政策文件的内容来看，新发展阶段为我国体育事业的发展带来了机遇，也带来了挑战。为迎接挑战，需要深化管理体制改革，转变体育发展方式，坚持开放办体育，借助蓬勃发展的体育产业，逐步培育出高水平俱乐部和竞技运动员，进而从中选拔出国家队成员。调动社会力量共同办体育将是新发展阶段我国体育事业发展的方向，也是体育强国建设的方向。

（三）构建科学训练体系

构建科学训练体系对竞技体育的发展具有重要意义。科学训练体系有利于竞技体育训练理论、方法和手段的不断创新，有利于运动训练水平的快速和持续提高，有利于竞技运动员实现全面、协调、可持续发展。科学训练体系的构建要与时俱进，以科学技术为支撑。当前，我国引入国外先进的运动训练理念和训练设备，从运动员选拔、训练到竞赛做到了全方位高科技覆盖，对运动员实施科学化的运动训练和竞赛管理，各个重点运动项目的专业训练都配备了科研团队。但是，一些非重点项目及冷门项目并未建立起完善的科学训练体系，甚至有运动队的训练仅凭教练员的经验指导，导致出现运动员花费了大量时间，消耗了大量体力，但竞技水平得不到提升的问题。而且，不科学的运动训练加重了运动员的伤病困扰，一些运动员只能被迫提早退役。

科学训练体系要贯穿竞技运动员培养的各个环节，因为每个环节对运动员成才都很重要，运动选材、基础训练和专业训练中的任何一个环节出现问题，都会对整个体系的运行效率造成直接影响。与此同时，相关部门要为体育科研机构和教练员、运动员创造良好的科学训练环境，改变一味追求大运动量的纯苦练方式，真正讲求科学化训练，让运动员在遵循人的成长规律、认知规律、全面教育规律和竞技体育规律的过程中健康成长。科学训练体系是保证运动员提高效率的关键。

综上所述，新发展阶段对竞技体育人才培养提出的新要求对竞技运动员来说，既是新机遇也是新挑战，既是新要求也是新目标，要根据新要求不断丰富和提高自身综合素质，实现高质量发展。

参考文献

[1] 贺慨.高校竞技体育管理体系研究[M].长春：东北师范大学出版社，2012.

[2] 陆亨伯，许锁迪，李德义.高校竞技体育人才培养的社会力研究：基于典型案例的调研[M].上海：上海交通大学出版社，2014.

[3] 马兆明.我国普通高校高水平运动队绩效评价研究[M].北京：北京体育大学出版社，2018.

[4] 姚正武.高校高水平运动队企业赞助机制研究[M].北京：北京体育大学出版社，2017.

[5] 卞文昆.高校竞技体育发展态势解析[J].魅力中国，2018（32）：201.

[6] 张选静，战国杰.我国普通高校竞技体育社会化发展趋势研究[J].当代体育科技，2019，9（4）：136-137.

[7] 姚继峰.基于体教结合视域下的高校竞技体育人才培养研究[J].山西青年，2021（15）：98-99.

[8] 李奔.论我国高校竞技体育近年来发展特征[J].文化创新比较研究，2018（18）：143，145.

[9] 吴俊芳，顾晓艳，李桥兴.高校竞技体育绩效的评价指标体系研究[J].体育科技，2018，39（1）：148-151，154.

[10] 朱明月.体育强国视域下的高校竞技体育人才培养实践[J].文体用品与科技，2021（3）：174-175.

[11] 钱浩.体育强国视域下的高校竞技体育人才培养[J].当代体育，2021（22）：150.

[12] 张利朋.高校竞技体育发展的影响因素及策略分析[J].环球市场，2021（29）：253-254.

[13] 李洋.高校竞技体育人才培养研究：以博弈视角为例[J].山西青年，2021（3）：147-148.

[14] 刘璨，胡剑宏，谭娜.我国高校竞技体育人才培养存在的问题及对策[J].文体用品与科技，2021（9）：141-142.

[15] 孙哲.高校竞技体育管理体制的建设与发展[J].魅力中国，2016（8）：85.

[16] 蒋伟.新形势下我国高校竞技体育管理体制模式[J].产业科技创新，2020（13）：87-88.

[17] 郝俊，李罡.高校竞技体育后备人才培养分析[J].文体用品与科技，2018（9）：7.

[18] 邓懿.我国高校竞技体育人才发展问题与反思研究综述[J].运动精品（学术版），2017，36（6）：125-126.

[19] 张敏青，李文平.高校竞技体育：大学体育文化发展的有效载体[J].浙江体育科学，2019，41（6）：65-68.

[20] 柳志鹏.体教结合：高校竞技体育发展战略的理性反思[J].当代体育，2019（16）：35，37.

[21] 朱宏义.我国高校竞技体育人才培养的研究[J].运动精品（学术版），2017，36（9）：94-95.

[22] 芦晓磊.论我国高校竞技体育发展现状及改革措施[J].体育科技，2016，37（3）：16-17.

[23] 连玉龙.新形势下我国高校竞技体育管理体制模式研究[J].文存阅刊，2018（4）：166.

[24] 王勇.我国高校竞技体育竞赛体系的资源现状与发展对策探究[J].当代体育，2021（40）：45-46.

[25] 方洁.高校竞技体育的价值研究[J].体育世界(学术版),2012(3):104-105.

[26] 朱桂林.大学生体能训练理论与高校竞技体育[J].江西服装学院论丛,2018(1):89.

[27] 赵岚."体教结合"视域下的高校竞技体育人才培养策略[J].冰雪体育创新研究,2020(3):78-79.

[28] 蒋星星,李光.我国高校高水平运动队建设影响因素及对策[J].江西电力职业技术学院学报,2021,34(7):103-104.

[29] 程放.开展高水平运动队运动康复工作的有效途径[J].运动-休闲(大众体育),2021(5):15.

[30] 陈秀.高校高水平运动队存在的问题及对策[J].林区教学,2021(10):91-94.

[31] 黄桂华.普通高校高水平运动队发展现状研究[J].运动-休闲(大众体育),2021(7):111.

[32] 欧秀伶.试论普通高校高水平运动队发展困境及对策[J].高教学刊,2021,7(21):142-145.

[33] 姜超,田恩庆,王倩.高校高水平运动队建设与管理的案例研究[J].上海教育评估研究,2019(4):10-13,17.

[34] 杨圣涛.高校高水平运动队运动训练的组织管理和控制研究[J].文体用品与科技,2021(2):128-129.

[35] 裴水廷.对高校高水平运动队管理协同模式建设的几点探讨[J].山西青年,2021(7):94-95.

[36] 汤倩.浅谈体教融合下我国高水平运动队建设与大学体育功能定位[J].读与写(中旬),2021(11):27.

[37] 特模沁,张晓磊.健康素养理念下的高校高水平运动队管理研究[J].体育画报,2021(7):28.

[38] 王红云,李亚光.体教融合对高水平运动队发展困境与提升策略研究[J].

文体用品与科技，2021（23）：169-170.

[39] 赵彬彬.高校高水平运动队管理协同模式的构建分析[J].科技风，2018（19）：44.

[40] 仇周亮，陈雨卉.普通高校高水平运动队建设研究[J].运动，2018（13）：39-40.

[41] 彭书强.对加速高校高水平运动队发展的思考[J].青年时代，2018（27）：161-162.

[42] 张娜.高水平运动队的思想教育与管理方法分析[J].长江丛刊，2018（26）：124.

[43] 阮璨.对高校高水平运动队发展的思考与建议[J].运动-休闲（大众体育），2021（16）：1-3.

[44] 张玉强.高等院校高水平运动队训练及管理分析[J].体育风尚，2021(6)：265-266.

[45] 程佳鹏.高校校队及高水平运动队在阳光体育中示范引领作用[J].智库时代，2020（5）：281-282.

[46] 姜涛.高校竞技体育的发展困境与路径选择[J].教育科学（全文版），2016（4）：21.

[47] 白长顺.新形势下我国高校竞技体育管理体制模式研究[J].科技展望，2017（25）：232.

[48] 钱芊.高校竞技体育与校园文化相互影响作用的研究研析讨论[J].商情，2020（25）：193.

[49] 王猛.高校竞技体育投融资审计的国际比较与借鉴[J].市场研究，2015（4）：67-69.

[50] 轩志刚.内蒙古高校竞技体育训练竞赛体制的研究[J].现代交际，2015（4）：108-109.

[51] 王丹.体育强国视域下我国高校竞技体育的发展[J].经营管理者，2015（17）：402.

[52] 张剑杰.内蒙古高校竞技体育竞赛训练体制的创新研究[J].当代体育科技，2015，5（7）：7，9.

[53] 左雄伟.高校竞技体育的可持续发展研究：评《我国高校竞技体育人才培养的理论与实践研究》[J].当代教育科学，2015（13）：69.

[54] 张凡涛，宋金美.美国高校竞技体育国际化的价值取向研究[J].武汉体育学院学报，2017，51（3）：77-81.

[55] 王倩.高校竞技体育训练与终身体育思想的培养[J].农村科学实验，2017（9）：96.

[56] 岳娟.教体结合高校竞技体育人才培养模式的研究[J].当代体育科技，2017，7（29）：145，147.

[57] 张莉，武恩钧，杨波.普通高校竞技体育人才培养模式的理论与实践研究[J].中国学校体育（高等教育），2017（5）：67-72.

[58] 马得平.我国高校竞技体育影响因素分析及对策研究[J].中国学校体育（高等教育），2017（7）：19-23.

[59] 武陈.新形势下我国高校竞技体育现状及发展策略[J].文体用品与科技，2017（20）：39-40.